Lectures on
the Book
of Changes

周易讲读

·上册·

著

图书在版编目（CIP）数据

周易讲读：上、下 / 寇方墀著. -- 北京：北京大学出版社，2025.5. -- ISBN 978-7-301-36185-6

I. B221.5

中国国家版本馆CIP数据核字第2025N14K74号

书　　　名	周易讲读（上、下）
	ZHOUYI JIANGDU（SHANG、XIA）
著作责任者	寇方墀　著
责任编辑	田　炜　郑子欣
标准书号	ISBN 978-7-301-36185-6
出版发行	北京大学出版社
地　　　址	北京市海淀区成府路 205 号　100871
网　　　址	http://www.pup.cn　新浪微博 @ 北京大学出版社
电子邮箱	编辑部 wsz@pup.cn　总编室 zpup@pup.cn
电　　　话	邮购部 010-62752015　发行部 010-62750672
	编辑部 010-62752025
印　刷　者	三河市北燕印装有限公司
经　销　者	新华书店
	890 毫米 ×1240 毫米　A5　30.375 印张　761 千字
	2025 年 5 月第 1 版　2025 年 5 月第 1 次印刷
定　　　价	168.00 元

未经许可，不得以任何方式复制或抄袭本书之部分或全部内容。
版权所有，侵权必究
举报电话：010-62752024　电子邮箱：fd@pup.cn
图书如有印装质量问题，请与出版部联系，电话：010-62756370

仅以此书缅怀恩师余敦康先生

引　言

　　近年以来，笔者到各地讲学，有一些听课的学友对《周易》产生浓厚的兴趣，在课间或课后询问我：有没有良好的途径可以进一步了解和学习《周易》？有没有好的书籍推荐？在多次听到这样的询问后，我感受到大家对于学习和了解《周易》的渴望与困惑，我们这个时代的人们需要能够读得懂的《周易》讲解，需要正规明晰的《周易》课。然而，当时我没有办法推荐出一本真正适合当代普通读者的易学书。不是没有好书，而是没有最广泛的普通读者群体可以读的书。由于近百年来我国偏于西方化的教育，当代中国人疏于对传统典籍的了解，读《周易》这样的典籍就会有很多阅读障碍，比如文言文的障碍、语言表述太过高深晦涩造成的障碍、各种名目纷杂导致选择的障碍等等。有鉴于此，自2010年初起，我开始边讲学边撰写书稿，同时心中有着非常明确的定位，我的书就是面向没有易学基础和古文功底的普通当代读者而写。撰写书稿的过程中，我参考了大量的易学文献，都是易学史上有定论的大易学家的著作，做到每一卦每一爻的解读都有根有据、持之有故，要让读者读到的是承续易学正脉的正规书，走的是阳关大道，是可以放心去读的书。在语言、事例的表述上，则力求清晰简洁，贴近当代人的生活。这个过程从开始书写到修订完成出版，共经历了八年时间。"全本经典今读"系列丛书首批三卷本（《全本周易诵读本》

周易讲读（上）

《全本周易导读本》《全本周易精读本》，附六十四卦读卦诗词小册子）于2018年3月由中华书局出版面世。从《诵读本》到《导读本》，再到《精读本》，可以帮助不同层次需求的读者走上适合自己的读《易》道路。

这套三卷本出版后，在易学界和读者群的反响都非常好，得到读者的欢迎和师友的广泛好评（半年之后就进行了加印），好多学友都积极地买了书，并问我该怎么读才最有效。面对大家的期望，我觉得自己不能太贪图省心清闲，而是应该带大家一起读起来，以回应和报答大家的期望与厚爱，也为优秀传统文化的传承与弘扬尽自己一份绵薄之力。于是我组建了学习群，带领大家读书，并在群中定时为大家讲读。

现在大家手中的这本《周易讲读》就是由学习群中连续讲读六十五周的讲稿整理而成。本书的特色是：通讲六十四卦，对每一卦的卦时、卦义、爻义进行概括式的论述和阐发，对卦中重点进行更深入的解读，在思想性上有了进一步的拓展和提升，在易学的明体达用层面做了更进一步的探讨，回答了读者提出的一些问题。可以说，《周易讲读》既可看作《全本周易导读本》的升级版，同时又独立成书，充分发挥讲读特色，慎思明辨，答疑解惑，以飨读者。

在讲读的过程中，我们一再强调的宗旨是："承续中华易学正脉，弘扬优秀传统文化。""正脉"一词并非虚言，《周易》经历了几千年的演化，形成了庞大繁杂的易学体系，就像一条大河，有主流，有支流，有旁支，有余脉，有各种各样的多层次的解读方式及运用方式，呈现出非常丰富的面貌。《周易》这本书，本源于上古时期的原始宗教，脱胎于卜筮巫术，有着漫长的演变过程，直到春

引 言

秋战国时期，随着诸子学说的分流与融合，中华文化实现了人文觉醒，《易传》应时而出，使《周易》实现了由巫术向哲学的转化：从原始宗教对于鬼神的崇拜，转回来开始关注自身的行为对于事物发展的作用，推天道以明人事，人与天地参，在天人关系中找到适当的结合点，以安身立命，经世致用。不能不说，《易传》的产生是易学发展过程中最为重要的一次飞跃，同时体现了中华文化在轴心时期所出现的重大变革。

自从有了《易传》，《周易》这部书具备并彰显了哲学的思考、人文的关怀，有了人类自身意识的觉醒，蕴涵了丰富的义理。从那时起，这样的一种阐释方式成为文人、士大夫诠释《周易》的主流，经过历代易学家的诠释与不断丰富，形成了易学领域里上可以居庙堂之高以助决策、下可以解生民之忧以利安身的易学主脉。从《易传》到王弼、程颐、杨万里，再到朱熹、王夫之以及近现代的诸多易学家，走的便是以义理解《易》为主的这条易学阐释的主脉。如果我们去查阅清代编纂的《四库全书》，会看到置于经部典籍的多为阐发义理之作，而象数派代表人物、易学大家京房的《京氏易传》则屈居于子部，这就是历来解《易》主流传统的一种态度。当然，象数解《易》同样非常丰富和精彩，不仅建构形成了庞大的象数解释体系，更是旁及天文、历法、音律、数理等知识学问，倾注了历代象数易学家的脑力、心血与思考，有着超拔的智慧。我在《全本周易精读本》中对象数派和义理派"两派六宗"各家的思想学说逐一进行了梳理和介绍，并提出了一些自己的见解。我们这本《周易讲读》中也涉及并引用了象数易学家的思想。从易学发展史来看，义理和象数这两派易学体系既彼此攻驳又相辅相成，恰如《周易》中阴和阳的关系，是动态互补、彼此成就的，在当下这样一个文化交融的时代，双方更应彼此助力，携手推动中华传统文化的伟大复兴。时下，还有很多以术数解《易》的易友，是《易》广泛的民众基础的一部分。笔者本人也有不少以象数、术数研《易》的朋友，我们会相互愉快地切磋讨论，我对他们的努力亦是赞赏和钦佩的。社会是多元的，每个人都可以选择适合和喜欢的路去走，大家彼此学习、切磋、鼓励，以有利于民众和社会，则善莫大焉！

我的恩师余敦康先生在承续和发扬易学主脉的同时，肯定"各派各宗从不同的侧面推动了易学理论的发展，使易学呈现出丰富日新的面貌"，他更是以融合古今中西的胸襟和视野，不断开拓和寻求新时代易学发展之路。在本书的导读部分，全文摘录余敦康先生在"中华传统文化百部经典"之《周易》卷（国家图书馆出版社，2017年国家社会科学基金重大委托项目，"十三五"国家重点图书出版规划项目）的解读，一来深切缅怀先生，二来鼓励晚生后学。

近三千年的易学发展积淀浓厚、体大思精，历代解《周易》者呈现出不同的风貌与旨趣，我曾在《全本周易导读本》自序中写道："自古迄今，解易著作已逾数千，然其根本精神却一脉相承，即运用《周易》的智慧解决当下所面临的时代课题，通权达变，适时而动，决策管理，立身行事。通晓易道根本，熟稔大易思维，则其运用之妙，存乎一心。"如果用更为通俗的语言来表述，那就是：学习和运用《周易》的智慧哲思，探究事物发展演变的趋势和规律，做出相应的分析指导，以利于当代人修身养德、安身立命、崇德广业、和谐共生。此即我们这本《周易讲读》努力之目标所在。笔者自知学识浅薄，文中粗陋不足之处，敬请方家有以教之。

目 录

《周易》导读（代序） 余敦康 / 001

上 经

乾卦第一	053
坤卦第二	077
屯卦第三	092
蒙卦第四	102
需卦第五	113
讼卦第六	124
师卦第七	136
比卦第八	147
小畜卦第九	159
履卦第十	170
泰卦第十一	183
否卦第十二	198
同人卦第十三	211

大有卦第十四	225
谦卦第十五	240
豫卦第十六	253
随卦第十七	266
蛊卦第十八	278
临卦第十九	297
观卦第二十	311
噬嗑卦第二十一	324
贲卦第二十二	336
剥卦第二十三	347
复卦第二十四	358
无妄卦第二十五	374
大畜卦第二十六	389
颐卦第二十七	402
大过卦第二十八	417
坎卦第二十九	429
离卦第三十	440

下 经

咸卦第三十一	455
恒卦第三十二	469

目 录

遁卦第三十三	484
大壮卦第三十四	506
晋卦第三十五	520
明夷卦第三十六	532
家人卦第三十七	546
睽卦第三十八	559
蹇卦第三十九	574
解卦第四十	586
损卦第四十一	600
益卦第四十二	615
夬卦第四十三	628
姤卦第四十四	641
萃卦第四十五	655
升卦第四十六	671
困卦第四十七	684
井卦第四十八	696
革卦第四十九	710
鼎卦第五十	725
震卦第五十一	740
艮卦第五十二	756
渐卦第五十三	772
归妹卦第五十四	787

丰卦第五十五	802
旅卦第五十六	817
巽卦第五十七	830
兑卦第五十八	844
涣卦第五十九	856
节卦第六十	872
中孚第六十一	889
小过卦第六十二	911
既济卦第六十三	926
未济卦第六十四	941
后　记	955

《周易》导读
（代序）

余敦康

《周易》这部书对传统文化的影响至深且巨，在中国文化史上占有极为重要的地位。我们写这本解读《周易》的书，目的在于适应现代人的需求，把艰深晦涩的《周易》变为一般读者就能读懂的书，使易学智慧成为普通人能掌握的精神财富，其基本性质属于普及性的通俗解读。

一、《周易》经传的形成及其作者

1. 卜筮之书

人类的意识和精神生活经历了一个漫长的宗教神话时期。上古时期，人们向天地鬼神卜问吉凶的主要方法是龟卜和占筮，并将占卜的结果刻在龟甲、兽骨等占卜用具上，到了周代，主要用蓍草进行占筮。《周易》这部书即起源于中国古代原始宗教时期，是在古代传统占卜成果的基础上不断积累并逐渐抽象化、系统化而形成的作品。它以一套神秘的符号系统及简短深奥的卜辞文字对占筮结果进行摹写和记录，用以象征和揭示宇宙间万事万物发展运行的奥秘。伴随着漫长原始宗教时期人类思维的发展，符号文字系统得以不断演进和完善，古人通过这套逐渐固定下来的符号文字系统沟通天地鬼神，获得心灵的启示和行为的指导，而在那些占卜活动及这套符号文字系统形成的背后，又必然隐含着中国古人对于世界及事物发展规律的思维认识方式，这是一个彼此促进发展的过程，而这个过程大约经历了数千年的时间。从原始的卜筮到《周易》的卜筮，经历了长时期的演变，中国的文化也由此而从蒙昧状态进入了文明状态。

《周易》由《易经》和《易传》两部分组成。《易经》大约形成于殷周之际，《易传》大约形成于战国末年。在易学史上，关于《周易》这部书的作者，一直以来有着"人更三圣，世历三古"的说法。

2."四圣一揆"

《汉书·艺文志》说《周易》的形成是"人更三圣，世历三古"。"三圣"指伏羲、周文王、孔子及其后学；"三古"也即"三圣"所在的上古、中古和近古。也就是说，《周易》这部书是由上古的伏羲、中古的周文王（及其儿子周公旦）和近古的孔子（及其后学）共同完成，由于主要由四位圣人共同完成这部著作，所以也被称作"四圣一揆"。在漫长的历史时期中，多位圣贤就像进行一棒一棒的接力传递一样，不断进行创作、继承、改造和完善，才最终形成了《周易》这部书。

上古的伏羲是传说中的人物，中华文明的始祖，相传他作为部落首领带领民众在长期的劳动实践中，通过对自然事物及自身的观察，画出了两个符号"━━""━ ━"，并用这两个符号排列组合成了八种图形，以象征天地间的八类事物，后来这八组符号被称作"八卦"。

中古的周文王生活在殷周之际。《汉书·艺文志》记载："至于殷周之际，纣在上位，逆天暴物，文王以诸侯顺命而行道，天人之占可得而效，于是重易六爻。"文王在被纣王囚禁的七年中，将伏羲的八卦两两相重，八八六十四，推演出了六十四卦，每卦六爻，并为每卦、每爻配上了文字，称为卦辞和爻辞，也有后世学者认为卦辞是周文王所作，而爻辞是文王的儿子周公旦所作，历史上还有人认为重为六十四卦的就是伏羲，亦有人说是神农或夏禹，这些推测都没有足够的证据。司马迁《史记》记载文王重卦，后世一般采信此说。至此，由卦爻画和卦爻辞组成的符号文字体系完成，被后世称作《易经》。《系辞下》说："《易》之兴也，其当殷之末世，周之盛德邪？当文王与纣之事邪？是故其辞危。危者使平，易者使倾。其道甚大，百物不废。惧以终始，其要无咎，此之谓《易》之道也。"经文王、周公系以卦辞、爻辞的《易经》，深刻地蕴含着西周文化的思想精神。周文王、周公等周文化的创建者，变革了殷商以鬼神崇拜为主的宗教文化，建立了以德配天的天命神学观念，使中国文化的发展产生了一次重大的转折。这种转折，一方面表现在它对以往的巫术文化做了一次系统的总结，并且熔炼成为一种以天人关系为核心的整体之学；另一方面表现在它以曲折的形式反映了许多前所未有的理性内容，为后来人文文化的发展开辟了一条通路，提供了必要的前提。

近古的孔子生活在春秋末期。《汉书·艺文志》中说："孔氏为《彖》《象》《系辞》《文言》《序卦》之属十篇。"这十篇文章也就是后世人所称道的"十翼"，即"十个翅膀"的意思。《史记·孔子世家》中记载："孔子晚而喜《易》，序《彖》《说卦》《文言》。读《易》，韦编三绝。"这些文献的记载，说明孔子对《易经》进行阐释，创作了十篇文章，后世称这十篇文章为《易传》，这十篇文章对《易经》这部卜筮之书进行了诠释，对整个思想体系进行了哲学转化，使之由原始宗教的卜筮之书一跃而起，翱翔在哲学的天空。自汉代以来，世人皆认为《易传》的作者是孔子，这种观点从汉代的诸多著作中可以看得到，直到宋代欧阳修《易童子问》一书问世，列举了若干理由，认为《易传》非孔子所作。欧阳修虽然提出此说，但并没有得到普遍的重视和认可，近代人经过史学及文字学的考证，大约认为《易传》非孔子一人所作，然而具体的作者是谁，尽管有各种不同的说法，但由于没有足够的文献支持，亦不能得到广泛认同。记载孔子及其弟子言行的《论语》中有孔子讨论或引用《周易》的话，比如"不恒其德，或承之羞""不占而已矣"（《论语·子路》），可见孔子对《周易》有深入的运用和理解。综合各种不同的说法及相关文献，我们可以认为《易传》并不是一人一时写就，当为孔子及其后学逐渐积累完成。

我们需要分清以下几个概念：《易经》《易传》《周易》和易学。

《易经》：卦爻画和卦爻辞组成的部分称作《易经》。它形成于殷周之际，是用于卜筮算卦的书。

《易传》：史称"十翼"（《彖》《象》《文言》《系辞》《序卦》《说卦》《杂卦》），成书于战国时期，是一部哲学书，为和其他《易传》相区分，世称"易大传"。它是开启《周易》玄奥之门的一把钥匙。

《周易》：《易经》与《易传》合成一书，即为《周易》。关于"周"的含义，因《周易》作于西周时期，一般认为"周"是指周代；"周"也被认为是指《周易》这本书所含道理的周流、周普、周密。

易学：自汉至今，所有对《周易》进行的阐释与注解，统称为易学。

3. 从《易经》到《易传》

《易经》和《易传》二者成书的时间差距长达七八百年，反映了不同的文化背景，体现了不同的思想内容。《周易》的外延与内涵主要是通过《易传》确定的。《易传》反映了春秋战国时期人文主义高涨的文化背景，与《易经》所反映的那种宗教巫术的文化背景有很大的不同。在从《易经》到《易传》发展转化的历史长河中，中国文化经历了一次从巫术文化到人文文化的重大转化，走过了一段从合到分再从分到合的曲折过程。

在《易传》逐渐形成的时期，西周的那种统一的无所不包的天命神学解体了，精神领域的那种沉寂停滞的局面被打破了，诸子蜂起，百家争鸣，学术由原始的统一走向分裂，正如《庄子·天下》所描述的："天下大乱，贤圣不明，道德不一，天下多得一察焉以自好。"从另一个角度来看，这种分裂实际上是一次意识的觉醒、思想的启蒙、文化精神的再生。尽管当时的诸子百家彼此对立、相互争辩，但是由于他们都是怀抱着伟大的理想，把整体性的存在作为自己的思考对象，所以也都对中国文化的发展做出了贡献，从不同的角度扩展了它的外延，深化了它的内涵，并且创造了许多共同因素，为下一个阶段多样性的统一准备了条件。

到了战国末年，学术融合的局面形成了，于是人们通过各种形式来总结这个时期的文化创造，有的派别性较强，比如儒家的《荀子》和法家的《韩非子》；有的派别性较弱，比如杂家的《吕氏春秋》。至于《易传》，更是自觉地顺应这种大融合的趋势，提出了"天下同归而殊涂（途），一致而百虑"的著名命题，不仅比其他各家更为全面地总结了这个时期的文化创造，而且接上了自伏羲以至《易经》的文化源头，把上古、中古、近古的文化连接成一个完整的系列，以浓缩的形式反映了中国文化的起源、演变和发展的轨迹，特别是反映了从巫术文化向人文文化转化的轨迹。

《周易》"世历三古"的成书史，本身就相当于一部中国文化发展史，或者相当于一部中国文化精神的生成史；而从《易经》到《易传》的这一段历史，相当于一部先秦文化发展史，可以大体上划分为西周、春秋、战国三个不同的发展阶段，从人类意识觉醒的角度来看，可以说其中贯穿着一条人文主义的文化由萌芽、兴起到高涨的基本线索。易学的演变与阴阳哲学的形成是和这个总的发展趋势相适应的。

易学的彻底改造，阴阳学说的孕育成熟，以及统一的易道的形成，都是通过战国时期的思想家长期艰苦的努力才得以实现的。战国时期的思想家具有另一种特殊的性格，和春秋时期的那种身居高位而与传统习惯势力有着千丝万缕联系的祝宗卜史、卿大夫完全不同。他们属于士阶层，即普通的知识分子，在那个天下无道、礼坏乐崩的动乱时代，脱离依附状态而游离于传统的意识形态与权力结构之外，因而获得了祝宗卜史、卿大夫所无法想象的思想上的自由与人格上的独立。他们都是伟大的理想主义者，以整体性的存在作为自己思考的对象。他们力图凭借自己的理性来为人类寻找一个新的统一性的原理，使当时分崩离析的社会重新凝聚起来，建立在更加合理的理论基础之上。为了达到这个目的，他们就不能像春秋时期的祝宗卜史、卿大夫那样，局限于头痛医头、脚痛医脚，就某些个别的现实问题发表自己的看法，而必须制造一个完整的思想体系。

所谓思想体系，它有两个显明的特征：第一是在外延上周延于自然与社会的各种现象，是一种囊括天人的整体之学；第二是在内涵上有一个核心观念，有一个可以解释各种现象的一以贯之的总的思想原则。这两个特征，宗教与哲学是同样具有的，都可以称之为思想体系，只是从内涵的理论基础来看，一个是立足于神学的信仰，一个是立足于人文的理性。由于西周的天命神学是中国文化史上最早成型的唯一的思想体系，战国时期的思想家不能不把它作为自己唯一可以依据的思想来源，所以他们为了制造自己的思想体系，大多同时从两个方面着手，即一方面继承了它的那种囊括天人的整体之学，另一方面则极力把它的核心观念从神学的信仰转化为人文的理性。这个转化的过程进行得相当艰苦，因为它实际上就是哲学与宗教、理性与信仰的斗争过程，我们从先秦的每一个重要的哲学流派身上都可以看出这种斗争的伤痕。

在先秦各家中，道家侧重于追求自然的和谐，儒家侧重于追求社会人际关系的和谐，《易传》则是适应战国末年学术大融合的趋势，消除了争鸣时期所形成的学派成见，根据殊途同归、一致百虑的包容原则，对儒、道两家进行了综合总结，为中国文化树立了一个天人整体和谐的价值理想。《易传》作为一部解经之作，自觉地接上了中国文化的发展源头，融汇为一种代表中国文化根本精神的统一的易道。

由此可见，从《易经》到《易传》，在两者之间存在着一种复杂微妙的关系，既有联系，又有差别。其差别表现为前者是巫术文化的产物，后者是人文文化的产物。其联系则表现为《易传》站在人文文化的立场对《易经》所反映的巫术文化进行了创造性的转化，以传解经，牵经合传，使经、传共同体现一种易道，而这种易道也就代表了先秦时期所形成的中国文化的根本精神。如果有传而无经，则所谓易道就失去了依附的对象，无从见出其生成的过程；如果有经而无传，则经部的卦爻符号与卦爻辞就始终停留于巫术文化的水平，易道无从谈起。由于历史是连续与中断的对立统一，不能只有连续而无中断，也不能只有中断而无连续。古代的学者经、传不分，只看到连续而看不到中断，固然是不符合历史的真相的，但"五四"以后，以古史辨派为代表的疑古辨伪的考据学者割裂经、传，只看到中断而看不到连续，特别是看不到其中蕴含着一种曾经在文化史上产生过重大影响的易道，同样也是不符合历史真相的。

4.《周易》的性质

那么，《周易》究竟是一本什么性质的书呢？就主要倾向而言，有四种看法是具有代表性的。一种看法认为，《周易》本是卜筮之书，因而应从卜筮的角度来解释；第二种看法认为，虽然《周易》由卜筮演变而来，但它的宝贵之处不在卜筮，而在于卜筮里边蕴含着的哲学内容，因而应从哲学的角度来解释；第三种看法认为，《周易》是一部讲天文历法的书，也就是一部科学著作，其中所蕴含的科学思维对古代的科技产生了深刻的影响，因而应从自然科学的角度来解释；第四种看法认为，《周易》是一部史学著作，其中保存了多方面的古代珍贵史料，特别是反映了殷周之际的历史变革，因而应从史学的角度来解释。

实际上，《周易》作为中外历史上的一种奇特的文化现象，性质十分复杂，巫术、哲学、科学、史学这几个层面的性质全都具有，也全都对中国文化产生过影响。由于《周易》具有多重结构，既包括《易经》的卦爻符号与卦爻辞，又包括《易传》的十翼，在内容上反映了上古、中古与近古三个不同时期的文化，容纳了卜筮、哲学、科学、史学等各种复杂的成分，所以人们可以各执一端，根据自己的所见把它的复杂性质归结为某种单一的性质。我们认为，那些由历史造成而又各有其合理内核的门户之见不能再重复了，有必要对它们抱一种超越的态度，从广义的文化的角度对这个问题进行新的探索。所谓广义的文化，这个概念可以通过其外延与内涵之间的逻辑关系来把握，如果其外延无所不包，广泛涉及各个文化领域，那么其内涵则必然缩小为某种本质的核心的层次。其实《四库全书总目》所说的"易道广大，无所不包"，早就把《周易》看作一种广义的文化现象了，虽然它的外延广大到无所不包，而居于本质核心层次的内涵却收缩为一种很小很小的易道。这个易道就是《周易》的思想精髓或内在精神，从根本上规定了《周易》的本质属性。

就《周易》所容纳的内容而言，诚然是广泛涉及卜筮、哲学、科学、史学以及其他的许多文化领域，但是所有这些都只是文化分支而不是广义的文化。从逻辑上来看，文化分支的属性与广义文化的属性，二者是不能等同的。只有当我们从所有这些文化分支中找到一种可以称之为易道的东西，才能真正看出《周易》在外延上的扩展以及在内涵上的渗透。因此，我们对《周易》的性质问题的研究可以摆脱以往的那些门户之见，而转化为一种广义的文化史的研究。

如果我们结合这种在外延上无所不包的广义的文化，侧重于研究《周易》的内涵，极力弄清究竟什么叫作易道，把它的本质的核心层次发掘出来，那么我们将不仅可以据此而较为准确地判定它的基本性质，使目前的各种分歧获得一定程度的会通整合，而且可以加深我们对传统文化精神的理解,为中国文化史的研究提供一个新的视角。

5. 何谓"易道"

什么是"易道"呢?这是易学研究中的一个永恒而常新的问题。自从《周易》成书以来,在两千多年的历史中,以易学名家者盖以千百数,他们都把这个问题当作最高的追求目标,都有一套自己的易道观。为了节省篇幅,我们只从古人的一些有代表性的看法中归纳出三个方面的内容:第一是思维模式;第二是价值理想;第三是实用性的操作。虽然由于时代环境的不同和学派立场的差异,每个人的说法不大一样,但是在古人的心目中,都把易道看作一个三位一体的完整结构,既不能归结为单纯的思维模式,也不能归结为单纯的价值理想或者实用性的操作,必须同时包含此三者,才能把握它与其他之道相互区别的本质属性。

就易道的思维模式而言,显然是一种统贯天人的整体思维。这种思维把世界的统一性看作一个自明之理,着重于探索天与人、主与客、自然与社会之间的关系,以便从整体上把握其中的规律,用来指导人事,特别是政治。先秦儒、墨、道、法各家普遍利用这种思维模式来构筑自己的体系,尽管各家的基本范畴命题及思想内容的侧重点互不相同,但都毫无例外地以天人关系为主轴,视天人为一体。易道的特征在于利用这种思维模式构筑了一个以阴阳哲学为内容、以卦爻符号为形式的体系,从而在先秦各家中独树一帜。《说卦》所谓"立天之道曰阴与阳,立地之道曰柔与刚,立人之道曰仁与义",这个囊括天、地、人的三才之道是通过六十四卦、三百八十四爻的象数关系表现出来的。形式与内容、象数与义理的奇妙结合,这是易道的思维模式区别于其他各家的根本所在。

就易道的价值理想而言，则是追求一种以"太和"为最高目标的天与人、自然与社会的整体和谐。在先秦各家中，道家对自然的和谐仰慕钦羡，极尽赞美之能事。比如老子曾说："万物负阴而抱阳，冲气以为和。"（《老子》四十二章）庄子曾说："天地有大美而不言，四时有明法而不议，万物有成理而不说。"（《庄子·知北游》）儒家则侧重于追求社会人际关系的和谐。比如《论语·学而》："礼之用，和为贵，先王之道斯为美。"实际上，先秦各家普遍地把天人和谐作为自己的价值取向，他们一方面援引天道来论证人道，把天道的自然规律看作人类社会合理性的根据；另一方面又按照人道来塑造天道，把人们对合理的社会存在的主观理想投射到客观的自然规律之上。只是各家对这种整体和谐的论述，有的比较侧重天道，有的比较侧重人道。《周易》在《乾卦·彖传》中提出了"太和"的思想，认为"乾道变化，各正性命，保合太和，乃利贞。首出庶物，万国咸宁"。这是先秦各家中对整体和谐的最完美的论述，集中体现了中国文化的最高价值理想。

就易道实用性的操作层面而言，则是继承和转化原始卜筮巫术而来。在人类文化发展的蒙昧阶段，人们为了实践上的需要，迫切关心自己的行动所带来的后果，于是把某一种占卜道具奉为神灵，企图通过巫术的操作来预测吉凶，进行决策。《周易》的那一套卦爻符号体系就是巫术操作的产物。《易传》的形成，使卦爻符号变成了表现哲学思维的工具，但是其操作层面却完全保存下来了。人们称《周易》为变经，即一方面研究客观的天道人事的变化，另一方面又联系人们的行动来研究主观的应变能力。因而《周易》也是一部"开物成务"之书，具有强烈的实践功能。就客观的变化而言，是无思无为，对人类的命运漠不关心，但就主观的应变能力而言,却是从忧患意识出发,立足于人文主义的价值理想,强调发扬自强不息的刚健精神,力图趋吉避凶,转祸为福,使客观形势朝着有利于人类目的的方向转化。《系辞》指出:"是故形而上者谓之道,形而下者谓之器,化而裁之谓之变,推而行之谓之通,举而错之天下之民谓之事业。"这就是明确告诉人们,《周易》的主旨在于把对道、器、变的客观认识用于实际生活,推而行之以成就一番事业。

概而言之,统贯天人的整体思维、追求以"太和"为最高目标的价值理想、具有强烈实践功能的实际操作体系,这三者共同构成了古人心目中易道的轮廓。

6.《周易》体例:象数符号、文字系统概述

（1）象数符号

《周易》的阴阳哲学是通过一套结构严密的象数符号系统表现出来的,是象数形式与义理内容的奇妙结合。"象"指的是八卦的卦象,"数"指的是爻的奇偶。揲蓍生爻,就有了七、八、九、六奇偶之数,爻排列组合而成卦,就有了八卦与六十四卦的确定卦象。对于初学者来说,首先应该对这套象数符号系统有所了解,然后才能进一步掌握其中的义理内容。其基本的符号为"▬▬""▬ ▬","▬▬"是阳爻,也叫刚爻,以奇数之九表示,"▬ ▬"是阴爻,也叫柔爻,以偶数之六表示。这两个符号组合成八卦,有了卦名和卦形。为便于初学者,朱熹的《周易本义》载有《八卦取象卦歌》:

乾三连　坤六断

震仰盂　艮覆碗

离中虚　坎中满

兑上缺　巽下断

八卦代表八种自然界的物质，叫作卦象，每种卦象各有不同的性质功能和象征意义，叫作卦德。乾卦的卦象为天，卦德为健。坤卦的卦象为地，卦德为顺。震卦的卦象为雷，卦德为动。巽卦的卦象为风，卦德为入。坎卦的卦象为水，卦德为陷。离卦的卦象为火，卦德为丽。艮卦的卦象为山，卦德为止。兑卦的卦象为泽，卦德为悦。下面列表说明：

表 0-1　八卦、卦形、卦象、卦德列表

卦名	卦形	卦象	卦德
乾	☰	天	健
坤	☷	地	顺
震	☳	雷	动
巽	☴	风	入
坎	☵	水	陷
离	☲	火	丽
艮	☶	山	止
兑	☱	泽	悦

八卦叫作经卦、单卦、三爻卦。六十四卦是由八卦重叠而成，叫作别卦、重卦、六爻卦，各有不同的卦形和卦名。比如乾坤两卦相重，乾上坤下的卦形是☰☷，卦名为否，乾下坤上的卦形是☷☰，卦名为泰；坎离两卦相重，坎上离下的卦形是☵☲，卦名为既济，坎下离上的卦形是☲☵，卦名是未济。六十四卦按照一定的象数规律排列成前后相承的次序，前三十卦叫作上经，后三十四卦叫作下经，是《周易》的主体。

《周易》六十四卦卦序图：

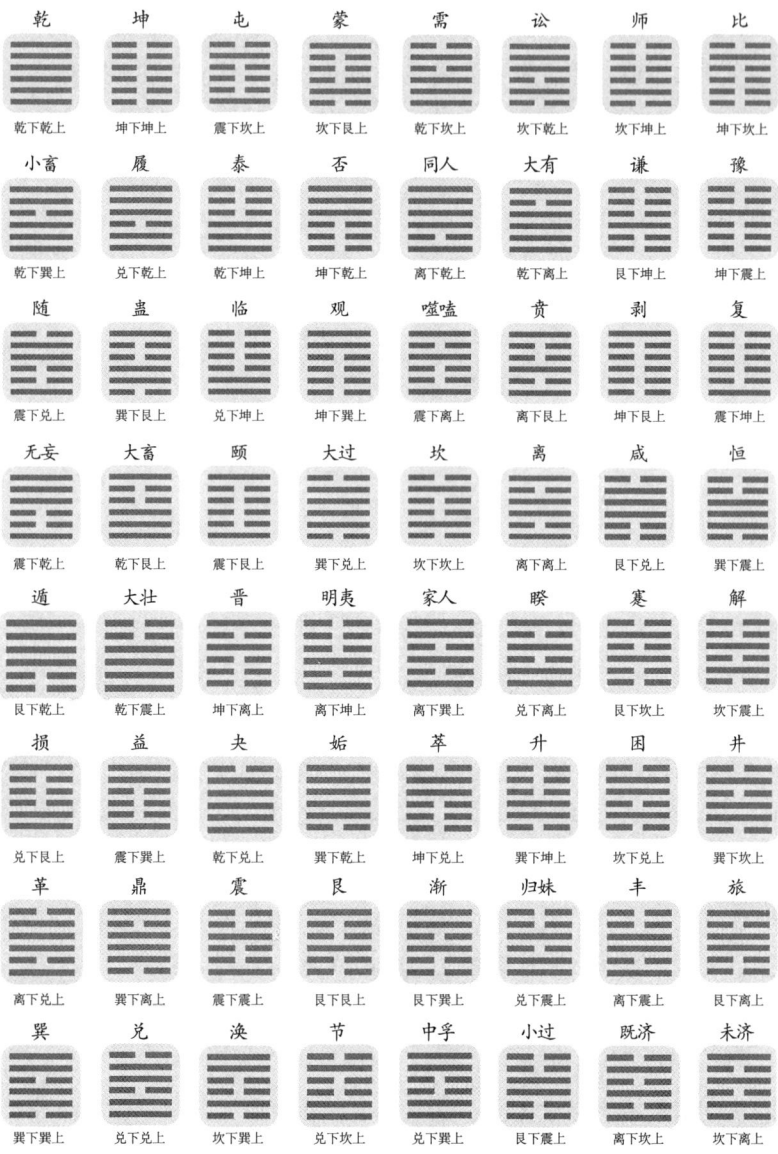

图 0-1　六十四卦卦序图

《周易》导读（代序）

为了便于初学者对六十四卦有一个全面的了解，朱熹的《周易本义》载有《上下经卦名次序歌》：

乾坤屯蒙需讼师，比小畜兮履泰否，
同人大有谦豫随，蛊临观兮噬嗑贲，
剥复无妄大畜颐，大过坎离三十备。
咸恒遁兮及大壮，晋与明夷家人睽，
蹇解损益夬姤萃，升困井革鼎震继，
艮渐归妹丰旅巽，兑涣节兮中孚至，
小过既济兼未济，是为下经三十四。

《周易》的阴阳哲学把天、地、人"三才"看作一个整体，把支配这个整体的规律看成是阴阳两大对立的和谐的统一。《周易》六十四卦，每卦六爻，六爻所居之位叫作六位。六爻按照由下往上的顺序，分别称为初、二、三、四、五、上。初、二为地之位，三、四为人之位，五、上为天之位。又因天、地、人三才之道是由一阴一阳构成的，于是又确定初为地之阳，二为地之阴，三为人之阳，四为人之阴，五为天之阳，上为天之阴，两两构成阴阳的对立统一。按照这种体例，一卦六爻的象数形式正好与阴阳哲学的义理内容符合一致，六十四卦的每一卦都是一个天、地、人的整体，其中贯穿着"一阴一阳之谓道"的和谐统一的规律。

在《周易》所体现的"一阴一阳之谓道"的规律中，蕴含了"当位"与"不当位"的体例。"当位"又称"得位"，即刚爻居于阳位，柔爻居于阴位。"不当位"又称"失位"，即刚柔两爻背离了理想的秩序而阴阳错位。

在六十四卦中，完全当位的唯有既济卦的六爻，而完全不当位的唯有未济卦的六爻。其余六十二卦中，则或当位或不当位，阴爻与阳爻排列组合成各种不同的情况。这是因为，爻是仿效具体事物的变动，这种变动受主客观因素的影响，不可能完全按照六位的阴阳正位去各就各位，所以经常发生与理想的秩序相背离的情况。

（2）文字系统

《易经》部分的文字有：

卦名：每个卦的卦象后面居于首位的文字即为卦名，卦名多为一个字，如乾、坤、屯、蒙、需、讼、师等，共计49个单字卦名；其余为两个字的卦名，共有15个，分别为小畜、同人、大有、噬嗑、无妄、大畜、大过、大壮、明夷、家人、归妹、中孚、小过、既济、未济。卦名基本是由上下卦体组合而成的卦象卦义得出。

卦辞：卦名之后的文字，对卦象卦义进行判断性或描述性解说。由卦象卦义得出卦名后，再针对卦名所指向的主题及卦体结构做出阐释和判断，成为一卦之卦辞。

爻辞：对卦中每一爻进行的义理解说，作出吉、凶、悔、吝、无咎等判定。

《易传》部分的文字有：

《易传》又称"十翼"，由七类十篇文章组成，分别为：《彖传上》《彖传下》《象传上》《象传下》《文言传》《系辞传上》《系辞传下》《序卦传》《说卦传》《杂卦传》。

《彖传》：对于卦辞进行解释与阐发的文辞。《周易正义》说："彖，断也。断定一卦之义，所以名为彖也。"六十四卦有六十四则卦辞，相应地有六十四则彖辞。因卦辞和彖辞是"经"和"传"

的关系，古代的一些易学书籍中也称卦辞为象辞。《周易》经文的前三十卦为上经，后三十四卦为下经，《象传》对应上下经而成上下篇。

《大象传》：对六十四卦每一卦的卦象进行解释的文辞。从卦象所显示的天道对应于人事的立身修德的原则，是推天道以明人事之辞。《大象传》对应六十四卦共有六十四则，依据上下经，分为上下两篇。

《小象传》：对每一卦中的爻象、爻辞进行解释，共有三百八十四则文辞。依据上下经，分为上下两篇。

《文言传》：针对乾、坤两卦的卦辞、爻辞进行深入阐释分析和总结阐发的文辞，义理深刻，文采斐然。

《系辞传》：对《周易》进行综合论述的通论文章，从各个方面深入地对《周易》进行阐发和解读，是"十翼"中内容最为丰富、哲学性最强的文章。分为上传和下传两篇。

《序卦传》：对《周易》的卦序进行合理性解释，将六十四卦的卦序排列与自然演化及社会人事的发展相对应，阐明卦与卦之间的关系，使六十四卦成为一个类似完整的发展链条。关于《序卦传》对卦序排列的解释，易学界有不同的看法，有的认为合理，有的不以为然。

《说卦传》：主要陈述和解说有关八卦的知识内容。对八卦的形成、意义、取象、性能、方位等分别进行说明，通过归纳式的整理说明，阐明《周易》是一个可以象征和解释宇宙间万事万物的完备的体系。

《杂卦传》：将六十四卦两两对比，用简短的文字进行卦义上的对比呈现。《杂卦传》将《序卦传》中的卦序打乱，根据卦的意义及特点错杂搭配，重新编排，所以称作"杂"。《杂卦传》虽然是将《序卦传》卦序打乱了杂说，但文章仍保留了前三十卦以《乾》《坤》始，后三十四卦以《咸》《恒》始的特点，与卦序上下经卦数相合。

7.《周易》卦爻体例及分析原理

由于具体的事物经常在流动变化，没有一成不变的格式，所以反映这种流动变化的刚柔两爻也在相互推移，在六个爻位上转流不息，上下易位，变动无常，不固定在不动的位置上，而经常处于流动变化的过程之中，相互之间的关系错综复杂。《周易》中所蕴含的承、乘、比、应等体例表现了这种错综复杂的关系。

承与乘：以下对上曰承，承是承接；以上对下曰乘，乘是凌乘；阴柔承接阳刚为顺，阳刚承接阴柔则为逆；阳刚凌乘阴柔为顺，阴柔凌乘阳刚则为逆。总的来说，就是刚上柔下为顺，反之则为逆。这是爻与爻之间阴阳柔刚的主导与从属的关系。

比：相邻曰比。从卦位上说，初与二相比，二与三相比；三与四处于内卦与外卦交接之处则不能比；四与五相比，五与上相比。凡成比，必须是一刚一柔，如果相邻的两爻是刚对刚，或柔对柔，则不成比。

应：应有相应与敌应之分。所谓相应，即刚柔两爻彼此配合，相互感应，有五柔应一刚、五刚应一柔及三双同位刚柔相应之例。所谓三双同位刚柔相应，即初与四、二与五、三与上皆为一刚一柔，隔体相呼应。由于阴与阳的关系相互依存，不可分割，缺少一方，另一方也不能存在，因而必须互相追求，阴求阳，阳求阴。如果这种追求得以实现，就叫作相应，相应则志同道合。反之，如果初与四、二与五、三与上或俱为刚爻，或俱为柔爻，彼此不能配合，形成一种互相排斥的局面，则称为敌应。一般情况下，在六十四卦中的各爻，相应则吉，敌应则凶。

从《周易》所蕴含的这几种象数体例来看，其中明显地表现了一种天、地、人三才整体和谐的哲学义理。这种哲学义理一方面强调刚柔之分，另一方面又强调阴阳之合，天、地、人三才的整体和谐就是在这种分与合的辩证关系中实现的。就刚柔之分而言，刚应居于阳位，柔应居于阴位，阳位为尊，阴位为卑，这种阳尊阴卑的等级位分不能错置；阳为主导，阴为从属，阳应据阴以发挥主导的作用，阴应承阳辅助配合，这种主导与从属的地位也不能颠倒。但是，由于阴阳两大对立势力是相互依存的，不能有阴而无阳，也不能有阳而无阴，阳需要得到阴的辅助，阴也要争取阳的领导，所以必须刚柔相济，阴阳协调，阳顺阴，阴顺阳，融洽配合，结为一体，才能达到整体的和谐。

时：卦以六爻为成，一卦六爻，按照承、乘、比、应种种复杂的关系结成一个整体，有一个中心主旨，这就是卦义。卦义也叫时义、时用，简称为"时"，这是《周易》中一个极为重要的象数体例，因为它总揽全局，从整体上表明一卦的中心主旨。所谓"时"，不是一个单纯的时间概念，而是指时态、时运、时机，一种由时间、地点、条件所制约的具体的情境或客观的形势。《周易》认为，六十四卦的每一卦都是由阴阳两爻的错综交织与流转变化而形成，代表阴阳两大势力不同的排列组合所形成的具体的形势，象征自然和社会不同的状况以及势力的消长。这是一个动态的过程，其中有时大通，有时否塞，有时正面的势力上升，君子道长，小人道消，有时反面的势力上升，小人道长，君子道消。因而所谓"时"是总揽一卦之大义，表示此动态过程的一个特定的发展阶段，具有相对的稳定性，从整体上对卦中之六爻起支配作用，除非此卦变为他卦，这种支配作用是不会消失的。

按照这种体例，《周易》六十四卦代表六十四种不同的时，实际上就是以象数形式构造而成的六十四种关于自然和社会秩序的模型，呈现出各种不同的和谐与冲突的情况。就和谐的情况而言，大体上都是阴阳协调，刚柔并济，双向互动，协同配合。就冲突的情况而言，可以区分为四种不同的类型。第一种情况是由阳刚势力高踞于尊位而不与阴柔配合交往所造成的否结不通，否卦就是一个典型的例子。第二种情况是由阳刚发展得过头而造成了阳盛阴衰的危机，大过卦就是一个典型的例子。第三种情况是由阴柔过甚而破坏了阴阳平衡，困卦就是一个典型的例子。第四种情况最为严重，阴阳两大势力矛盾激化，发生了不可调和的斗争，革卦就是一个典型的例子。

位：爻是服从于卦的，表示事物在特定卦时支配下的变化。为了确定六爻适时之变的功能，《周易》中有关于爻位的体例。所谓爻位，也叫时位，就是在特定卦时的条件下六爻分别所处的地位。由于客观事物都有一个由始至终的发展过程，每一卦的六爻所居之位就象征着这个过程，初爻是始，上爻是终，中间四爻是事物发展的中间阶段。在事物的发展中，开始难以预料后来的结果，有了结果，才容易了解事物的全局，决定事物的吉凶祸福在于中间阶段。因此，这种爻位体例实际上是一个认识的模式，包括分析与综合两个方面。一卦六爻，分别处在初、二、三、四、五、上位，在事物发展的全过程中占有不同的地位，起着不同的作用，应该具体分析。有了这种具体分析，综合起来，对于总揽全局的一卦之时就能得到一个切实的了解。

中：《周易》卦爻中所蕴含的"中"的体例表现了阴阳两大势

力的最佳结合。"中"既是一种时位，也是一种行为的美德，在一卦六爻中起着关键性的作用。具体到卦中爻位说来，在一卦六爻中，二为下体之中，五为上体之中，所以二、五称为中位。由阳爻居中位，象征刚中之德；阴爻居中位，象征柔中之德。二为臣位，五为君位，二、五居中，刚中与柔中相应，表示君臣和衷共济，配合默契，阴阳两大势力和谐统一，事物处于最佳状态，称为中和。若阴爻处二位，阳爻处五位，则是既中且正，称为中正。就行为准则而言，只有既中且正才是尽善尽美的。就中与正相比较而言，中比正更为重要。这是因为，一卦六爻中的刚柔相应，关键在于二、五两爻之刚中与柔中的互相应和，尽管由于客观形势的变化，柔居阳位，刚居阴位，产生了九二与六五这种中而不正的配置情形，但是二者互相应和，彼此依赖，君臣上下按照中的行为准则结为一体，仍然可以保持事物的和谐统一。由此可见，中的体例表现了《周易》的核心思想，易道贵中和，中和的最高境界就是太和。

以上对《周易》的卦爻结构和象数体例诸如承、乘、比、应、时、位、中做了简单的说明，准备了这些基本知识，进一步去阅读《周易》本文，就不会有太多的困难了。

二、易学思维特点

易学思维方法在中国文化中是一种百姓日用而不知的思维习惯，同西方传统思维方法比较，有四个方面的差异较为突出：易学思维重视事物发展的过程，而西方传统思维重视事物的内在结构；易学思维注重研究事物之间的关系，西方思维注重研究实体本身；

易学思维注重把事物作为整体加以研究，西方思维注重对事物从多种角度加以分析；易学思维注重事物的变动性，研究事物的变动规律，西方思维注重事物的静态，研究事物的客观存在。当然，这种区分并不是绝对的，仅就其主要倾向而言。应当说，两种思维方法各有其优越性，可以互相取长补短。

过程思维、关系思维、整体思维、动态思维是中国文化易学思维的四大基本特征。易学思维要求人们在观察分析问题时，从过程、关系、整体、动态发展的角度出发，去调查、思考并做出判断和决策。易学思维在中国传统思维中占有非常重要的地位。

1. 过程思维

易学思维看待事物时，不是孤立静止地看待它，而是把事物的存在放置于某个发展过程中去看待，这是易学中过程思维的特点。从八卦或六十四卦的形成就可以看出，这是一个从单一到多样化的过程，《系辞上》说："《易》有太极，是生两仪，两仪生四象，四象生八卦，八卦定吉凶，吉凶生大业。"汉易将此种讲筮法的过程解释为宇宙衍化的过程，认为宇宙起源于浑然一体的气，称为"太极"；太极划分出"两仪"，即阴和阳，在现象界即体现为天地；两仪交感而派生出"四象"，即少阳、老阳、少阴、老阴，在现象界也就是春、夏、秋、冬，四象的运化，象征四时的运行。四时运行，于是产生天、地、雷、风、山、泽、水、火八种自然物。这是对宇宙万物从无到有、由简到繁的发展过程的朴素认识。以一个连续不断的过程来解释宇宙的生成演变，是易学思维的特点。

《序卦传》论述了从自然到社会的发展过程："有天地然后有万物，有万物然后有男女，有男女然后有夫妇，有夫妇然后有父子，有父子然后有君臣，有君臣然后有上下，有上下然后礼义有所错

（揩）。"这段话可分为两个部分：前一部分，讲天地、万物、男女、夫妇的演变，属于自然史的发展过程；后一部分，讲夫妇、父子、君臣、上下礼义的演变，属于社会史的发展过程。尽管这种论述相当粗疏，但基本上符合自然史与社会史的发展过程，反映了古代先哲对自然与社会演变过程的朴素认识。

《易传》中的这些朴素的认识，在《周易》卦爻辞中已经有萌芽。乾卦对六爻的流动发展过程有过生动的描述。初九，潜龙勿用；九二，见龙在田；九三，终日乾乾；九四，或跃在渊；九五，飞龙在天；上九，亢龙有悔，这是一个发展变化的过程，过程中的每一个环节都与前后各爻有着密切的联系，都不是孤立和偶然发生的。乾卦六爻以龙来象征，龙由潜藏、显现、朝乾夕惕、或跃、腾飞，一路向上，体现了阳刚之龙的进取奋斗精神，取得了阶段性的成功，但由于知进不知退，阳刚超过了极限，走向了反面，出现了亢龙有悔的局面。通过对过程的分析，爻辞提出相应的劝诫和提醒，使过程中的每个环节都可控，从而避免出现不希望出现的局面，这就是过程思维。再比如渐卦、升卦等，也是描述事物发展的过程，同样给人以有益的启发。

2．关系思维

易学思维十分注重考察事物内部和事物之间的相互关系。事物的存在与发展，都不是孤立的。事物内部的各个组成部分之间，此事物与其周围相关事物之间，存在着错综复杂的关系。离开事物之间的相互关系，任何事物既不可能得到发展，也不可能被认识清楚。研究事物之间的内在联系及其相互制约的关系，历来受到易学家的重视。

八卦之间有四个对偶组，乾与坤（天与地）、震与巽（雷与风）、坎与离（水与火）、艮与兑（山与泽），从卦象上看，有阴阳对立关系，从其所代表的自然物看，存在对立的性质。

八卦按空间、时间的不同排列，反映了八卦之间的关系结构：

天地定位，山泽通气，雷风相薄，水火不相射，八卦相错。（《说卦传》）

帝出乎震，齐乎巽，相见乎离，致役乎坤，说言乎兑，战乎乾，劳乎坎，成言乎艮。（《说卦传》）

八卦排列所代表的时空关系体现了易学思维的特点，那就是时间与空间相统一的观念，事物彼此关联，多样统一于宇宙时空之中。

《周易》还将六十四卦从乾、坤、屯、蒙到既济、未济的次序视为一个有着内在关系的因果链条，《序卦传》对这个链条进行了阐述，前后两卦之间或为相因关系，或为相反关系，形成了一个六十四卦的因果序列。卦与卦之间的关系，可以用"错综复杂"这个词来概括。六十四卦分为三十二对，其关系是"非综即错"的，或称为"非覆即变"。

综卦：两两相对。相邻的卦是互为倒置的关系，互为对方的"综卦"（或覆卦），有二十八对，共五十六个卦。比如屯与蒙、需与讼等。这种关系体现了事物变化日新、物极必反的规律。

错卦：逐爻相错。有八个卦是相邻两卦同位爻相错的关系（阴爻变阳爻，阳爻变阴爻），称为"错卦"（或变卦）。六十四卦中有四对卦是互为错卦，即乾和坤、颐和大过、坎和离、中孚和小过。这种关系体现了事物阴阳平衡与变通互补的规律。

交互卦：内部相重。一个卦内部六爻的联系变化，如第二爻向上连同三爻和四爻，形成下卦，第三爻向上与四爻和五爻形成上卦，于是又形成了一个新的卦，称作交互卦，这就是"复杂"。

这种彼此关联的思维方法即易学的关系思维。

3. 整体思维

易学思维的另一个重要特性：注重整体观。整体思维方法渗透在太极、八卦、六十四卦等各个方面，如河图、洛书、太极图等，都是中华文化传统中古老的整体结构模型。整体思维方法对中国传统文化的各个领域都有影响。

正如我们在关系思维中所探讨的，六十四卦的每一卦体都是一个复杂的关系结构，而关系思维的发展与综合，就会是整体思维。六十四卦是一个大的系统，而每一个卦又是一个小的系统，就如同我们常说的"万物一太极""物物一太极"。就每个卦体而言，六爻之间，存在多重对应和组合的关系。这一整体结构是由以下一些关系组合而成的：

（1）贞悔关系

一个别卦（六爻卦）包含两个经卦（三爻卦）。也就是说，任何一个六爻卦都是由下卦（亦称内卦或贞卦）和上卦（亦称外卦或悔卦）组合而成的一个整体。别卦的卦象、卦名是由下卦和上卦的关系决定的。下卦和上卦的任何一爻发生变化，都会引起整个卦的卦象、卦义的变化，卦名和卦时就会相应改变。

（2）三才关系

一个卦体的六爻之中，包含着天、地、人三才。初、二两爻为地，三、四两爻为人，五、上两爻为天。每一卦都体现着三才统一的思想，即每个卦都是天、地、人三才统一的整体。

（3）比应关系

在前文叙述的"《周易》卦爻体例及分析原理"中，承、乘、比、应、时、位、中等爻与爻之间的关系体现出一个卦内部所包含的各种关系，这些关系将卦中六爻整合到某个卦时的框架之下，是一个有机的整体。

4. 动态思维

《周易》论述事物的变化，表现为两种形式：变和通。"变"是指事物从无到有，从有到无的重大变化，即通常所说的质的变化。如两种化学元素，经过化合作用而产生新的化合物，对元素来说，是从有到无，对于化合物来说，是从无到有。"通"是指同一事物不断变化发展，如婴儿成长为儿童，再成长为青壮年，再衰老成为老年。这是事物普遍的变化过程。《系辞上》说："化而裁之谓之变，推而行之谓之通。"这是说任何事物都处在变通之中，不是处于量的积累过程，就是处于剧烈变化的新旧代替过程，没有什么事物是永恒不变的。宇宙之间，不变的事物是没有的。人们对于经常变化的事物要有所认识，注意掌握其规律性。要用事物不断变化的观点来指导我们的认识，指导我们的行动。

《系辞下》说："时止则止，时行则行，动静不失其时，其道光明。"剥卦的彖辞说："君子尚消息盈虚，天行也。"圣人君子崇尚消息变易，或止或行，合其时宜，符合事物变化的规律，其道光明，这是强调一种以动态思维指导行为的原则。任何事物都会有盈虚消长的过程，事物总是在不断变化，人要充分认识到事物变动不居的特点，认识规律，适应规律，把握规律，才能走上光明之途。

三、易学的历史发展脉络及主要思想流派

1. "两派六宗"说

在经学传统中，向来是经传不分，把《周易》看作一部完整的著作，由于它具有多重结构，既包括《易经》的卦爻符号与卦爻辞，又包括《易传》的十篇文章，在内容上反映了上古、中古与近古三个不同时期的文化，容纳了卜筮、哲学、科学、史学等各种复杂的成分，所以人们可以各执一端，根据自己的所见把它的复杂性质归结为某种单一的性质。后来易学研究中，派别的分歧都是由此而来的，《四库全书总目》在描述这种情况时，把它归纳为"两派六宗"。所谓"两派"，是指象数派与义理派。象数派分化为三宗，即汉儒的卜筮，京房、焦延寿的禨祥，陈抟、邵雍的图书；义理派也分化为三宗，即王弼的"说以老庄"，胡瑗、程颐的"阐明儒理"，李光、杨万里的"参证史事"。加起来就是两派六宗。除此以外，《四库全书总目》还指出："又易道广大，无所不包，旁及天文、地理、乐律、兵法、韵学、算术，以逮方外之炉火，皆可援《易》以为说，而好异者又援以入《易》，故《易》说愈繁。"这种描述大体上是可信的。在两千年来的历史长河中，易学确实是分化成为象数派与义理派两大发展系列。两派各具特色，长期以来表现为彼此对立攻驳论争的局面，形成了很深的门户之见，但就宏观整体而言，却是彼此促进，相得益彰，两派学说在论争中彼此批判地继承和扬弃，各派各宗从不同的侧面推动了易学理论的发展，使易学发展呈现出丰富日新的面貌。

现代易学家朱伯崑先生在其《易学哲学史》序言中说道："历史上对《周易》的研究，随着社会的发展，文化思想的演变，经

历了不同的历史阶段。古代的易学史大致可分为五个时期：《易传》即战国时期，两汉经学即汉易时期，晋唐易学时期，宋易时期，清代汉学时期。每个时期的易学都有自己的历史特点，并且同古代经学发展的历史是相适应的。"（《易学哲学史》第一卷，序言第41页）

下面我们仅就几个重要发展时期的易学思想做一个简略的介绍。

2. 两汉象数派易学

就《易传》的主导倾向而言，应该承认，它是属于义理派的易学。《易传》之所以能够成功地把《易经》这部占筮之书改造成一部哲学书，根本原因在于它发挥了解释学的优势。《易传》并没有扫落象数，只是在处理象数与义理的关系时，把义理摆在了首位，使象数服从于表现义理的需要。为了达到这个目的，《易传》对象数的体例、结构和功能做了一系列不同于筮法的新的规定，诸如承、乘、比、应、时、位、中等等。但是另一方面，《易传》也没有完全否定占筮，而保留了某些对象数的神秘崇拜，比如它把卦爻结构看作一个圆满自足的先验的体系，认为"天地之数五十有五"，特别是在《说卦》中把八卦与四时、八方相配，组成一个八卦方位的世界图式，并且列举了一系列来自宗教巫术的卦象，作为沟通神人关系的手段、预测吉凶祸福的依据。由于义理、象数这两种倾向都表现在《易传》中，所以后来的象数派和义理派都可以从中找到依据。

汉初七十年间，时代思潮酝酿着一场巨大的变革。到了汉武帝时期，董仲舒援引阴阳五行学说来解释儒家的经义，着重发挥了符瑞与灾异的思想。这是一种源于远古的宗教巫术，而又混杂着先进的哲学与科学成分的奇特思想，可以概括为天人感应论。汉武帝采纳董仲舒的建议，"罢黜百家，独尊儒术"，天人感应论遂成时代风气。汉代易学家孟喜、京房在这种时代风气的影响下，将阴阳术数与《易》相结合，提出了易学的"卦气说"，取得了举世公认的成就，而《周易》的地位也由此青云直上，跃居群经之首。

孟喜的易学章句已经失传，根据史料可看出孟喜的卦气说由《说卦》发展而来，他以四正卦配四时，十二卦配十二月，中孚卦配冬至初候，形成了一套八卦与天文历法相结合的占验体系。他建立这套体系的目的不在于说明气象历法本身的变化规律，而是为了比附人事，用来占验阴阳灾异。

京房的卦气说对孟喜的配法做了补充调整，其特点是分卦直日，以卦爻配一年的日数。京房的著作现在流传于世的有《京氏易传》三卷。《京氏易传》以八宫卦为主干，根据乾坤六子、阴阳变化的原理对六十四卦的卦序做了新的编排，编制了一个八宫卦、五行六位的图式，创设了纳甲、世应、飞伏等义例，确定了一套月建、积算的推断灾异的数学方法，并且使之能够体现儒家的文化价值理想。京氏易学是一个复杂的混合体，包含着术数与易学两个部分，尽管其中术数的部分后来为术士末流所承袭，演变为钱术之法，但是其中对象数义例的阐发与以象数解易的思路，不仅代表了易学发展的一个新阶段，也对后世包括义理派在内的整个易学产生了深远的影响。京房称得起是汉代象数派易学真正的奠基者。

《易纬》是汉易中的重要流派，纬书与当时经学家所写的一般性经学著作一样，都是解释经义的，从文体和思想内容上看不出什么差别，只是一般性的经学著作仅把这种解释看作个人对孔子的"微言大义"的理解，是否正确，还留有讨论的余地，而纬书则把这种解释附会到孔子名下，有着和经书同样的神圣性质，具有权威性，根本不容讨论。《易纬》的特点在于适应汉代流行的那种以术数解经义的学风，把易学的根本原理纳入卦气图式之中，视天人为一体，自然的和谐与社会的和谐相互感应，并认为这种相互感应可以通过儒家礼乐文化的具体操作过程完美地实现。纬书中最重要的作品是《乾凿度》，是汉代易学的通论，此篇对《周易》的性质、八卦起源以及筮法体例、卦爻象结构等进行了解说，其主导思想是卦气说。

东汉章帝年间，章帝亲自主持白虎观经学会议，委托班固编纂了一部贯通五经大义的《白虎通》，相当于东汉政权的一部立法纲要，它以经义的形式规定了国家制度和社会制度的基本原则，确立了各种行为准则。在易学方面，《白虎通》采用《易纬》的说法，易学的卦气说作为一种高层次的天人之学，表现出指导政治实践功能的旺盛的生命力。东汉末年，受党锢之祸的影响，易学从政治领域退回到纯学术的研究，相继涌现了郑玄、荀爽以及虞翻这样一批著名的易学大师，创设了一系列的新的义例，使得卦气说的巫术色彩逐渐减少，理性色彩逐渐增多，卦气说的生命力也随之逐渐窒息。郑玄在易学史上的主要功绩表现在三个方面：第一是较完整地保存了汉易象数之学的成说；第二是创设了一些尔后为义理派易学所继承的体例；第三是发展了京房以有无范畴说《易》的思想，明确地展示了以《老》注《易》的方向。汉易象数学发展到荀爽，象数形式与义理内容的内在矛盾越来越激化，他的乾升坤降说试图将象数模式理解为一个乾升坤降的动态结构，并把阳升阴降作为一种普遍适用的体例强加在《周易》文本之上，往往左支右绌，难以自圆其说。虞翻则仍然从事象数之学的常规研究，发明了许多新的体例，比如"卦变说"，企图把义理内容完全纳入象数形式之中，这又是一种解决矛盾的方法。汉末道士魏伯阳作《周易参同契》，通过运用《周易》卦爻之象、数及名词术语解说道教炼丹的理论，属"易外别传"。

3. 魏晋义理派易学

在易学史上，王弼的《周易略例》是一部划时代的著作。易学史上义理派与象数派的明显分野，就是以这部著作的出现为标志。

在《周易略例》中，王弼围绕着《周易》的编纂体例、卦爻结构及其哲学功能所阐述的一系列思想，我们都可以在《易传》中找到它们的原始依据，除若干不甚重要的细节外，可以说基本上是忠实于《易传》本义的。因为这个缘故，王弼的这部著作受到后来所有义理派易学家的重视。他们并不把这部著作看作玄学著作，而是看作一部义理派的著作。《周易略例》共有七篇文章，各有重点。《明彖》论卦，《明爻通变》论爻，《明卦适变通爻》论卦与爻的关系，《明象》论形式与内容的关系，《辩位》阐述他对"同功异位"的独到见解，《略例下》杂论各种体例，《卦略》列举了十一卦的卦义，是全文的总结。这七篇文章组成了一个有机的序列，总的目的是通过对《周易》体例和卦爻结构的研究，把象数形式完全改造成为表现义理的一种工具，以恢复《周易》中原有的卦义说。王弼认为，每一卦都有一个中心主旨，这就是一卦之体，通过卦名和《象辞》，可以找到贯穿在每一卦中的总体性的思想，这个总体性的思想也叫作"理"。"物无妄然，必由其理"（《明象》），他认为爻象所表示的变化主要是人事及事物的变化，这些变化是由"情伪"引起的，爻只是表示这些变化，并不是变化本身。王弼认为，卦与爻所反映的变化不是卦气的变化、天象的变化，而主要是人事的变化，人们应该通过卦爻的变化去汲取人事的智慧，而不是做出神秘的预言。所谓人事的智慧就是义理。他援引庄子的思想，提出"故言者所以明象，得象而忘言；象者所以存意，得意而忘象"（《明象》）的观点。王弼对六十四卦的卦义分析，始终贯穿着一种由用以求体的思想线索。王弼无论是解释《老子》或解释《周易》，都是立足于本体论哲学思维的整体观。

魏晋时期关于《周易》的解说和注释，现保存下来的完善的本子，除了王弼的《周易注》及《周易略例》外，还有晋韩康伯的《系辞注》。王弼注没有对《系辞传》进行注释，韩康伯补之。韩康伯的易学思想主要从取义说出发，"进一步将《周易》的体例抽象化，追求象数背后的东西，以无形之理为《周易》的根本，认为易之理不仅是形而上的，又是超经验的，从而将易学引向了思辨的道路。其对《周易》的理解，对宋明时期易学中的义理学派，起了很大的影响"（朱伯崑《易学哲学史》第一卷，第345页）。

4. 隋唐易学

隋、唐两代主要是继承和发扬王弼易学。唐代的孔颖达受唐太宗之命撰《五经正义》，他将王弼、韩康伯两人的注合在一起，收入《周易正义》，并对注文逐句进行了解释，是谓"孔疏"。孔疏在对王、韩二注进行解释时，并非一味地照本宣科，而是根据时代需求、针对社会问题，对王弼的思想有所扬弃。他在疏解的过程中保存了象数学派和义理学派的论点，是对汉以来易学的总结，孔疏将王弼说的贵无论引向崇有论，使汉易中的阴阳二气说有所恢复，并向前发展。因此，《周易正义》在易学哲学史上有其不容忽视的地位。唐代另一部重要的著作是李鼎祚的《周易集解》，是一部总结两汉魏晋易学成果的著作。

5. 两宋易学

宋代是易学发展的一个重要时期，涌现出一大批易学大家，在宋代掀起了持久不衰的研究《周易》的高潮，易学实现了新的突破，呈现出新的面貌。宋易的总体特点是注重探讨《周易》经传中的义理，而不刻意追求文字训诂方面的解释。图书之学的流行也是宋易的一大特色，此种解易的学风是对汉易象数学的发展，同时，由于魏伯阳的《周易参同契》被唐代及之后的道教继承下来，其以种种图式进行阐理的方式，演变成为宋代的图书学派。北宋易学的主要著作有李觏的《易论》、欧阳修的《易童子问》、司马光的《温公易说》、苏轼的《东坡易传》、周敦颐的《太极图说》、邵雍的《皇极经世书》、张载的《横渠易说》和《正蒙》、程颐的《伊川易传》等，南宋易学的主要著作是朱熹的《周易本义》与《易学启蒙》。由于篇幅所限，此处仅对各易学家的思想做简短的介绍，深入了解可参看拙著《汉宋易学解读》。

李觏是北宋初年的易学家，与胡瑗（著有《周易口义》）、孙复（著有《易说》）、石介（著有《徂徕易解》）同为范仲淹的门客，都把弘扬易学看作配合新政、复兴儒学的一个重要组成部分。宋代易学的发展是和儒学复兴运动紧密联系在一起的，因此，其主旨乃是建立一套可以经世致用的明体达用之学，呈现出一股变古之风。李觏《易论》对为君之道进行了重点研究。

欧阳修的易学著作除《易童子问》外，尚有多种著作，概括说来，表现的是义理派的易学倾向，反对卜筮、河图洛书之学，也反对以心性说《易》，认为《系辞》《文言》《说卦》《序卦》《杂卦》皆非孔子所作，其易学思想突出地表现了一种重人事而轻天道的倾向。

司马光是史学名家，世人皆知，而其《温公易说》的影响却与其史学之名不相称，《四库全书总目》以南宋的李光、杨万里为"参证史事"宗的开创者，实际上，此宗真正的开创者应为北宋史学大师司马光。司马光的易学思想独树一帜，主张"义出于数"，因此，并不能将他简单地归结为义理派。在他的天道观中蕴含着人文的价值思想，在他的人道观中蕴含着自然法则的客观依据，天人不二，相互渗透，而归本于易道的一元。

苏轼的《东坡易传》随处可见魏晋时期注解《庄子》的郭象思想的影响，苏轼解易与王弼的不同，大体上类似于庄学与老学的不同。值得一提的是，在如何处理共性与个性的关系问题上，苏轼与理学家的看法不同，理学家把共性置于个性之上，认为共性先于个性，同比异重要，因而他们的思路是理一而分殊，然后使分殊属于理一。苏轼则持相反的看法，他认为抽象之共性不可见，可见的皆为具体的个性，强调异比同重要，主张据其末而反求其本，由分殊而理一。这是一种尊重个性、尊重差异的思想。

周敦颐是理学的开山人物，他的研究成果承上启下，不仅在理论和实践上弥补了自魏晋以来儒学发展长期存在的缺陷，而且适应了宋代新儒学运动的总体需要，开拓了一个以天道性命为主题的理学思潮，其《太极图说》是理学的经典文献。

邵雍的《皇极经世书》，其理论特色表现为"尊先天之学，通画前之易"，突破了《周易》原来的框架结构，并依据他所发明的先天象数，重新编织了一套井然有序且层次分明的易学体系。邵雍认为，易之道先于易之书而有，是为画前之易，此画前之易是宇宙生成的本源，是一种自然之道；文王所作之《易》即今之《周易》，是对自然之道的一种主观上的认识和理解，是后天之学。易学应以这种先天之学作为主要的研究对象。

张载的主要易学著作是《横渠易说》和《正蒙》。张载把他一生为学的宗旨概括成四句话："为天地立心，为生民立命，为往圣继绝学，为万世开太平。"(《宋元学案》)第一句是关于宇宙论的研究，可称之为天学，天地之心是宇宙本体，可称之为天心；第二句是关于心性论的研究，可称之为人学，生民之命是心性本体，价值本体，可称之为人心。对天心、人心的研究，目的就在于"为往圣继绝学，为万世开太平"。张载根据他对易学原理和儒家道统的基本理解，为内圣外王之道奠定了一个坚实的理论基础。

程颐通过长期的探索，把北宋易学家一以贯之的明体达用之学提炼为"体用一源"，把理事结合概括为"显微无间"，写出了宋易理学思潮的经典之作《伊川易传》。"体用一源，显微无间"的命题也可表述为"理一分殊"。程颐的写作目的在于阐明以礼乐为核心的宇宙本体与价值本体的内涵，继往圣之绝学，示后世以开物成务之道，与张载的易学研究宗旨是完全一致的。

朱熹作《周易本义》，"本义"意指回到《易》本卜筮之书的本来面目。他认为象数乃作《易》根本，卜筮乃其用处之实。他认为义理的研究从王弼发展到程颐已经十分完备，只需要为这义理重新奠定一个象数学的基础。后来朱熹又作了《易学启蒙》，对象数与筮法进行了系统的研究。朱熹易学思想中，河图、洛书占有极为重要的地位，是他的一整套学说赖以建立的理论基石。这也是自北宋以来图书学派的发展对朱熹产生的影响，他的易学思想是将义理与象数包括图书之学进行整合阐发的结果。

6. 元、明两代易学

宋代繁荣的理学思想发展到元代，为王朝所推崇，成为科举必读之学，其他流派因而被压制。明朝更是将程朱理学尊为正统官学，致使理学逐渐变成僵化的学说，失去了接纳更新的生命力。元代在象数之学方面有所创新，主要易学家有雷思齐、俞琰、张理、萧汉中、吴澄等，均各有著述。

明代易学的基本底色是继承宋易并做进一步的探究与发展。义理派易学家主要有理学派薛瑄、蔡清，气学派王廷相及心学派湛若水等；象数派则有著名的易学家来知德和方以智父子。

7. 清代考据之学及近代易学

明清之际，涌现了一批反对空谈义理而倡导实学的易学家，其代表人物有黄宗羲、黄宗炎、毛奇龄、胡渭等。易学大家王夫之则以其《周易内传》《周易外传》《周易考异》等多部解易著作建立其易学体系，彻底修正程朱理学，批判心学，完成了一套宣告宋明道学终结的易学体系，其"乾坤并建"的思想是易学史上的重要创见。

清朝政府在政权稳固之后，对文化思想实施高压政策，清代易学转向了以训诂和文献考证为主的汉学道路。复兴汉易的代表人物有惠栋、张惠言、焦循等。

历史发展到近代，由于中国社会政治经济结构发生了巨大变化，易学失去了以往经学时代的学术中心地位，易学发展两千多年来形成的学术体系、价值观念和研究方法都面临着新的课题，即古今中西的问题。由于西学的强势进入，易学研究者对中国传统文化持批判继承的态度，在近现代出现古史辨派，顾颉刚、郭沫若、闻一多、李镜池、高亨等学者把经、传分开来进行研究，着重于二者内容上的差别，以经观经，以传观传，从历史发展的角度考订出它们属于不同的时代，反映了不同的思想意识。他们的研究扫除了笼罩在《周易》这部书上的神秘的迷雾，使人们比较容易地接近历史的真相。但是，由于过分强调其异而不见其同，易学研究也就失去了它在文化史上所具有的那种整体性的意义以及绵延不衰的强大生命力，而变质为一种以单纯追求历史真相为目的的历史考据学。经学家章炳麟、刘师培、杭辛斋、尚秉和等继承清代学术，或立足文字音韵之学解易，或以佛学解，或以史学解，或综论历代易学，或致力于解经体例的研究，他们为近代易学的发展做出了有益的探索。近代以来，涌现出一批致力于易学探索研究的易学家如金岳霖、熊十力、蒋伯潜、范文澜、冯友兰、朱伯崑、张岱年、于省吾、苏渊雷、金景芳、黄寿祺等，均有易学著作面世。

四、《周易》的思想精髓与核心价值

1. 政治理想与治民之道

《易传》关于政治得失和治民之道的看法，所依据的价值观念和政治理想，与儒、道两家一样，也属于民本思想的范畴。《易传》站在阴阳哲学的高度，对这种民本思想进行了系统的论证，把它纳入广阔的天人之学的体系之中。《系辞》指出，《周易》这部书之所以能开通天下的思想，成就天下的事业，是因为它能"明于天之道，而察于民之故"。所谓"明于天之道"，是说对自然规律有着深刻的了解；所谓"察于民之故"，是说对民众的忧患安乐有着切身的体察。就自然现象而言，天地万物在阴阳规律的支配之下，相互依存，流转变化。就社会现象而言，情形亦复如此。君民之间相互依存，结为一体。如果不能体察民情，制定出符合民心的政策，那就根本不可能通天下之志，定天下之业。《易传》由此而树立了一个评价政治得失的确定标准，即"吉凶与民同患"。吉为政治之得，是政治的成功；凶为政治之失，是政治的失败。政治的得失取决于君主是否以民众的吉凶为吉凶，以民众的忧患为忧患，也就是说，应该根据民心的向背来评价政治的得失。

首先，《易传》认为，天地长养万物，其大德曰生，君主的权位虽然宝贵，但是必须体现天地之大德，以仁爱之心关怀人民，把养育万民的问题置于首位。这也是国家政权的根本职责。

其次，《易传》认为，为了维持社会政治秩序的稳定，应该用伦理教化的方法，而不可用武力强制的手段。如：

> 山下有风，蛊。君子以振民育德。（《蛊卦·象传》）
> 泽上有地，临。君子以教思无穷，容保民无疆。（《临卦·象传》）
> 风行地上，观。先王以省方观民设教。（《观卦·象传》）
> 山下有火，贲。君子以明庶政，无敢折狱。（《贲卦·象传》）
> 雷雨作，解。君子以赦过宥罪。（《解卦·象传》）
> 苦节不可贞，其道穷也。（《节卦·彖传》）

最后，《易传》认为，居于尊位的君主只有以发于至诚的信任才能广系天下之心，因为诚信是国家团结的纽带、社会凝聚的动力。如果君民关系建立在彼此信赖的基础之上，君主以至诚之心对待人民，人民也会以至诚之心对待君主，至诚相感，上下交孚，于是君主就可以受到人民的衷心爱戴，能够克服一切困难，动而无违，得志于天下。如：

有孚惠心，勿问之矣。惠我德，大得志也。(《益卦·象传》)

兑，说也。刚中而柔外，说以利贞，是以顺乎天而应乎人。说以先民，民忘其劳；说以犯难，民忘其死。说之大，民劝矣哉！(《兑卦·象传》)

2. 社会伦理与道德修养

（1）社会伦理

《周易》关于社会伦理规范的思想是围绕着礼的范畴而展开的。《履卦·象传》说："上天下泽，履。君子以辨上下，定民志。"

照《易传》看来，天地为万物之本，夫妇为人伦之始。就天地而言，天为阳，地为阴，天在上，地在下，虽有尊卑贵贱之分，但是必须互相感应，交通成和，才能化生万物。因而宇宙的自然秩序是由两个不同的方面共同构成的，一方面是阴阳之分，另一方面是阴阳之合，二者缺一不可。正是由于这两个方面的结合，所以自然界呈现出一种秩序井然而又生生不已的运动过程。为了调整稳定各种人际关系，于是建立设置了一套伦理规范，这就是礼的起源。这种礼虽是人为的创设，但却是效法天地，以宇宙的自然秩序作为自己存在的坚实基础。社会伦理是家庭伦理的推广和扩展。

《易传》关于社会伦理规范的思想始终着眼于社会整体的和谐，反复强调应该按照合乎乾行的中正之道来沟通天下人的思想。关于政治伦理，也同样应该履行这种合乎乾行的中正之道。照《易传》看来，尽管家庭伦理、社会伦理、政治伦理所处理的关系不相同，具体的行为规范存在着差异，但是，同时照顾到阴阳之分与阴阳之合的中正之道，却是普遍适用的。

（2）道德修养

《周易》既强调应效法天地，按照宇宙自然的秩序来规范自己的行为，又强调人应发扬自强不息的精神，奋发精进，实现自己所禀赋的善性，这种伦理思想既是"他律"的，又是"自律"的。易学关于道德修养的论述，总体上就贯穿了这种"他律"与"自律"相结合的精神。《系辞》说：

> 夫《易》，圣人所以崇德而广业也。知崇礼卑，崇效天，卑法地，天地设位而《易》行乎其中矣。成性存存，道义之门。

《易传》用一阴一阳之道统贯天、地、人。就天道之阴阳、地道之柔刚而言，是客观外在的自然律。就人道之仁义而言，这种自然律却是植根于内在的人性，成为人性的本质。因此，《易传》认为，"继之者善也，成之者性也"，人之善性不是一个静态的结构，而是"继之"与"成之"的动态过程。"继"是承继接续的意思，"之"是指一阴一阳之道，即客观外在的自然律。继之则为善，不继则不善，所以人必须自觉地去承继接续这种客观外在的自然律，使之变为自己主观内在的善。"成"是凝结实现的意思。"之"是既指客观外在的自然律，也指主观内在的善。成之则为性，不成则不能凝结实现人之所以为人的本质，所以人必须高度发挥主观能动性，加强道德修养，以进入"道义之门"。《易传》的这个思想，通天人，合内外，把发挥主体自觉的"自律"道德和遵循客观准则的"他律"道德融为一体。

3. 涉世妙用与立身决策

《周易》共有六十四卦，三百八十四爻。每卦代表一种时态，一种由时间、地点、条件所制约的具体情境。每一爻则代表在此具体情境下人们的行为。行为是否正确，其后果是凶是吉，是祸是福，并不取决于行为本身，而取决于行为是否适合具体情境的规定。人们在实践活动中经常遇到不同的情境，究竟应该做出何种对策，采取何种行动，都能在《周易》这部书中找到方法论上的指导。明代首辅张居正曾根据他的切身经验，写他读《诚斋易传》的心得体会："六经所载，无非格言，至圣人涉世妙用，全在此书。"（《张太岳集》卷三十五）不仅回答了《周易》何以被列为群经之首的问题，而且相当精辟地指出了《周易》的智慧就在于"涉世妙用"，具有强烈的实践功能，是一种指导人们正确行动的理论。

六十四卦所象征的六十四个时态，几乎囊括了人们所能遭遇的各种不同的处境，如果随时去细细体会，必定能使自己裁度事物、立身决策的智慧趋于上乘。这就是《周易》这部书赢得了不同时代不同人们的普遍喜好，使他们受到启迪和教益的原因所在。

4. 顺天应人与太和思想

《周易》在乾卦的《象传》中首先提出了"太和"的思想，认为由于乾道的变化，万物各得其性命之正，刚柔协调一致，相互配合，保持了最高的和谐，所以万物生成，天下太平。这种最高的和谐并非如道家所设想的那样，是一种无须改变的既成事实，而是一种有待争取的理想目标。因此，《周易》重视发挥"自强不息"的奋发有为精神和"厚德载物"的博大胸怀。

在《周易》的体例中，一般来说，天地、阴阳、刚柔之间，上下尊卑的等级地位是不能颠倒的，顺之则吉，逆之则凶。如果阴不安于自己被支配的地位而求比拟于阳,就会引起冲突。但是,从另一方面来看,如果阳得不到阴的支持与拥护,刚愎自用,一意孤行,也将陷入困境,导致灭亡。因此,阴阳应该根据各自所处的地位向着对方做不懈的追求,阴求阳,阳求阴。如果这种追求取得成功而达到了最佳的结合,那就是理想的和谐了。

《周易》并不拒绝革命性的变革。《周易》满怀激情地把变革赞扬为宇宙的普遍规律,认为由于天地之间的变革,所以形成四时,促进万物生生不已,商汤王和周武王所发动的革命,顺乎天而应乎人,也促进了人类社会的发展。至于变革的目的,《周易》认为,并不是为了使一方消灭另一方,而是要达到一种刚柔在各自所应处的地位上协同配合的局面。

《周易》虽然基本是站在儒家的立场,强调君臣、父子、夫妇之间的等级制度是不可改变的,但是着眼于整个社会的和谐,从行为学的角度来研究调整的方法,反复阐述居于支配地位的刚应该与柔相应,合乎中正之道,保持谦逊的美德。在必要时,可以居于柔下,损刚益柔,以贵下贱,争取被支配者的顺从和拥护。《周易》关于冲突与和谐的研究,一方面洋溢着一种奋发有为的高昂的理想主义,另一方面又对复杂多变的现实环境有着清醒的客观认识,既是理想主义的,又是现实主义的。

古今中外的历史有许多的个性,也有许多的共性。生活在中国先秦时期的人们所面临的一些问题,在当今的世界也常常会遇到。由于科学技术的飞速发展,我们生活的世界变得越来越"小"了。但是,我们并没有把各种人际关系理顺,也没有找到一种有效的手段来抑制和根除爆发于各地的大大小小的冲突,我们仍未把这个世界建设成为一个舒适的家园。在这种情况下,如果我们回顾一下

《周易》的太和思想，激发更多的人去追求最完美的和谐，共同谋划一种如同天地万物那样调适畅达、各得其所的社会发展前景，或许是有益的。

五、《周易》在中国文化中的特殊功能及影响

《周易》是中外思想史上一种绝无仅有的特殊现象，它把源于卜筮巫术的象数形式和阴阳哲学的义理内容结合为一个矛盾的统一体。象数是义理的形式，义理是象数的内容，由于形式与内容不可分，所以在《周易》的体系中，象数与义理乃是相互依存不可割裂的。事实上，《易传》在论述象数时，总是联系到义理；在阐发义理时，总是借助于象数。

《易传》对这种源于卜筮巫术的象数进行哲学的改造，使之成为表现天道人事变化的工具，大致说来，可分为宏观、中观、微观三个层次。

所谓宏观层次，是说利用奇偶之数和八卦卦象来建构一个"范围天地之化而不过"的宇宙图式；所谓中观层次，是说利用六十四卦的卦爻结构来象征事物发展过程中的某一个特定阶段；所谓微观层次，是说以爻变来表示受具体处境所支配的人们的行为选择。这三个层次，由宏观、中观以至于微观，一环套一环，整体统率部分，部分从属于整体，构成了一个无所不包而又层次分明、条理清楚的网络系统。下面我们就此分别做一点粗略的考察。

关于宏观层次，《易传》首先是利用"大衍之数"来建构宇宙图式。《易传》认为，古代筮法演卦所用的五十五根蓍草代表了天地之数。

中观层次与宏观层次不同。如果说宏观层次利用象数所建构的宇宙图式，是象征阴、阳两大势力流转变化的全过程所形成的天人整体的和谐，那么中观层次则是利用一卦六爻所结成的网络关系，来象征这个动态过程所达到的某一个特定阶段。六十四卦代表六十四个特定的阶段，六十四个特定的阶段即六十四个"时"，是阴阳变化所形成的特定情境。通过"时"这个概念，人们对阴阳变化的认识更为深化了，对事物的存在状态及其发展趋向的把握更为具体了。其实，"时"这个概念既不是《易经》的卦爻结构所本有，也不是《易传》的独创发明。先秦时期，儒、道、墨、法各家都对"时"的问题做了大量的研究，普遍地不把"时"当作一个单纯的时间概念，而将其与天道人事的具体存在状态及其发展趋向联系起来，使之上升为一个重要的哲学范畴。

微观层次着眼于爻的研究。爻由蓍生。"蓍之德圆而神"，"神以知来"。人们怀着强烈的忧患意识，带着实践中所碰到的疑难问题，揲蓍生爻，去向《周易》请教，目的是对形势的发展做出预测，以决定自己的行为选择，实际上是一种决策活动。

后世的易学家对《易传》所建构的这三个层次做了大量的发挥。有的侧重于天象，吸收融会了自然科学研究的新成果，把它们充实到宏观层次的宇宙图式之中，使之更加丰满完备。有的侧重于人事，依据中观层次与微观层次的结构原理来观察当时的社会政治形势，用于拨乱反正、经世济民。由此可见，《易传》的这种经过了哲学改造的象数形式，作为一种立足于和谐的操作系统，在中国文化中产生了十分深远的影响。

六、立足于 21 世纪的展望

在中国文化史上,《周易》这部书被尊为群经之首、大道之源,没有哪一部典籍能够享有如此崇高的地位。《易传》的作者对包括儒道墨在内的诸子百家的文化创造进行了综合总结,提出了太极、太和等概念,因而这些概念也就集中体现了中国哲学的精神,表达了中国民族文化的价值理想。

在百家争鸣时期,虽然各家都在追求行道、修道、得道,以道为最终的目标,但各家对道的理解有着很大的分歧,相互之间产生了激烈的冲突。各家都自以为掌握了道之全体,实际上都不免陷于一偏。正如冯友兰先生所指出的,儒家的孔孟偏于中庸而不够高明,道家的老庄高明有余而中庸不足。

所谓"中庸",指的是人伦日用之常,是对社会人际关系的热忱关怀。所谓"高明",指的是与天地参的宇宙意识,是对自然规律的冷静了解。这也就是说,儒家之所偏在于偏于人文主义而缺少自然主义,道家之所偏在于偏于自然主义而缺少人文主义。用金岳霖先生的话来说,儒家给人情感上的满足多于理智上的了解,道家给人理智上的了解多于情感上的满足。如果套用熊十力先生体用不二的理论,可以说儒家的思想用多于体,道家的思想体多于用。

先秦时期,荀子站在儒家的立场批评道家,认为庄子蔽于天而不知人。道家也可以根据同样的标准,批评儒家是蔽于人而不知天。当时各家的这种带有意气用事和学派成见的争辩持续了数百年,由此而逐渐在一些基本问题上达成了共识,到了战国末年,终于造就了学术大融合的大好形势。

《系辞传》说:"天下何思何虑?天下同归而殊涂(途),一致而百虑。"《周易》不排斥各家的文化创造,站在一个超越的立场,着眼于中国文化的整体,谋求多样性的统一,认为各家所研究的对象相同,虽百虑而一致,各家所追求的目标相通,所以虽殊途而同归。这是一个豁达大度的宽容的原则,是一个整合而不对立的原则。《易传》根据这个原则综合总结了各家的文化创造,把各种各样的对立整合在一起,从而形成了一个博大精深的体系,使中国文化的整体构成了多样性的统一。由于这个原因,所以《周易》这部书受到后世一致的推崇,公认为代表了中国文化的根本精神,它所提出的太极、太和的概念,也被后世的哲学家反复引用,推出新解,一直到了现代,在熊十力、金岳霖、冯友兰这些享有国际声誉的哲学大师的思想中,仍然洋溢着清新的活力。

近几年来,中国兴起了一股研究《周易》的文化热潮。人们称之为寻求中国文化之根。中国现代文化将走向何方这个问题,驱使着人们不断地向起源复归,而找来找去,总是找到《周易》这部古老的典籍。这种情形也可以用"殊途同归"那句老话来形容。目前这股研究《周易》之风方兴未艾,尚无法预料是否会出现如同熊十力、金岳霖、冯友兰那样的能够代表一个时代的哲学大师。但有一点是可以肯定的,那就是,通过这种研究,体现在《周易》中的中国哲学的精神以及中华民族的文化价值理想必将为更多的人所认识,薪火相传,为21世纪中国文化的复兴奠定一个坚实的基础。

《周易·系辞》说:"一阴一阳之谓道,继之者善也,成之者性也。仁者见之谓之仁,知者见之谓之知,百姓日用而不知。"这个"道"合天人,通物我,既有深沉的宇宙意识,又有浓郁的人文情怀,就其前者而言之是极高明,就其后者而言之是道中庸,是自然主义与人文主义的完美结合,可以使人得到理智的了解,也可以使人得到情感的满足，因而最能全面地代表中国哲学的精神而不陷于一偏。再进一步来看，由于这个"道"和人性的本质息息相通，所以不仅是哲学家理性思辨的认识对象，而且是普通百姓日用而不知的内在根据，有着极为深厚的生活土壤。因而，这个"道"也最能全面地体现中华民族的文化价值理想。

　　《周易》的"一阴一阳之谓道"这个命题，是说天地万物宇宙整体都是由阴与阳这两大对立势力所构成的，但是这种对立并不像伊朗的琐罗亚斯德所说的那样，使整个世界形成一种善与恶、光明与黑暗的不可调和的斗争，而是相反相成，协调配合，使整个世界焕发出蓬勃的生机。因此，无论是就整体或者就个体而言，在一阴一阳相互推移激荡的过程中，最终必然趋向于"太和"。所谓"太和"，就是最高的和谐，阴与阳的完美统一，人类所追求的理想目标。这个目标实际上是蕴含于起源之中的。《周易·系辞》说："易有太极，是生两仪。"太极就是宇宙的起源，阴与阳以原始统一的形态潜藏于太极之中，后来经过一番分化的过程，才产生了五光十色林林总总的世界。金岳霖、冯友兰两位先生用"太极"这个概念来表述至真、至善、至美、至如的理想或永恒真实的众理之全，是就起源的意义说的。熊十力先生则着重于趋向目标的意义，认为"要归于保合太和"。总之，"太极"和"太和"这两个概念，其深层的哲学意蕴，都是指称阴与阳两种对立势力所构成的和谐统一。这种和谐统一就是道，既可以合起来说，也可以分开来说。大而言之，是宇宙的和谐、天人整体的和谐、全人类的和谐；小而言之，是国家的和谐、社会的和谐、地区的和谐、家庭的和谐、个人身心的和谐。《周易》把这种和谐的统一提炼而为"太极""太和"概念，从哲学的高度进行了论证，使之囊括宇宙，统贯天人，具有本体论的意义，于是中国文化的中坚思想、最崇高的概念与最基本的原动力才最终定型。

在世界文化体系中，历史悠久、源远流长的中国文化独树一帜，占有不可动摇的地位。这是一个无可置疑的事实，任何人都需承认。只是在近百年来，特别是自"五四"以来的七十余年间，由于不能对西方文化的挑战做出有效的回应，由于不能落实到现实的生活层面摆脱转型时期的困境，一部分人张皇失措，悲观失望，才对传统文化的意义和价值产生了怀疑，主张只有否定传统，抛掉因袭的重担，才能迈开现代化的步伐。实际上，传统与现代是一个连续与中断的统一，如果割断历史，抱着一种民族虚无主义的态度，去彻底铲除中国文化之根，那么中国的现代文化究竟从何处开始就成问题了。20世纪三四十年代，以熊十力、金岳霖、冯友兰为代表的一大批现代哲学家，融贯中西，通释古今，上下求索，为了建立传统与现代的联结点，延续中国文化的慧命，做了艰苦卓绝的努力。他们怀着现代人的焦虑而复归于传统，根据《周易》中"太极""太和"概念，阐发了其中所蕴含的中国哲学的精神以及中华民族的文化价值理想，为陷入困境的中国文化重新点燃了精神的火焰。可以毫不夸大地说，他们在中国文化史上的功绩是不朽的。

按照他们所说的，中国哲学的精神就是一种从对立中求统一的精神，是一种从天人之分中把握天人之合的精神，是一种既有宇宙意识又有人文情怀的极高明而道中庸的精神，也是一种洋溢着乾健与坤顺相结合的中和之美的精神。这种哲学所追求的理想目标，就是凝结着真善美的太极，是贯穿着和谐统一的太和。太极和太和作为一种理想的目标，几千年来，一直激励着中国历代的哲学家进行不懈的探索，在苦难卑微的现实中，它如同熊熊燃烧的火炬，如同永不熄灭的理想之光，照亮人们前进的道路，也必将指引现代的中国人走向未来。这些前辈哲学家共同的看法，是他们在各种各样艰难困苦的处境下始终坚持不渝的哲学信念，也是他们经过一番客观的比较研究所发掘出来的中国哲学的永恒价值和全人类的普遍意义。

从他们的探索到现在，历史的车轮走过了半个多世纪，面临现代性挑战的中国文化仍然没有走出困境。问题的关键在于，没有把中国哲学的精神及其价值理想转化为一种适应现代需要的操作程序，使之落实到现实生活的层面。20世纪三四十年代，金岳霖先生曾为此感到极大的困惑，提出了"理有固然，势无必至"的命题。这个命题的意思是说，凡是合理的不一定必然能成为现实。冯友兰先生也有极大的困惑，他区分了真际与实际两个概念，把理想与现实分为两橛，认为哲学只讲真际而不讲实际，最哲学的哲学是一种不切实际的无用之学。他们的困惑也就是我们今天所感到的困惑。但是理与势是不会永远两截沟分的，真际与实际也不会始终分为两橛，精神的火炬已经重新点燃，和谐的理想已经重新发现，只要我们抱着强烈的忧患意识坚持不懈地去探寻，是可以找到一种有效的操作方法来克服传统与现代、现实与理想的对立，达到历代哲学家梦寐以求的理势合一、真际与实际交相辉映的太和境界的。而在这个有效的操作方法真正找到之日，也就是中国文化以前所未有的崭新姿态复兴之时。

——摘自"中华传统文化百部经典"之
《周易》卷（余敦康解读）导读部分

周易讲读

上经

乾卦第一

乾下乾上

导 读

我们先来讲读《周易》第一卦：乾卦。

乾坤是《易》之门户，乾卦列于六十四卦之首，是《易》之始发开启处，其地位至为重要，在所有卦中，经和传对于乾卦的叙述和阐发文字最多，其内容对于整部《周易》具有开宗明义、立其主旨、宣其精神的意义。

乾卦以龙为象，乾卦的每一个爻都是阳爻，具备阳刚健进、奋斗不已的精神，六爻在不同的时位，秉承着这种精神一路向上、向前，因此，乾卦的六爻也称作六龙，对于六爻运行的描述，就是在展现龙自强不息、奋斗不止的生命历程。龙的精神体现的是中国人的志节和豪气，内在蕴含着坚忍、沉潜、自省与奋发的力量。龙是阳刚进取的，自强不息、百折不挠，在勇于担当中一步步向前；龙也是舒展飞扬的，飞龙在天、云行雨施、品物流形，人经过重重磨炼，以不懈的追求而成为德业光辉的大人。龙是中国人的精神图腾，中国人不但以龙的精神激励自己，也把龙的精神寄托于后代身上，期望孩子有志气、有出息，希望他们具备龙的德行和功业，称作望子成龙。

人生于世，哪个不希望自强并有轩昂的意气？哪个不希望绽放人生的光彩、体现人生的价值？然而，人生没有自始至终的坦途，成长往往是在阻碍、苦难、磨砺中完成的，甚至是要在一次次的失败中去体悟和升华的，乾卦以深刻而平实的象征手法，以大气磅礴的意象和优美的文辞，给人以鼓舞和激发，教人们如何去振作和奋发，如何去践行自强超越之路。

如能按照乾卦所指引的精神之路，自强不息地去践行，就会有坚定的信心和信念去成就伟大；就会有舒阔的襟怀去体会诸事通达并有所收获；就会有坚持到底的力量去实现成功；就会有生生不息、永不怠惰的内在动力和生命力。这就是以人生去实践的"元亨利贞"。

《说文》解"乾"字："上出也。从乙。乙，物之达也。倝声。"是"乾"字取倝声，取乙义。"乙"是象形字，《说文》解"乙"字："象春艸木冤曲而出，阴气尚强，其出乙乙也。"因此，"乾"字就是表达生命力顽强向上的生长状态。而"元"字，《说文》："始也。从一从兀。"乾元，就是生之始。《彖传》对于卦辞进行了洋溢着阳刚之美的赞叹与阐发：乾元是创始，是宇宙万物之源，是生命生生不息的源头，万物资始，取用不竭，变化生生，无穷无尽。以乾元合天，统合为一，从而借天道以明乾道。

从宇宙整体变化作用而言，万物生于太极，太极独立而无所对待，其作用自然流行，太极动静而生两仪，乾元、坤元并建而出，乾元阳刚健生，坤元柔顺辅成。乾元初始于阳刚的一动之微，即是至善之生生，生发充沛着生命之力、之美。因此，在"大哉，乾元，万物资始乃统天"的赞叹之后，接着便是生命之展开、万物之流形："云行雨施，品物流形。大明终始，六位时成。"云行雨施，是物象流动的形貌，万般品类，物象森然，生机盎然；大明终始，是时间，阳气流动，其过程展现于时间之维；六位，是空间，是居位，六爻之位因时而成章。由此，乾元始动，物质、时间、空间于此生起，乾道变化，宇宙由此展开，万物由此而具备了伟大的动能。这洋溢着阳刚气息、生生之善的《周易》哲学精神，赋予中国文化品格以积极、能动、坚韧、乐观的底色。

"乾道变化，各正性命"，万物由乾道变化而具备了生生不息的动能，于自然流行的过程之中，没有阻碍和凝滞，因此，于生生流动中，展现出各得其时、各遂其生、各得其宜的性命样态，品物流形，各显其象，而那内在于万物之内的运行流转、生生不息的动能，自物而言之为性，自天而言之为命。得其"正"，就是得其自然之"宜"，如此而具的性命，就是"正性命"。

这生于自然的"正性命"落入现象界时，万物已有分界，事物彼此激荡错落，渐失其原，就会出现偏移流失，所以，需要不断地去守持和保养，化其分、保其合而使其归于太和，以"正"为范，使万物返归自然，以不失其性命之正。能够做这样一番努力的是作为天、地、人三才之一的人类。至此，创生发展的过程已进入人类群体层面，人类具备良知良能，宜发挥其参赞天地化育的作用，从内心诚敬天地，感而遂通，因此，做人行事，当求得时、得位、顺乎自然，以涵容存养的功夫践行顺乎天道的作为，以通天下之志，以定天下之业，以类万物之情，使人类自身连同万物并育不悖、和谐生生而归于太和。"乃利贞"，是指利于守持正固，以自身正固不失而正天下之物。"首出庶物，万国咸宁"，是说由乾道的大功用，而开创出宇宙万物，人类若善加珍视、护养和取用，则万国取用不尽，群生百姓都得以生续安宁。

《大象传》从乾卦纯阳之象体悟出自强不息的天道，在六十四卦中，除乾坤之外，其余六十二卦，凡卦中阳爻，皆乾之阳；凡卦中阴爻，皆坤之阴。学《易》者，从阳爻中，体会和运用自强不息之道，从阴爻中，体会和运用厚德载物之道。那么，于社会应用中，君子修为一生，无非是修己治民之事。人不可能效法天而成为天之体，但却可以效法天之行。天行其健，所以君子修己以自强不息之德，以励己，以行天道，安身立命。人也不可能效法地而成为地之体，但可以效法地之德。地厚载万物，所以君子治民效法大地载物之德，仁爱万民，厚养万物，崇德广业，品物咸亨。

乾卦六个爻，以六条龙的境遇和行为来讲解自强不息之道的六个阶段，给人以深刻切实的人生指导。

讲　解

下面，我们进入乾卦的文本。

乾：元亨利贞。

对于卦辞"元亨利贞"，历代有诸多解释，我们本着深入浅出、切合生活实际的原则，以简明的语言来说明其中所蕴含的道理、所体现的规律。乾为天，乾道即为天道，天道运行有其规律，从我们每天所经历的清晨、正午、黄昏、深夜，从一年的四时更替，植物的春生夏长秋收冬藏，以及人生的不同阶段，来体会"元亨利贞"，这就是天道，是事物运行的普遍规律。同时，还要看到"贞"并不是结束，就像是冬天并不是一切的结束，冬天过后会迎来新的春天,所以"元亨利贞"之后,会有贞下起元。这样大化流形,生生不息。

  《彖》曰:大哉乾元,万物资始,乃统天。云行雨施,品物流形。大明终始,六位时成,时乘六龙以御天。乾道变化,各正性命,保合太和,乃利贞。首出庶物,万国咸宁。

  《彖传》是对卦辞的解释,文字中充满阳刚之气和生命力,使人读之而振奋。其中说到的"乾道变化,各正性命,保合太和,乃利贞",提出了"各正性命,保合太和"的价值理念,这既包含着对个体事物各自天赋禀性的尊重,又有着对于事物之间的彼此融洽配合、整体追求有序和谐的"太和"的理想。《周易》认为,这就是天道,因此才会有"首出庶物,万国咸宁"。

  这段文字可以看作中华文化以和合为美的宣言与赞歌,恢宏博大,阳气充足,文采焕然。我们把这段文字的译文读一遍,以领会乾道创始之美。《彖传》说:伟大啊,开创万物的乾元之阳气,万物依靠它而得以创始,这种阳刚健进的元气统贯于天道运行之中。云飘行流动,雨水沛然降落,品类不同的万物受到滋育而流布成形,长养亨通。太阳不停地升落运转昭示着天道的运行不辍,乾卦用六个爻模拟了这个运行过程而形成了六个时位,就像是阳气乘着六条龙在天宇翱翔。乾道(即天道)运行变化,万物由此而具备各自的品性和禀赋,它们保全各自的精神并彼此协调共济,达成有序共生的完美和谐,这样就有利于万物的性命得到守持而自全。天道周流不息,又开始新的创生,万物丰富多彩,天下万方都和平美好。

在《彖传》之后，是《文言传》对卦辞"元亨利贞"的解释，将"元、亨、利、贞"与儒家的四德"仁、礼、义、智"相对应，将这四种德行对应于天道，认为能够践行"仁、礼、义、智"就是在行天道，人能与天道合，自然会顺利畅达。

这里我要说明一下，按照《周易》通行本的文本顺序，《文言传》要在六个爻辞和《小象传》都结束后才出现，我们的《诵读本》和《精读本》都是按照通行本的顺序。而在《全本周易导读本》中，我对顺序稍做了调整，因为《文言传》就是对卦爻辞的进一步解释和发挥，所以，我把《文言传》对应卦辞的部分解释放在了《彖传》后面，对应爻辞的部分就放在了爻辞《小象传》的后面，这样论述就更为集中，主题会更为显明，读起来也显得不那么重复和散碎。这样的调整，只针对有《文言传》的乾坤两卦，书中别处文本顺序均与通行本相同。细心的学友或者曾经背诵过《周易》的学友应该可以看出这里面的差别。

> 《文言》曰：元者，善之长也；亨者，嘉之会也；利者，义之和也；贞者，事之干也。君子体仁，足以长人；嘉会，足以合礼；利物，足以和义；贞固，足以干事。君子行此四德者，故曰："乾：元亨利贞。"

《文言》即《文言传》，是进一步阐发乾、坤两卦的文章，文辞优美生动，属于"十翼"之一。这一节文字对卦辞"元亨利贞"的意蕴做了深入解析，将天道的运行规律落实在社会人事之中，"元、亨、利、贞"分别对应"仁、礼、义、智"四个道德范畴，以指导人的道德行为，能够践行这"四德"便是遵循天道。与天道合，便自然会顺利畅达。

在《彖传》和《文言》对卦辞的解释之后，接着是《大象传》对卦象的解释。

《象》曰：天行健，君子以自强不息。

君子从天道中体悟出人事的道理，并内化为自身的品格，由此去进行选择和行动，这就叫作推天道以明人事，六十四卦《大象传》简短而精辟，都具有这样的特征。

接下来是乾卦六爻的解释，我们来梳理讲解一下：

初九，潜龙，勿用。
《象》曰："潜龙，勿用"，阳在下也。

初九是潜龙，为什么要潜？这里面的客观因素占比重大一些，因为初九的位置低下，人微言轻，虽然有阳刚的品格，但积累不够，经验不足，时机未到，心急也没用，所以要潜心学习积累，磨炼自己，不忧不闷，在积累中等待时机。

初九曰："潜龙，勿用"，何谓也？子曰："龙德而隐者也。不易乎世，不成乎名。遁世无闷，不见是而无闷。乐则行之，忧则违之。确乎其不可拔，潜龙也。"

上面这一节文字是《文言传》对初九爻辞的阐发。每个人的一生中都可能会遇到郁郁不得志的时候，也会有被埋没在某个角落而孤独的时候。比如刚踏入社会的年轻人，努力读书若干年，毕业后却找不到工作，或者找到工作却被安置在最底层没人理睬；比如有的人奋斗到人生中途，却意外受到打击而被投入底层。这时候不要怨天尤人，要踏踏实实沉潜在基层做最基础的事，积累经验，磨炼性格，记住"勿用"，不要急于表现自己。同时也要保持清醒的头脑："乐则行之，忧则违之"，不能盲从、走邪路，要保持龙的品德，自我激励成长，以待时机到来。要记住：龙是"脊椎动物"，是有脊梁的，虽然被暂时埋没，终有一天会展现出龙的风采，龙和软体动物的虫的区别就在于"确乎其不可拔"，坚韧不拔，信念不会被磨灭，这是龙的性格。那些投机取巧没有原则或者甘于匍匐在地而没有梦想的人，都不能称作潜龙，只不过是些虫而已。

有学友提问："乾卦初爻，潜龙勿用，那什么时候可以用？这个时机怎么发现与判断？"

我的回答是：初九是潜龙，为什么要潜？因为初九的位置低下，虽然有阳刚的品格，但积累不够，时机未到，所以要不断学习和积累，以等待时机，无论遇到什么困难，无论等待有多么漫长，都要抱定"确乎其不可拔"的志向，要坚守做人的原则，做到这些，这条龙就必有出头之日。

三国时期的诸葛亮，才高德厚，但生于乱世，隐居乡野，躬耕于南阳，人称"卧龙"，一旦风云际会，则"见龙在田"，一展龙的风采。

那些自身有能力有抱负，但是却由于外在客观环境所限，不能得以施展的人，就是潜龙。具体到什么时候可以一展抱负，每个人需根据自身的情况而定，只要潜心学习积累，磨炼自己，不忧不闷，有"确乎其不可拔"的信念，时机终会到来，而当机会到来时，就像铆足了劲的植物，春风起时，就会破土而出。我们给乾卦初九的关键词是：梦想与信念。

九二，见龙在田，利见大人。
《象》曰："见龙在田"，德施普也。

九二爻的"见龙在田，利见大人"，龙出现在田野里，利于见到大人。这是对于人生稍有起色、已经引起人们关注的人的规劝，九二应向比自己德行好、地位高、见识广的人去请教，不要被初次得到的小成就冲昏头脑。《文言传》里做出了更为细致的劝导，提醒九二，平时说话要言之有物、守信重诺，平时做事要谨慎稳重，谋定而后动，内心要对自己的位置有真诚的敬意。防止因为自身掌握了一些权力和资源就内生邪僻之心，或者由于没有防范意识而被邪僻的人和事物侵入。即便是做出了一些成绩也不要自我夸耀。九二爻因其居于下卦中位，如果能做到上述几点，就具备了做领导者的素质，《文言传》称赞其为"君德也"：

九二曰："见龙在田，利见大人"，何谓也？子曰："龙德而正中者也。庸言之信，庸行之谨。闲邪存其诚，善世而不伐，德博而化。《易》曰：'见龙在田，利见大人'，君德也。"

这一段是《文言传》对九二爻辞的阐发。这时的九二已经脱离潜伏的状态，崭露头角，进入了公众视野，走上了领导岗位，是具备阳刚的品质而能行中道的君子。这时的九二已不像初九那样不为人所见，九二居于基层领导的位置上，平时说话要诚信，做事要严谨，同时要防止外在邪僻之事的入侵，对人对己都要出于真诚，不自欺亦不欺人，做了有利于社会的事不自夸，这样才可以不断地提升自身德行，以德化民，成为一个优秀的领导者。九二这时候还需要不断地进取，提升自己的道德水平和生命境界，开创更广阔的人生视野，要向更高的大人去学习，这是具备君德的人应有的素质。我们给乾卦九二的关键词是：自律与真诚。

九三，君子终日乾乾，夕惕若，厉无咎。
《象》曰："终日乾乾"，反复道也。

九三爻描述了居于三爻这样一个尴尬位置的君子朝乾夕惕的样子，不上不下，既上又下，如同人到中年，如同人在中层，各种压力、责任、迷茫纠结以及复杂的人际关系，都体现在这一爻上。事业未稳，尊卑未定，正是攻坚克难的阶段，所以《文言传》里告诫说，要进德以修业，尽心尽力地做事，是为忠；为人真诚可靠，言而有信，是为信；以忠信增进德行，修治事业。这个阶段的人，说话要注意修辞，做事要把握分寸，态度要不卑不亢，白天努力工作，夜晚自我反省，或许可以顺利度过这个充满危机与挑战的阶段。《文言传》解释九三的处境是：

九三曰："君子终日乾乾，夕惕若，厉无咎"，何谓也？子曰："君子进德修业。忠信，所以进德也。修辞立其诚，所以居业也。知至至之，可与几也。知终终之，可与存义也。是故，居上位而不骄，在下位而不忧。故乾乾因其时而惕，虽危无咎矣。"

九三这个位置是一个非常艰难的位置,"朝乾夕惕"描述的就是在这个攻坚克难阶段的状态,作为居于整体格局中间位置的人,或者走在事物发展中间阶段的人,言行都要谨慎,有原则、有方法、有大局观。唯有如此,才能度过这个艰难阶段,并培养出坚毅豁达的气度,逐渐走向成熟和坚强。我们给乾卦九三的关键词是:勤奋与谨慎。

> 九四,或跃在渊,无咎。
> 《象》曰:"或跃在渊",进无咎也。

九四爻"或跃在渊",重点在"或"字上,爻辞说,九四或一跃而上,或退处在渊,没有咎害。《小象传》说,或一跃而上,或退处在渊,把握好时机进取就没有咎害。九四已经居于高位,而高处不胜寒,必须时时心存敬畏,做事更为谨慎,不能出差错。九四还有一个非常难把握的选择,那就是在看似时机到来的时候,跃还是不跃?"或跃在渊"的"或"字,有根据时局考虑、衡量的意思。跃是指向上跃居君位。《文言传》对九四的解释是:

> 九四曰:"或跃在渊,无咎",何谓也?子曰:"上下无常,非为邪也。进退无恒,非离群也。君子进德修业,欲及时也,故无咎。"

之所以要说"或",是指九四对跃与不跃并不那么确定,要充分认识到其中的无常、无恒，时运是不可把握的，然而德操却在于自己，因此要以谨慎、达观的态度来对待，内心仍然要不忘修德自律，同时不要失去群众基础，不要离开群类，在恰当的时机，进取而无咎。我们给九四的关键词是：时运与德操。

九五，飞龙在天，利见大人。
《象》曰："飞龙在天"，大人造也。

九五爻"飞龙在天，利见大人"，就是说九五成功了，到达了人生事业的巅峰，成为九五之尊，为什么要"利见大人"？九五作为一个领袖人物，要知人善任，礼贤下士，组建团队，要有一班贤能之臣来坚定地支持和辅佐他，这班贤能之臣就是九五的大人。秦末乱世的刘邦经过了多年的奋战，最终一统天下，初登九五之位时回故乡作过一首《大风歌》："大风起兮云飞扬，威加海内兮归故乡，安得猛士兮守四方？"这就是九五之歌。成为九五，意味着要承担更大的责任，担负更大的使命，付出更多的努力。而作为九五，最重要的是确定战略、组织团队、知人善任。

《文言传》对九五的解释是：

九五曰："飞龙在天，利见大人"，何谓也？子曰："同声相应，同气相求。水流湿，火就燥。云从龙，风从虎。圣人作而万物睹。本乎天者亲上，本乎地者亲下，则各从其类也。"

这一段说明了物以类聚、人以群分的道理，九五作为领袖，应明白各从其类的道理而坚守中正之德。在组织结构中，有怎样的领导就会有怎样的组织文化，举什么旗就会聚集什么兵，九五的德行将会引领整个组织的走向，而九五的一举一动也莫不在众人的瞻望之中。只有坚守正义、行为中道的领导，才能得到贤能之臣的辅佐和广大群众的拥护。我们给九五的关键词是：合群之道，正中之德。

上九，亢龙有悔。《象》曰"亢龙有悔"，盈不可久也。

上九爻"亢龙有悔"，展示了盛极必衰、物极必反的道理，告诫这条阳刚健进的龙，要知时知止，不要阳刚过度而不知收敛，如果一味向前，就会因为阳亢过度而最终留下悔恨。如果能及时地自我反省，不做阳刚过度的事，则会避免悔恨的结局，这也是《周易》思维非常重要的一个特征，乾卦以卦爻、象象、文辞来体现天道，所以"元亨利贞"是贯穿整个卦的精神，因此，到了上九的时候已经是到了"贞"的阶段，应当收敛归藏了。

上九曰："亢龙有悔"，何谓也？子曰："贵而无位，高而无民，贤人在下位而无辅，是以动而有悔也。"

"亢龙有悔"是因为上九阳刚过度，不知适可而止，以致出现悔恨的结局。如果他明白物极必反的道理，提前采取措施和行动，早做退身的打算，防止盈满倾覆，不让自己走到穷途末路时才追悔莫及，那么就有可能避免"有悔"的结局。我们给上九的关键词是：进退存亡之道。

在六爻之后，乾卦还有一个用九：

用九，见群龙无首，吉。
《象》曰：用九，天德不可为首也。

用九，出现一群龙而没有一条龙自居为首，吉祥。《小象传》说，用九的道理是说，天的美德是不自居为首的。用九提醒乾卦中的每条龙都不要阳刚过头。

乾卦除了六则爻辞外，还有一则"用九"，即用九之道。由于乾卦是纯阳之卦，六爻皆刚，群龙全都具有阳刚健进的品质。然而客观环境和规律却制约着每一条龙的行为，如果一味地以阳刚为天下先，就会走向凶险的道路，所以"用九"告诫群龙，当以"无首"为吉，不要阳刚过头，而应该刚柔相济，行为中道才能吉祥。纵观六条龙的爻辞和象辞：潜龙时，要"勿用"；见龙时，要"利见大人"；惕龙时，要"朝乾夕惕"；跃龙时，要慎重考虑"或跃"；飞龙时，要"利见大人"；亢龙时，被告知"盈不可久"。每一爻都在提醒不要阳刚过头。用九的思想就是：越是刚健有力量，就越需要守谦而不抢先为首。

后面的几段文字是《文言传》的进一步阐发和论述，分别从社会人事的角度、天道运行的角度和君子道德人格实现的角度，对卦辞、爻辞进行反复阐发：

"潜龙勿用"，下也。"见龙在田"，时舍也。"终日乾乾"，行事也。"或跃在渊"，自试也。"飞龙在天"，上治也。"亢龙有悔"，穷之灾也。乾元"用九"，天下治也。

"潜龙勿用"，阳气潜藏。"见龙在田"，天下文明。"终日乾乾"，与时偕行。"或跃在渊"，乾道乃革。"飞龙在天"，乃位乎天德。"亢龙有悔"，与时偕极。乾元"用九"，乃见天则。

以上两节文字分别从社会人事的角度和天道运行的角度，对六爻进行了简略系统的概括与阐释。爻处于不同的阶段，要有相应的决策与行为，象征着人的用舍行藏要符合时位，才能够不失时、不失位，恰当、合宜地走好每一个阶段。从天道运行的角度而言，以六爻和用九来体现天道自然的规律，从而推天道以明人事，确立人事的法则。这就是乾道天则。

乾元者，始而亨者也。利贞者，性情也。乾始能以美利利天下，不言所利，大矣哉！大哉乾乎！刚健中正，纯粹精也。六爻发挥，旁通情也。"时乘六龙"，以"御天"也。"云行雨施"，天下平也。

乾元是天道运行的元始，其功能在于创始万物并使万物成长亨通。利贞，是指天道变化利于万物各得其性命之正，各安其本性与实情。天道创始之初就能够以大美大利来施利于天下，却从不言说这是它推动并施与的利益，多么伟大啊！大公无私伟大的天啊！阳刚健进，持中守正，纯粹至精。通过六爻的运动变化和充分发挥，可以触类旁通，展现万物变化的规律和内在实情。就如同顺应时势的变化，乘着六条龙翱翔于天空。于是，云飘行而雨降落，万物各得其宜，天下太平。

天道阳刚健进、中正以行，使万物从创始、亨通到结成硕果，再到收敛归藏，体现了天道以美利施于天下却不言其所利的伟大。

君子以成德为行，日可见之行也。"潜"之为言也，隐而未见，行而未成，是以君子弗用也。

　　君子学以聚之，问以辩之，宽以居之，仁以行之。《易》曰："见龙在田，利见大人"，君德也。

　　九三，重刚而不中，上不在天，下不在田。故"乾乾"因其时而"惕"，虽危"无咎"矣。

　　九四，重刚而不中，上不在天，下不在田，中不在人，故"或"之。"或"之者，疑之也，故"无咎"。

　　夫"大人"者，与天地合其德，与日月合其明，与四时合其序，与鬼神合其吉凶。先天而天弗违，后天而奉天时。天且弗违，而况于人乎？况于鬼神乎？

　　"亢"之为言也，知进而不知退，知存而不知亡，知得而不知丧。其唯圣人乎？知进退存亡而不失其正者，其唯圣人乎？

　　以上六节文字是《文言传》从君子道德人格实现的角度对六爻进行的阐发。初九属于人格潜修阶段；九二是充分与人交往、积累道德学问、在实践中培养德行的践行阶段；九三是不断进取、反思、经受磨砺和锤炼的阶段；九四是在取得了一定成果后，坚持人格操守、审慎地结合自身和外在境遇进行取舍的阶段；九五实现了完美的道德人格，由君子而上升为大人，大人立身行道合于天地、日月、四时、鬼神，所以能够先天而天弗违，后天而奉天时，实现了"飞龙在天"的境界。最后一节文字是对上九的阐释，提醒如果一味地阳刚进取不已，超过限度就会物极必反，从而走向悔恨的结局，只有进退存亡而不失其正，才可能有效地避免这样的结局。

　　在《全本周易导读本》中，我们在乾卦解读的最后，引用了冯友兰先生所说的人生的四种境界：一本天然的"自然境界"；讲求实际利害的"功利境界"；"正其义不谋其利"的"道德境界"；超越世俗、自同于大全的"天地境界"（冯友兰《中国哲学简史》）。

在人生所追求的最高境界"天地境界"中，人的心灵超脱了俗谛的桎梏，胸怀天地宇宙，心系天下苍生，往古来今，生命与天道合为一体，是生命大境界。道德境界于是上升到了超越世俗、自同于大全的天地境界，具备这种境界的人，正如《乾卦·文言》所言"与天地合其德，与日月合其明，与四时合其序，与鬼神合其吉凶。先天而天弗违，后天而奉天时"的大人，实现了"天人合一"的大和谐，即"太和"。这是人类理想追求的终极目标。此天地境界正与乾元太和之道相呼应，愿此理想境界激励我们前行，"天行健，君子以自强不息"！

答　疑

1. 问："用九"中的"用"字怎么理解？

答："用九"的重点不在"用"字上，而在于为什么这里会有一个"用九"？"用九"是什么意思？"用"这个字在这里就是运用、应用的意思，比如《周易》其他地方说到"用"，"百姓日用而不知"，"小人用壮，君子用罔"，其中的"用"也都是我们常说的使用、运用。那么，这里为什么会有一个"用九"呢？因为，乾卦是纯阳之卦，而在我们现实生活中，并不存在纯阳或纯阴的事物，乾卦有象征意义，其阳刚健进的品格代表了后面六十二卦中所有阳爻的品格，其他爻辞只针对某一爻，而我们可以把"用九"看作针对乾卦的六个爻。对六条阳刚之爻，"用九"爻辞要对它有所告诫，"用九"之道就是用阳之道，那就是不要过度阳刚，天德不可为首，阳刚而知止，刚中要含着柔，才不至于有穷之灾或有悔恨。

《周易》六十四卦，每卦皆有六爻，惟乾、坤两卦另各加"用九""用六"以阐明《周易》用爻之法。这个用法出自古筮法，所谓"用"，一方面是以变数"九"命名阳爻，以变数"六"命名阴爻；一方面是当占卦得到的六爻皆为"九"时（汉帛本作"迵九"，即"通九"），六个阳爻皆为变爻，应以"见群龙无首，吉"为依据。

2. 问：关于九四"渊"的问题：是指初九还是指下卦乾？九四向上为"跃"，向下说"在"。"渊"从字面含义看似乎是有水的地方。乾无水何以说渊？

另一个问题是："或跃在渊"，比如跃上去的状态是从副总经理变成总经理或者董事长，如果没跃上去会掉到哪个状态呢？不会是潜龙，因为他没有"潜"了，从这么高掉下来，尽人皆知，原形毕露了。所以我的问题是，他从四爻掉下来，掉到哪个时位呢？

答：这两个问题可以合并来回答。

这里涉及用象数来解还是用义理来解的区别。如果用象数来解，那么必须从爻象上找到"渊"这个象的来源，比如东晋的易学家干宝就会解释说："四以初为应，渊谓初九甲子，龙之所由升也。"甲子属水，子水在渊。那么就为这个"渊"象找到了缘由。而这个"渊"就是指初九了。但如果用义理来解释，我们只需要知道"渊"是深渊的意思就可以了，不必确指它一定是哪个爻位。因为，我们如果联系到社会人事，就知道当一个居于高位的人在奋力一跃失败后，可能落到多么深的地方是不一定的，时运好的可能会落到九三，但这个可能性不大，因为九三相对来说仍属高位，已有人居于这个位置。那么，可能会落到初九，从爻位相应上来说，有这个可能，但现实生活中，这种情况也很少，因为这样当事人和居于高位的管理者都会很难堪。所以，这个"渊"可能比这种情况还要糟糕，它应该不会还在这个卦象里了，情况一变，卦就会变，有的注家会说，这个"渊"是坤卦的初六，这仍然是受卦象的拘泥。其实，读一读史书《史记》《资治通鉴》就知道，那些在政治斗争中失败的人，要么背井离乡，要么锒铛入狱，甚至家族被诛。如果说用哪个卦来描述，那可能就是困卦初爻"入于幽谷，三岁不觌"，或者坎卦初爻"入于坎窞，凶"，如果看过电影《功夫熊猫》，想想那只竞争失败的猎豹在山洞中被铁链锁着的样子，那应该就是"在渊"了。

在现代的企业组织结构中，一个高管失败，如果没有做犯法的事，那就只好换公司，另谋高就，不会像古代政治高层中的高官那么惨。

当然，九四因为有"或"（"或"通疑惑的"惑"），他没有选择贸然去跃，所以这个"在渊"，也可以理解为，由于没有恰当的时机，九四躲在自己的"渊"里，没有向上跃，那这个"在渊"就是指九四这个爻位了。就如同《道德经》里所说："鱼不可脱于渊，国之利器不可以示人。"

前面的情况，是说九四一跃可能失败，落入深渊；后面这种情况，是说九四在疑惑中，并没有跃，藏在自己的渊里。但其实，还有一种情况，就是在我们读的乾卦中，九四一跃而成功，成为九五，这是龙的奋斗史中的理想状态。

《系辞传》有段话："《易》之为书也不可远，为道也屡迁，变动不居，周流六虚，上下无常，刚柔相易，不可为典要，唯变所适。"现实中事物变化有多种可能性，《周易》将这些可能性蕴含在卦象文字中，所以，要以变化的眼光来读《周易》，不可为典要，唯变所适。

3. 问：我在读到九五时，书中讲龙飞上了天，遇到了大人，那么这个大人是谁？不是讲九五就是最有资源和领导权力的大人吗，怎么还有大人呢？另外，为什么只有在飞上天后才能遇到大人？在地上的九二不也遇到了大人吗？这个大人到底是谁？隐藏 boss 吗？

答：在以前的课堂上，我常给听课的同学讲一首诗，就是刘邦的《大风歌》。刘邦打下天下，回到故乡，年轻人跳舞庆祝，他亲自击缶而歌，歌是这样唱的："大风起兮云飞扬，威加海内兮归故乡，安得猛士兮守四方？"这就是九五之歌。当一个人成为一个集团或者单位的最高领导者时，他一定不是只顾高兴地在天上飞，而是要组建自己的团队，有一个好的领导班子来支持辅佐他，这里面可以包括九二、九三、九四，但这只是从客观地位上来说的。其实，九三不中不正，九四正而不中，真正与九五同心同德的当为九二，因为一个在上卦中爻位，一个在下卦中爻位，能够中道做事，从体例上来说，是相应的位置。所以，把九二看作大人，不仅是从他的现实官位上来说的，也是从他的德行上来说的，九二可以是位置不高的人，比如汉武帝找到董仲舒，采用他的天人三策，董仲舒就是汉武帝的"大人"，然而他并不是汉武帝朝中的高官。比如齐桓公当初去请管仲，管仲是齐桓公的仇人，当时还是鲁国的囚犯。所以，九五要见的大人，是能够给他提供治国方略，辅助他完成一番大事业的人，不限于在哪个官位。比如我以前列举的唐太宗重用房玄龄、杜如晦、魏征，以及他有一个非常贤明的皇后长孙皇后，这都是他的"大人"。所以，"大人"这个词，既可以指爵位高的人，也可以指德行好、才能高的人。

4. 问：乾卦其他五爻都不说君子，为什么九三称君子呢？

答：不是每爻都必须称龙，九三爻辞里虽然没有用龙来表示，但内涵已经是一条"惕龙"了，九四爻辞里也没有说龙，但内涵是一条"跃龙"。当每一条爻辞用龙来描述时，其实是在讲龙德，讲这些的目的是什么呢？就是提醒要不断经受磨炼，以成就君子人格，由君子而上升到大人。九三所居爻位，在各爻中，是最为考验耐力和人性的阶段，我们称为"三多凶"的攻坚阶段，大概作者在这一爻有意用"君子"来鼓励九三以君子自况，坚持渡过难关吧。

5. 问："与天地合其德，与日月合其明，与四时合其序"，"四时"是指哪四时？

答：四时，即春夏秋冬四季，是指与天道自然的时序相合，不违逆。

6. 问：先天八卦与后天八卦的区别在哪里？

答：我在《全本周易精读本》第31—33页对先天八卦和后天八卦的形成及其区别有一些介绍，可供参考。

7. 问："'见龙在田'，时舍也。"这里的"舍"取哪一种意思呢？

答：书稿初成时我曾用"舒"解释，有些注家的注释也曾用此义，表示九二之时得以舒展。但遍查《说文》《说文解字注》以及《康熙字典》，其中"舍"字均无"舒"义。《说文》："市居曰舍。"段玉裁《说文解字注》："凡止于是曰舍。"因此，后来在修订书稿时采用了"舍止"义。"舍"读四声shè，动词，舍止，指有了较为稳妥的处境，可以在此居留、施展才华。

8. 问：冯友兰所说的从自然境界到天地境界，这种提法是否合理？

答：有学友提出，冯友兰先生所说的从自然境界到天地境界是否合理？我反问说他所问的"合理"的"理"是指哪个"理"，学友没有回应，那么我谈谈我的看法。我认为冯友兰先生所说的四种境界合于历史发展的自然之理，也合于人道追求的人文之理。先说自然境界，不等同于老子的语境，可以说是人类最原初的境界，比如原始社会，人们处在自然状态里，欲求与飞禽走兽的欲求差不多，没有对人生意义的追求。如果用古希腊哲学家柏拉图的说法来比喻的话，那是"猪的城邦"，每个人都在按自己的本性生活，这种本性生活是一种动物式的生活。没有所谓善与恶的区别、没有美德、没有理性，也即任何属于真正的人的道德判断，在猪的城邦里都不存在。这叫作自然境界，要比"猪的城邦"好听许多。

然而随着人类的发展，物质逐渐丰富，人之为人，显然并不仅限于此。人的欲望会进一步希望得到更多，这也是人与动物的区别，动物吃饱就满足，人却会有更多的欲求，占用土地，获取更多的特权，这就是功利境界。在功利境界中，大家互相抢夺资源，以更多占有为贵，冯友兰先生称为讲求实际利害的功利境界，用柏拉图的说法，叫作"发烧的城邦"。功利境界可以促进社会的发展，比自然境界文明程度要高一些，因为自然境界真的不能称作文明。

功利境界虽然会对人类文明起到促进作用，但逐利过度会导致社会的动乱和人性的堕落。人类从一次次残酷的斗争中觉醒，明白了对道德的追求是人类生生不息、和谐共存的保障，人类的精神由此得以升华。人类拥有道德而称得上伟大和高贵，所以，道德境界是人类境界更进一步的提升。

而最高的境界，是圣人的天地境界。这种境界，或许历史上也没有几个人能真正达到，但要有一个至高至善的境界在那里，让人类去向往，去追求。"天人合一"的大和谐，是人类理想追求的终极目标。

还有学友在分享中，颇有些疑惑地说，是不是目标定得太高了，我们传统中有这样几句话："取法于上，仅得为中；取法于中，故其为下。"（语出唐太宗《帝范》卷四）我知道，这位学友是针对道德境界中"正其义不谋其利"而言的，孔子说过"君子爱财，取之有道"，孟子却说"何必曰利，亦有仁义而已"。那是因为，孔子时代的春秋各国尚有一些贵族精神，取利时尚知礼义。而到了孟子时期的战国时代，已经是天下交征利，为了利，可以杀人盈野，杀人盈城，即使大声呼吁仁义，都叫不醒沉迷于功利旋涡里的人，又何必再言义利合一。

当然，日本的工业之父色泽荣一曾经针对日本社会道德滑坡的情况，提出过"士魂商才、义利合一"的理念，这应该也适用于我们当下的社会。

9. 问：九四爻说"中不在人"，六爻是天、地、人三才，中间两爻是人。这怎么理解？

答：注家基本认为，从"三才"来说，三、四为人位，而其中三为人之正位，四为人之余位，人道已尽，而更多需要等待天时。我给四爻的关键词是"时运与德操"，位置到达四爻，该如何做，人道已经明白，本着尽人事听天命的态度，就看时运了，所以这里的"不在人"，不只是从爻位上来分析，更要从人事上看到其中"不由人"的意思。

乾卦小结

从初九到九五，从潜龙到飞龙，《周易》铺展开一条修身成德的道路。沿着这条途径努力，由普通人到君子，由君子到大人，不断地进德修业，人就可以安身立命，并不断去成就道德人格的最高峰，达到"天人合一"的太和境界。这已经成为中国传统文化中人生价值追求的最高理想。而上九和用九，是对阳刚过度行为的提醒和纠错，阐明了刚柔并济、阴阳协调的道理。

读卦诗词

御街行·乾为天

寇方墀

潜龙勿用知时早。隐于下，何忧恼？
逢得龙见在田时，舒展东风怀抱。
朝乾夕惕，进德修业，无待光阴老。

飞龙叱咤风云到。畅九霄，风光好，
神明天地且弗违，和乐万民欢笑。
知时进退，持盈难久，无首方合道。

坤卦第二

坤下坤上

导 读

坤卦是《周易》第二卦，乾坤两卦被称为"易之门户"。乾卦我们讲过了，纯阳之卦，我们在《全本周易导读本》中给乾卦拟定的小标题是"龙的奋斗史"，每一条龙都阳刚健进，洋溢着阳刚之气，而当我们进入坤卦，就会感受到一股阴凉之气。我们给坤卦起的小标题是"利牝马之贞"，来自卦辞，坤卦由坤下坤上两个坤组成，是纯阴之卦，按照卦德来说，是至为柔顺之卦，如果说乾卦的主题是讲如何成为一个领袖的话，那么，坤卦就是在讲如何成为一个优秀的辅助者。在社会组织结构中，成为领袖者毕竟是少数，而大多数人是辅助者，每一个领袖也无不是先从辅助者开始的，因此，如何做好一个辅助者，是每个人都要面对的问题。

讲 解

坤：元，亨，利牝马之贞。君子有攸往，先迷后得主，利。西南得朋，东北丧朋。安贞吉。

坤卦卦辞里面说道，"元，亨，利牝马之贞"。乾有乾元，坤有坤元，两者都是"元亨"，那么乾元和坤元是什么关系呢？有人认为先有乾元，后有坤元，因为乾是"始"，坤是"成"，乾创始之后，才有坤的完成，因此，阳在先，阴在后。也有人认为，先有坤，后有乾，因为宇宙生成，先有无，后有有，坤为阴，代表无，乾为阳，代表有，无中生有，所以，坤为先，乾为后。这两种观点，前者偏于儒家式的理解，后者偏于道家式的理解。其实，我们认为，乾和坤不存在先后的问题，如果有先后，里面就有了时间的概念，这样的话，那由乾至坤或由坤至乾的时间段里是什么状态呢？只有阳而没有阴，这种情况不可能存在，因为这是违背太极之理的。正所谓独阴不生，孤阳不长，乾坤阴阳必是并生并存的，即"乾坤并建"。只不过乾坤阴阳在流行不息过程中，此消彼长，此长彼消，有时阴盛阳衰，有时阳盛阴衰，所以，才有万事万物的流转变化、生生不息。

乾坤并建，但各有其特色，那就是，乾是阳刚健进，坤是阴柔顺从，一个起主导作用，一个起辅助作用，所以，乾卦是"龙的奋斗史"，坤卦则为"利牝马之贞"。卦辞里面说道："君子有攸往，先迷后得主，利"，就是说，具备坤德的君子，要有所前往时，不抢先，而应居后，跟随乾而行动，如此才会有利，这个"利"，就是元亨利贞的利，是指有所收获，有所顺遂，其前提是，跟在乾的后面去完成，从而有所收获，通过辅助别人，从而成就自己。后面卦辞中的"西南得朋，东北丧朋"，我在书中有图示，是根据后天八卦图的方位进行解读的，易学注家多取此义。在后天八卦图中，坤卦在西南方位，而在整个图中居于西方和南方的四个卦，都是阴卦，以一阴爻为主，也就是我们前面讲乾坤六子时，家族里的四个女性，母亲带着三个女儿，都在西南方位，而父亲带着三个儿子，四个阳卦，则居于东北方位。如果我们的初学者不能理解此图，那先知道这两句话要表达的意思就可以了，即坤卦是阴柔之卦，它如果还去和其他的阴柔之卦配合，那就是同类的朋友，就像女孩子在学校住校，宿舍里全都是女孩子，这叫"得朋"。如果坤卦去和阳刚之卦配合呢，女孩子毕业了，找到了男朋友，组建了家庭，虽然失去了同性的朋友，但却成就了姻缘，这是一件喜庆的事情，其内在的意涵，就是说坤要去找到乾，其实，乾也要找到坤，这样才能化生万物，繁衍生息，生生不已。

《象传》有一大段非常优美的文辞用来解释卦辞，阐发坤卦之德，原文如下：

《象》曰：至哉坤元，万物资生，乃顺承天。坤厚载物，德合无疆，含弘光大，品物咸亨。"牝马"地类，行地无疆。柔顺"利贞"，君子攸行。"先迷"失道，后顺得常。"西南得朋"，乃与类行。"东北丧朋"，乃终有庆。"安贞"之吉，应地无疆。

这段文字是对坤卦卦辞的解释，也是对坤德的赞美。坤的德行柔顺宽厚，配合乾完成了对万物的生养涵育。坤需要约束自己的是：以顺承和配合为本分，这样才能充分发挥自身的优势，配合乾共同把事情做好。"'西南得朋'，乃与类行。'东北丧朋'，乃终有庆"，一般认为是从后天八卦图中得来（如图2-1），如果将后天八卦图用一条自左上到右下的斜线划分为西南和东北两部分，西南部分是四个阴卦巽、离、坤、兑，东北部分是四个阳卦乾、坎、艮、震，如果往西南方向走，就会遇到阴卦，为"得朋"，与坤卦是同类，就如女性朋友们聚在一起；如果往东北方向走，就会遇到阳卦，为"丧朋"，失去了同类的伙伴，但是，阴阳相遇，如同女子遇到了男子，可以结为伉俪。这实在是件值得喜庆的事，所以说"乃终有庆"。其实这个比方就是在说明阴求阳、阳求阴的道理，阴是"后顺得常"，要跟随并辅助阳刚共同去努力前行，这样才能"'安贞'之吉，应地无疆"。

图 2-1 后天八卦图（易图方位为：上南下北）

《文言》曰：坤至柔而动也刚，至静而德方，后得主而有常，含万物而化光。坤道其顺乎！承天而时行。

《文言传》中的这两句话非常好，叫作"坤至柔而动也刚，至静而德方"。坤的行为是至为柔顺的，但当它变动的时候却是柔中有刚；坤是至为安静的，但它却不失方正的品格。可见其中所含"乾坤并建"之义。坤后面隐含着乾，正如乾后面隐含着坤，只不过一个外显，一个内隐。当乾外显时，坤内隐；当坤外显时，乾内隐。所以，"坤至柔而动也刚"，坤的刚，其实是顺承乾而显现，而乾的柔，则是内含坤而从容。

所以，我在例解里面，以乾卦对应儒家，而以坤卦对应道家，它们生发于《周易》的乾坤两卦中，一阳一阴，一刚一柔，彼此补充，涵容呼应，塑造了我们中国人所特有的文化品格。

接下来，是《大象传》：

《象》曰：地势坤，君子以厚德载物。

这句话，大家耳熟能详，但我们今天还是要再深入分析一下。这句话要和"天行健，君子以自强不息"对照着来念。我们常常会用这两种德行来对应自己，用以修身进德，就是一个君子既要有乾德，又要有坤德，但不知大家注意到没有，当《大象传》说"自强不息"的时候，指向的是自己，也就是我们要以刚健进取来要求自己，而说"厚德载物"的时候，指向的是别人，也就是我们要以宽容厚德来对待别人，我们不能去要求别人"自强不息"，而对自己的要求却宽容厚德，也就是说，我们应该严以律己，而宽以待人。前几年，我到郑州大学给一个女子班讲"周易与女性哲学"课，有一次讲完后，郑州广播电台采访我，要我给女性听众几句建议，我记得当时说了两句话："做人，要有独立的人格、容人的雅量。"其实，独立的人格，就是"自强不息"；容人的雅量，就是"厚德载物"。以这两句话来自我要求，就是在不断提高自己的修为。这是乾坤两卦《大象传》带给我们的启示。

接下来，我们进入对六爻的解释。对于坤卦六爻，大家要读出与乾卦不同的滋味，乾卦是充满阳刚之气的，而坤卦却是充满阴柔之气的。

初六，履霜，坚冰至。

《象》曰："履霜坚冰"，阴始凝也。驯致其道，至"坚冰"也。

我们看到，当初六刚一出现时，就是"履霜，坚冰至"，这个爻说出了要对事物发生的端倪予以充分重视的道理。如果放在社会人事中来说，初六就是那刚刚萌生的可能会导致坏结果的事物的苗头，不可不防备并解决它；如果放在修身自省的层面来说，初六就是心底产生的恶念或邪念，不可不警醒并消除它。因为，如果放松了警惕，姑息养奸，最终会承受一个大的恶果。这就叫"其端甚微，其势必盛"，到了形成大势的时候，就积重难返了。所以，《文言传》里说了"积善之家，必有余庆；积不善之家，必有余殃"的道理。一个家庭或家族，一点点地积累善行，淳正家风，会给整个家族和子孙后代带来福分；而积累恶行，则会给后代带来灾殃。中国历史上一些家族设立家训，传承家风，经历多少代，都会人才辈出，家道绵长，家风淳厚，都是因为体悟了这个道理，并能够一代代传承不绝，身体力行。

初六《文言传》原文如下：

积善之家，必有余庆；积不善之家，必有余殃。臣弑其君，子弑其父，非一朝一夕之故，其所由来者渐矣，由辨之不早辨也。《易》曰："履霜，坚冰至"，盖言顺也。

我们给初六爻的关键词是：其端甚微，其势必盛。

六二，直，方，大，不习无不利。

《象》曰：六二之动，直以方也。"不习无不利"，地道光也。

六二爻，是坤卦的主爻。坤是纯阴之卦，也是具有象征意义的卦，代表《周易》中阴柔的力量。这种力量和特质体现在《周易》所有阴爻之中。坤卦中，六二爻是卦中主爻，坤是地道、臣道的象征，六二居下卦地象之中，阴柔居正，是辅助者的正位，故为卦主。[1]

回过头来，我们说坤卦六二，"直，方，大，不习无不利"，正直、端方、广大，不熟悉也无不顺利。《文言传》里有两句非常棒的话，"君子敬以直内，义以方外"，虽是阴爻，体现的却是端方、诚敬、正义的品格，有着真诚无伪、纯正刚毅之气，这就是"坤至柔而动也刚"的具体体现。有这样的品德，必然是"不习无不利"了。

六二爻《文言传》原文如下：

直，其正也；方，其义也。君子敬以直内，义以方外，敬义立而德不孤。"直，方，大，不习无不利"，则不疑其所行也。

正直、端方、广大，是大地的美德，君子以恭敬不苟、行为符合正义来提升自身的德行，效仿大地之德，使美德充沛于内而广布

---

[1] 我在《全本周易精读本》第108页，专门对《周易》六十四卦卦爻体例做了分析，对各卦的主旨及主爻进行了分析和说明，以后在读每一卦的时候，大家不妨参照这一部分内容来把握卦的主旨，有提纲挈领的作用。

于外,则"敬义立而德不孤","不孤"则"无不利",由此铺展开一条立己达人、崇德广业的人生追求之路。我们给六二爻的关键词是:心底无私天地宽。

六三,含章可贞。或从王事,无成有终。

《象》曰:"含章可贞",以时发也。"或从王事",知光大也。

六三,居于"三多凶"的位置,三爻居于下卦之极,又是阳位,所以有向外进取之意,以阴爻而外取,不符合坤道,会有凶险,所以,爻辞告诫说"含章可贞。或从王事,无成有终"。"章"是章美,有才德美质。有注家认为,到六三爻,下卦坤德已成,三爻是外,二爻为内,二爻有非常好的才德品格,三爻含着二爻,所以叫"含章"。我们认为这样解释有点绕,不如直接就对六三来说,下卦坤体已成,自身就有章美的才德,但是不应该太彰显自己,而应像卦辞中提醒的那样不要抢先,要做一个辅助者,从王事,不抢名,不居功,以辅助者的角色,完成自己的志向,施展自己的才华。在历史上和现实中,这样的例子比比皆是,有的人很有才华,但就是适合做辅助者,而另有一些人没有专业技能,却适合做领导者、管理者,两者配合,共同成就一番事业。六三就是辅助者的典型,无成有终,成就和名誉不是自己的,但却完成了自己的心愿,施展了自己的才华,有了一个好的结局。

六三《文言传》原文如下:

阴虽有美,含之以"从王事",弗敢成也。地道也,妻道也，臣道也。地道"无成"而代"有终"也。

六三爻以阴爻居于阳位，说明它品质兼具刚柔，是有作为的爻，但阴爻的特性和本分仍是以跟随为主，应蕴含才智而不示强外露，这样才能与乾阳形成互补配合。这并非说阴柔就卑微，在"乾坤并建"的世界中，阴柔与阳刚同样重要，相互依存，缺一不可，必须有厚德者去承载和完成自强者的创始，才能有始有终，共同完成大业。在日常生活工作中，每个人都可能是领导或下属，在下属的分位上时，要明白职责、懂得配合，辅助领导者完成共同的事业，不争功劳，不抢名利，这样就能得到好的结局。我们给六三爻的关键词是：配角的艺术。

六四，括囊，无咎无誉。
《象》曰："括囊无咎"，慎不害也。

六四爻，"括囊，无咎无誉"，如何在四爻这样一个高的位置上远祸避害，我这样解释：没有灾祸也没有荣誉。《老子》就曾说过："祸兮，福之所倚；福兮，祸之所伏。"世上的事，往往好事和坏事相伴而行，祸中藏着福，福中伏着祸。因此，要时时警醒：得意时，不可忘乎所以；失意时，不可放弃希望。"无咎无誉"，是对居于六四爻位置的人的劝告，要谨慎。作为一个辅助者，六四本来是守正且柔顺的，与乾卦的九四大不一样，九四存着一个向上"跃"的心思，它是进取的，而坤卦六四是阴爻，没有"跃"的想法，却有一个能否自我保全的意念。对于一位君子来说，天下有道，则现；无道，则隐。但是，也不能劝诫所有人一概都以这种明哲保身的态度来对待困难和危机，比如"两派六宗"的第六宗代表之一李光就提出，当时局出现危机的时候，居于高官大臣位置的人，不能只想着明哲保身，还要有担当，因为，如果贤良的大臣都消极避世、自我保全了，那岂不是将天下拱手让给了昏君佞臣？所以，有时，吉有所不趋，凶有所不避，要守大义，有担当。六四居正，应该有此义。所以，"括囊"并不就是指退隐逃避，而更应该是指对于自身言谈行为的一种谨慎的态度，免得因言行不谨而招致灾祸。记得有一次在某个书院讲庄子，我讲到中国历史上隐士的发展演变，从1.0版本发展到4.0，隐士4.0是不避尘世的，甚至不避政治，在朝中做大官，却能够大隐隐于朝，既能辅佐社稷，发挥自己的政治主张，又能全身保命，避害远祸，这应该算是隐士的高境界了。

六四《文言传》原文是：

> 天地变化，草木蕃。天地闭，贤人隐。《易》曰："括囊，无咎无誉"，盖言谨也。

天地变化，按时序运行，春夏之时，阴阳二气融合交通，万物得以长养，草木也会繁盛；当天气由秋入冬时，天地间的阴阳二气闭塞不通，万物肃杀，草木凋落。社会人事中也有这样的季节，开明之世，贤人会出现并得到重用；昏暗之世，贤人潜隐，不显现于世间。此处用天地和草木的关系比喻世道和贤人的关系，用以阐明"括囊"的原因，比喻谨慎处世可以免灾避祸的道理。我们给六四爻的关键词是：远祸的智慧。

六五，黄裳，元吉。
《象》曰："黄裳，元吉"，文在中也。

坤卦六五爻，"黄裳，元吉"，黄色既不是暖色，也不是冷色，是居中之色，用以象征六五能持守中道，有美好的德行。古人上衣下裳，裳，象征六五为人谦逊，德行很高，为人谦逊，居位又在五位这样的尊位，可以说达到了德行、事业最圆满的状态。所以，《文言传》称赞说："美之至也！"历史上常用周公作为这一爻的代表人物，认为只有周公真正做到了德行高尚、地位尊贵、事业发达、人生圆满，却能够恪守本分，仍然一生甘愿只做辅助者。

六五爻《文言传》的原文是：

> 君子黄中通理，正位居体。美在其中，而畅于四支，发于事业，美之至也！

"黄中通理"比喻君子的美好品质，黄色高贵而谦逊，温润而中和，君子居正得位，通达事理，以这样的美德居于五爻的位置，美于内而发于外，堪称德与位的完美结合，以此发挥于事业，就如同心灵支配四肢那样自然顺畅、得心应手，没有比这更美好的了。我们给六五爻的关键词是：德与位的完美结合。

上六，龙战于野，其血玄黄。
《象》曰："龙战于野"，其道穷也。

上六，"龙战于野，其血玄黄"，当阴达到极致的时候，阳要出现了，所以，上六爻辞里出现了龙。对于上六这一爻，主要有两种解释，一种认为，阴极而自以为成了阳，于是跟真阳有了争战，就如同我在例解中说到的，汉末外戚势力达到极致，于是取汉家政权而代之，致使汉末出现了混战的局面。这是一种解释，"阴拟于阳，必战"。另一种解释认为，这个"战"是交合的意思，以战的形势达到合的结果。这两种解释都可以，也可以说都有其合理之处，只不过这两种解释关注的阶段不同，前者关注阴阳交战的过程，而后者关注阴阳交战的结果。

"天玄而地黄"，是说天的颜色是玄，玄是青黑色，地的颜色是黄。在自然现象中，当黑夜将要结束，黎明将要到来之际，天地交界处会出现阴阳之气相搏，天色深青微茫而地色黯淡深黄，这时，既是交战，也是融合。在历史上，有多少次和平的时代是在战争之后到来，所以，从某种意义上来讲，战是和的痛苦的过程，和是战的最终的结果。当然，与自然界的现象不同，人类要有调控协调的能力，找到有效的途径和办法，才能避免通过惨烈的战争达到和解。这是人类智慧之所在。

上六爻《文言传》原文是：

> 阴疑于阳，必战，为其嫌于无阳也，故称龙焉。犹未离其类也，故称血焉。夫"玄黄"者，天地之杂也，天玄而地黄。

阴和阳是一对矛盾，同时又彼此依存，交融转换，此长彼消，在不断地动态变化之中达到平衡。如果阴太盛或者阳太盛，都会推动形势向相反的局面转变。上六是坤卦的最上爻，阴已达到极盛，并且已经前无进路，其形势必然是向阳转换。但这种转换如果不是出于阴的自觉配合，而是阴忘记了自身宜柔顺辅助而不可争先的本质，甚至以抢夺阳的名位为手段，以图达到取而代之的目的，就会出现与龙战于野的状况，双方都会付出血的代价。我们给上六的关键词是：越位之殇。

来看最后的"用六"：

用六，利永贞。
《象》曰："用六""永贞"，以大终也。

坤卦是纯阴之卦，由于六爻皆阴，容易导致阴气太盛，阴柔过度，所以"用六"提醒坤当以坚守正道为利。《周易》中的"大"和"小"，往往代表阳和阴，比如后面的大过卦是阳刚过盛，小过卦是阴柔过盛；泰卦和否卦中的"小往大来""大往小来"中的"大""小"也是指阳和阴。因此，"'用六''永贞'，以大终也"，是指坤卦用六要永远坚守正道，要以阳为归宿。

坤卦因六爻皆阴，所以后面加以"用六"，指出"利永贞"，是警醒坤卦应阴柔顺从但不要丧失原则，其原则就是要坚守正道，体现了阴柔应与阳刚进行调和的道理。这与乾卦的"用九"正好相映成趣，互为补充。乾卦"用九"和坤卦"用六"，是讲用阳刚及用阴柔之道。如果我们仔细体会，其实，用九之道"群龙无首"，就是坤；用六之道"利永贞"，就是乾。所以，在用蓍草进行占筮时，若筮得的结果为乾卦六爻皆动，有人问断卦的标准到底是看"用九"爻辞，还是看坤卦的卦辞，其实，两者是一回事。当卜到坤卦六爻皆动时，看"用六"爻辞和看乾卦卦辞也是一回事，所给予的劝导与告诫是类似的。

这里面蕴含的就是乾坤并建、刚柔并济的道理。

答 疑

问：有学友悄悄给我发私信，问该怎么卜筮算卦。

答：《系辞传》里面说过："君子居则观其象而玩其辞，动则观其变而玩其占。"观卦玩辞，观变玩占，这是学易者的乐趣所在，也是《周易》颇具宗教感的一个方面，几千年来为众多信众所追寻和向往。所以，大家可以试着算。我在《全本周易精读本》中有非常细致的介绍，大家可以对照着学一学，其实，算的方法很容易掌握，只是解卦断卦的能力需要长期积累，否则，只会算不会解，也没用处。我们这样逐卦逐卦地学，当得到一个卦时，才有可能知道怎么去理解，去推断。当然，在对经传卦义熟稔于心，而又能够不断以之修德立身时，可能也就不需要再走这个有形的程序了，也就是孔子所言"不占而已矣"以及荀子所说的"善为易者不卜"，把握你所能把握的，接受你不能把握的，这就是《周易》所蕴含的"尽人事，听天命"、积极而达观的人生态度。

坤卦小结

乾坤两卦作为易之门户，地位殊为重要。乾，"元亨利贞"，六条刚健的龙，潜龙、见龙、惕龙、跃龙、飞龙、亢龙，阳气由萌发至圆满再至穷极，穷极而反，阳极生阴，乾元用九而至于坤；坤从履霜到龙战于野，由阴气始凝到阴极而阳生，坤元用六而至于乾，循环往复，乾坤并建，和合为大，阴阳二气运行交感而生育天地间万事万物，这就是《周易》所蕴含的"生生之谓易""一阴一阳之谓道"的精神。

读卦诗词

兰陵王·坤为地

寇方墀

踏长路，长路无穷归处。
斜阳外，云幕轻合，寥落星辰任谁主？
远方且趋赴，牝马蹄声无数。
漫遥望，大地无疆，品物咸亨映天舞。

霜露，奈何履？
恐暗里坚冰，朝暮难度，始凝霜月穿朱户。
事不谙无不利。
但因德厚，直方敬义载南亩，含美不称富。

收束，莫求誉。
括囊天地闭，看尽荣辱，琼楼望处多风雨。
叹黄裳美至，堪作长赋。
玄黄龙战，梦陷落，见拂曙。

屯卦第三

震下坎上

导 读

今天进入万物生生的第一个阶段：屯。

《序卦传》曰：

> 有天地，然后万物生焉。盈天地之间者，唯万物，故受之以《屯》。屯者，盈也。屯者，物之始生也。"

先有了天地，然后万物得以创生形成。盈满于天地之间的只有万物，所以在象征天地的乾坤两卦之后是象征初生的屯卦。屯是乾坤阴阳之气氤氲满盈而生发的状态。屯代表事物的初始萌生。

从卦象上来看，屯卦的下卦是震，我们学过乾坤六子，震卦是长子，是乾卦的第一个阳爻与坤卦交会，坤卦第一爻变成阳，这就是刚柔始交；屯卦的上卦是坎卦，则是乾卦第二爻与坤卦交会，形成了震下坎上的卦象，震的性格是动，坎的性格是险，两卦组成的局面就是"动乎险中"，想要有所行动，但前面却是危险，代表着事物初创时期的艰难。

从卦象来看，上卦是坎，坎为水，在天上就是云，下卦是震，震为雷，云中有雷，说明要下雨了，但还没有下下来，是郁结不通的天象。这象征着事物初创时期整体局面郁结不通，正处于艰难的时刻。

《周易》有四大难卦，屯卦是其中之一。四个难卦的艰难情况各有不同，屯卦的艰难是因为处于初创时期，自身力量微弱，所处环境混沌无序。我给这个卦起的小标题叫作"万事开头难"。虽然，卦时讨论的是初创的艰难，但卦辞和爻辞中却可以看到一种内在的力量，就是如何克服艰难，少犯错误，最终顺利度过初创的艰难时期，实现"元亨"的未来。

这个"屯"字是一个象形字，地下面的一根细弱的苞芽绕过地下的重重阻碍，坚强地钻出地面，破土而出。我记得小时候学过一篇课文，大家可能也学过，叫作《种子的力》，文中说："你见过被压在石块下面的小草吗？为了要生长，它不管上面的石块怎么重，石块跟石块的中间怎么窄，总要曲曲折折地、顽强不屈地挺出地面来。"这就是我们看到的这个"屯"字的形象。

讲　解

我们来看卦辞：

屯：元亨，利贞，勿用有攸往，利建侯。
《彖》曰：屯，刚柔始交而难生。动乎险中，大"亨贞"。雷雨之动满盈，天造草昧。宜"建侯"而不宁。

在屯卦卦辞中，说到"元亨"，是说事物初创虽然艰难，但其势头是大为亨通的，就像一个初生的婴儿，虽然柔弱，但充满了生命力。"利贞"是说利于守正，成长的过程要守正。将来虽然有亨通的趋势，但也不是必然的，还要看在这个过程中是怎么做的，既不可以坐等其成，也不可以走上偏邪之路，亨通的将来要靠有组织、有条理的计划和在实践中正确的努力得来。"勿用有攸往"，类似于乾卦的"潜龙勿用"。"利建侯"是说，要创业就需要建立诸侯，用现代的话说，就是要组建团队。"潜龙勿用"是指个人的积累，从个人成长的角度进行探讨；"利建侯"则从创建事业的角度进行探讨，要创建和积累组织的力量。《象传》说"宜'建侯'而不宁"，要行动起来，组建团队。

《象》曰：云雷，屯。君子以经纶。

我对"经纶"的解释是"整理丝缕，理出丝绪及编丝成绳。后来引申为治理、筹划"。事物初创时期，往往局面一团混乱，锣齐鼓不齐，即便锣鼓都凑齐了，却是各顾各地乱敲打一气，尚不能各得其位，各司其职，这时需要有为的君子来完成"经纶"的工作，努力经营筹措，变无序为有序，为事业的成长发展打好基础，积蓄力量。

接下来，进入对六个爻的解读分析：

初九，磐桓，利居贞，利建侯。
《象》曰：虽"磐桓"，志行正也。以贵下贱，大得民也。

先看爻象，初九爻居于卦的最下边，时间上象征着创业之最初阶段，位置上象征着兢兢业业做最基础的事。初九是阳爻，有着刚健进取的品质，又是震卦的初爻，震卦的卦德为动，是在屯难之时突破阻碍、克服重重困难的动力所在，是带动者。我们可以把它看作一个创业者，正处在最初的阶段，爻辞说："磐桓，利居贞，利建侯。"当我们看到爻辞里有和卦辞相似的话时，基本可以断定这个爻是该卦的主爻了，以后在其他卦里我们还会遇到同样的情况。屯卦初九作为一个发动者，创业艰难，盘桓难进，这是客观方面的条件，而作为主观方面的努力，他要做的就是居贞、建侯。无论起初有多么困难，确立的志向一定要正，这是将来能否长久亨通的根本。如果一开始立志就是要走歪门邪道，那无论你多么努力，将来必然会是一个凶的结果，不可能亨通。所以，"居贞"，志向要正。建侯，就是组建团队，要礼贤下士，广揽英才，化无为有，化无序为有序，形成一个有追求、有志向、团结合作的共同体，踏上创业的道路。从爻位关系上来看，初爻与四爻相应，说明外在社会环境对其创业是有利的，初九创业符合社会某个层面的需求，加上他自身的内在动力，其前途大有希望。

接着来看六二爻：

六二，屯如邅如，乘马班如。匪寇，婚媾。女子贞不字，十年乃字。

《象》曰：六二之难，乘刚也。"十年乃字"，反常也。

我们看卦中六爻时，从初爻到上爻的过程，六十四卦在不同的卦时卦象，侧重点有所不同，有时侧重于时间的变化，有时侧重于位置关系的变化，但往往是时与位兼而有之，是时和位同时在变化演进的过程。

屯卦六二爻，如果我们从时间顺序上来探讨，它应该是指创业进入了第二个阶段，从地位上来说，比初九时候有所提升，也可以看作经过了一番积累和努力，已经小有积蓄了，这种积累是各方面的，包括人力、财力、经验等。这时候我们就要站在六二的立场上来看待周围的环境和事物，可以把自己摆进去，问一问，如果我处在屯卦六二爻的处境，该怎么办呢？

六二在下卦二爻的位置，上有九五，下有初九。阴阳是相对的概念，初九时的阳爻，是阳刚君子组建团队之时，是阳。六二爻，仍可以看作那个团队，但当它面对一些强于它的力量和团体时，它就是阴。它要继续前行，但需要有所选择，初九想要争取它，九五也想要争取它，阴求阳，阳求阴，这是事物都具有的本性，但这种求只有符合规矩才会顺利，体现在爻的关系中，就是我们所说的爻和爻的体例规范，承乘比应的关系，属于正的关系就是合规矩，逆的关系就是不合规矩。联系到我们的现实生活，这些规矩可以看作社会的道德法理等。屯卦的卦时是讲事物初创的艰难，宜于在此框架下讨论。初九和九五都是阳爻，都想得到六二，把它看作合作也罢，看作兼并也罢，总之，六二是两个阳爻所共同追求的目标。六二选择九五，就是符合规矩的，但是太远了，需要长时间的等待和继续努力；如果选择初九，很近，但却不符合规矩。从初九的立场来说，希望争取到六二是其作为阳爻的本性，也是事业发展的需要，但放在事业初创的情境中讨论，六二如果心在九五，初九这种切近争取就是一种迫，我们可以把这种迫看作创业路上强势的力量，这是创业者都会遇到的情况。《小象传》说："六二之难，乘刚也。"六二有所行动，就会有阴柔凌乘于阳刚之上的艰难，所以说，六二的选择是艰难的。六二最终舍掉就近的逆合，选择了长久的等待，以与正应的九五相合。这象征创业过程中对于志向的坚守。六二之所以能够做出这样坚贞守正的决定，因为它在震卦二爻，既中且正，有其内在的中正坚韧的品格。这也给创业者提了个醒，创业小有成果时，要不忘初心、坚持正确的志向继续前行。

接着来看六三爻：

六三，即鹿无虞，惟入于林中，君子几不如舍，往吝。
《象》曰："即鹿无虞"，以从禽也。君子舍之，"往吝"穷也。

从六三的爻象来看，它的上下都是阴爻，与它对应的上六也是阴爻，说明创业进入了一个迷茫期，没有明确可见的方向，没有向导，但眼前却有可以追逐的利益，那该如何取舍？爻辞说："追逐一头鹿，却没有熟悉地形的向导带路，鹿跑进了森林之中，君子看到这个苗头，不如放弃追逐，如果贸然跟进森林，恐怕会身入险境而不可脱身。"鹿是猎物，相当于追而可得的利益，鹿跑到森林中去了，要想得到鹿，就需要追到森林中去，这又是一次考验。很多人在创业的过程中过不了这一关，为了得到肥美的鹿而存着侥幸心理，选择铤而走险，一头闯到森林中去。爻辞提醒说"君子几不如舍"，没有向导，对森林内部不熟悉、不了解，不如舍掉那头鹿吧！《中庸》里面有句话说，"君子居易以俟命，小人行险以侥幸"，君子不会为了利益而铤而走险。这是告诫创业者，在创业的攻坚阶段，面对诱惑，不要不顾危险地舍身去逐利。没有向导，不了解情况，宁可放弃眼前的利益，再等时机。

再来看六四爻：

六四，乘马班如，求婚媾。往吉，无不利。
《象》曰：求而往，明也。

大家要形成分析爻先看卦爻象的习惯。从象上来看，六四进入了上卦坎卦，虽然居于坎卦，尚存有危险，但六四柔居阴位，得正，说明本身行为是可以守正的；在与其他爻的关系上，向上可以与九五成正比，向下可以和初九成正应，两对关系都是正的关系，都符合规矩，所以，六四不会像六二那样面临艰难选择。六四相当于左右逢源，又已经积累到了一定阶段，创业的前期过程中，经受住了威逼利诱的考验，在外在环境有利、内在素质良好、积累了丰富经验的情况下，六四可以放心前往，去追求自己想要的目标，主动前往寻求多方面合作，爻辞说："往吉，无不利。"如果大家起卦时遇到这一爻，则可以大胆去进取，寻求合作，而"往吉，无不利"了。

六四是创业走向阶段性成功的发展壮大的重要阶段，乘着各方面顺利的东风，屯卦所象征的初创困难随着时间的推移和事物的发展逐步被克服，创业进入收获期。

接着来看九五爻：

九五，屯其膏，小贞吉，大贞凶。
《象》曰："屯其膏"，施未光也。

九五是居于君位的阳爻，是团队的领导者，也可以看作那个从初九一步步创业走向成功的创业者。九五阳刚中正，本是一个自身素质很好的爻，同时也象征着事业的成功与即将脱离屯难的处境。但还应该看到九五仍在坎卦之中，仍然有危险的因素，这就要看九五面对阶段性的成功，能否把握好这个时位了。爻辞说："屯其膏，小贞吉，大贞凶。"这说明，九五在事业成功的时候，没有把握好。我们看到，他从创业到成功，经历了重重考验，最终获得的成功来之不易，而在屯卦的爻位关系中，九五与六二正应，说明他只肯分享给亲近的人，有不肯广施于众的意思在里面。所以爻辞说它是"屯其膏"，吝惜自己的成果，不肯与人分享，于是九五的事业只能做点小事，而难以成就大事了。

最后的上六爻：

上六，乘马班如，泣血涟如。
《象》曰："泣血涟如"，何可长也。

上六阴爻居于屯卦之极，又在上卦坎卦之极，从爻位关系来看，向前，无处可去，向后，凌乘于九五阳刚之上，没有帮助和应援，处境危险，这样的处境下，获得的成功就不可能长久了。但《易》无绝人之路，程颐说"若阳刚而有助，则屯既极可济矣"，如果上六能找到阳刚援助，那么一切还是有转机的。

答　疑

1. 问："屯"读 zhūn 还是读 tún？

答：就此，我专门请教了古文字专家，得到的答复是：

上古音，舌上音归舌头音，所以古音只有 d、t 等舌头声母。zh、ch 等舌上音（翘舌音）是中古分化出来的。

就"屯"两音意义分布看，zhūn 音主要用于易卦。"屯其膏"也是读 zhūn，表示君上吝惜其德泽，不舍得施于臣下。

这是《汉语大词典》"屯膏"条的释义。屯字下，标 2 的是 tún 音，不标的是 zhūn 音。因为《说文解字》以《易经》义为解释，后来辞书遵从，都以 zhūn 音为第一音，所以词汇下不标号。

九五爻"屯其膏"的意思，就是九五不舍得把膏泽与人分享，吝惜膏泽，其内在动因就是要自我屯集。其实，从字音演进历史来说，两个音都对，一个是上古音，一个是中古音，但在易卦里，还是以读 zhūn 为好。

2. 问：六二爻中所说的外来强势力量在爻中有具体所指吗？是指哪一爻吗？

答：请参看文中对于六二爻的解释，对六二的处境的分析，回答了这个问题。

屯卦小结

世间事物在草创之初，危机四伏，困难重重。屯卦告诉我们：在这样的时候，第一，要本着刚柔立本的原则组建团队，谦虚守正，广纳贤才，不断地积聚力量，"君子以经纶"，使一切从无序到有序；第二，要坚定战略目标，遇到威势逼迫、利益诱惑等考验时要意志坚定，把握方向，不苟且于权势，也不盲目追逐利益；第三，要有向导，有规划，不盲目乱闯；第四，要寻求合作伙伴，增加抗风险能力；第五，在有所收获时，当谦和豁达，要将所得的胜利成果分享给大家,这样才具备做大事的胸襟,事业才可能进一步发展;第六,要维护团队的团结相助,防止走到孤家寡人的地步。总之,屯难之时,要积极进取,正确选择,内正自身,外求援助,方有可能开拓出一片光明的前景。

读卦诗词

少年游·水雷屯

寇方墀

乱云积聚,雷声如促,草木盼逢春。
盘桓不字,乘马逐鹿,识路待虞人。

草创几多艰难处,君子以经纶。
切莫功成高业就,其膏吝,泣中闻。

蒙卦第四

坎下艮上

导　读

蒙卦是《周易》的第四卦，排在屯卦后面。《序卦传》曰：

> 屯者，盈也。屯者，物之始生也。物生必蒙，故受之以《蒙》。蒙者，蒙也，物之稚也。

《序卦传》解释说，屯是事物刚刚萌生，事物初生必然蒙昧无知，所以在屯卦之后是象征着蒙昧幼稚的蒙卦。蒙是蒙蔽、蒙昧的意思，象征着事物处在幼稚时期。

蒙卦是由艮卦和坎卦组成，艮为山，坎为水，两个卦组合，形成了山下出泉之象，山泉水刚从山下流出来，还不知道要往什么方向走，象征着人处于蒙昧阶段。由于蒙卦是从屯卦接续而来，屯卦代表着新萌生的事物，所以，我们接着讨论蒙卦时，把卦中的蒙昧之人看作幼稚懵懂的儿童，而不去探讨别的年龄段的蒙昧之人。蒙卦的卦时是蒙昧之时，而卦中所探讨的主题是如何去除蒙昧，就是如何对于幼童进行启蒙的问题，所以，我们给这个卦起的小标题是：该怎么教育？

讲 解

> 蒙：亨。匪我求童蒙，童蒙求我。初筮告，再三渎，渎则不告。利贞。
>
> 《彖》曰：蒙，山下有险，险而止，蒙。"蒙：亨"，以亨行时中也。"匪我求童蒙，童蒙求我"，志应也。"初筮告"，以刚中也。"再三渎，渎则不告"，渎蒙也。蒙以养正，圣功也。

蒙卦的卦辞将本卦的主旨讲得很清楚：首先，"蒙：亨"是说，蒙昧，但会亨通。就如屯卦卦辞中也有"亨"是一样的，是说幼童虽然蒙昧，但如果善加教育指导，就会有亨通的未来。就像刚才我们说山下出来的泉水，如果善加引导，就会找到前行的方向，将来形成大江大河，亨通壮观。当还处在蒙昧的时候，蒙昧的幼童自身要有去除蒙昧、学习进取的愿望，根据他的愿望适时引导，才会有良好的教育效果，所以卦辞说"匪我求童蒙，童蒙求我"，并非我去求蒙昧的幼童来接受启蒙，而是蒙昧的幼童来求我教导。《礼记·曲礼》中也说："礼闻来学，不闻往教。"

这其实是在培养幼童纯良恭敬之心，也是对他的好奇心、求知心的培养与保护。通过虔诚主动的求教而得到答案，会令幼童从中得到欣喜，同时也培养了他的好学之心和对师长的恭敬之心。形成师生彼此心志相应、意愿相通的关系，必然会有良好的教育效果，这就是"匪我求童蒙，童蒙求我"的用意所在。接着卦辞说："初筮告，再三渎，渎则不告。利贞。"这是说，如果幼童前来求教，还要看他的态度如何，就像在占筮活动中占筮问卜的人一样，应当怀着虔诚的心去求教。初次来问就告知，如果由于不认真或不信任而接二连三地问询，便是亵渎，亵渎就不再告知。为什么不告知？因为他的态度不端正，把求教当儿戏，这种情况就不要理他了，做老师或家长的甚至要让幼童看到，这种求学态度是得不到他想要的答案的。他必须认真地问询，用心地聆听，并记在心里，以后再来问时，才会得到不断的教导。所有这些，并不是老师或者家长有意为难孩子，而是要通过这样的方法态度，来培养做人做事积极向上、纯正光明的品质。《象传》说："蒙以养正，圣功也。"这句话是蒙卦的核心，也是教育的核心。

"蒙以养正，圣功也"这句话提示我们，应该把启蒙当作生命教育来看。幼童处于蒙昧时期，想要求通，又不知道该如何求通，正是需要为师者给予指导的时候，而好的师者懂得教育的规律，明达世间事理，可以教育幼童学习圣贤的典籍，引导幼童走上追求至善的人生正途。世上的人，能够自觉追求至善的人非常少，天生堕落敢为大恶的人也非常少，绝大多数人，是既可以为善，也可以为恶，其中的关键就在于教育，"蒙以养正"就是养其正气，引导人们向善而不为恶。

下面来看《大象传》：

《象》曰：山下出泉，蒙。君子以果行育德。

山下流淌出泉水，象征着蒙稚需要启迪。君子看到这样的卦象，果断地行动起来，启蒙发智，培育美德。君子就是为师者，那些有教育责任感的人，进行教育的重点是培育孩子的美德。启蒙发智是方式方法，培育美德是内在核心。

接下来看六个爻：

初六，发蒙，利用刑人，用说桎梏，以往吝。
《象》曰："利用刑人"，以正法也。

发蒙，就是启蒙，把蒙在心智上的遮蔽揭开，发和启都是揭开的意思，用什么样的方式揭开呢？"利用刑人"，"刑"有两种解释，一种是刑罚之"刑"，一种是榜样之"型"，两种方式都需要，就是我们常说的正面引导和及时匡正。正面引导是树立榜样，让幼童知道应该成为什么样的人，比如我们会给孩子讲孔融让梨、闻鸡起舞这些故事，就是在一些事情上用典型事例来树立榜样，这是正激励；另一方面是及时匡正，利用刑罚，让他知道什么是绝不可以做的。我小时候，我的父亲非常严厉，他常说小树如果不修剪，任它旁枝斜出，就会长成乱蓬蓬的杂树棵子，长不直，不成材，所以要及时修剪、匡正，不能姑息迁就。小时候我们都很怕父亲，不敢造次犯错，然而当我们长大后，才发现父亲是那么慈祥，同时也理解了父亲的严厉是出于对孩子未来的负责，是更为深沉的爱。对于这一爻，有人将其形容为"一棒一条痕"，形容启蒙教育要强有力，平时要春风化雨，当蒙昧者犯错时，要像佛家禅宗棒喝那样振聋发聩。

接下来看九二爻：

九二：包蒙，吉。纳妇，吉；子克家。
《象》曰："子克家"，刚柔接也。

九二是阳爻，是有学识德行的启蒙之师。在蒙卦中，两个阳爻是启发蒙昧者，是为师者。四个阴爻，是接受教育者，是蒙童。所以,九二是老师,是家长。与九二正应的六五,是学生,是蒙童。九二是阳爻,代表他有阳刚的品格,但居于二爻的位置,是阴位,代表他的行为是温和的,对六五进行教育时,能够中道宽和地包容蒙昧,给孩子足够的空间,爻辞还说到了"纳妇,吉",是说九二若能够悉心采纳家中妇人的意见,整个家族的氛围就是自由活泼团结向上的,这样的家庭当然会培养出好孩子来,所以爻辞说"子克家","克"就是"能","克家"就是能够承担起家族的责任,这是说孩子将来可以成为兴家立业的人。九二"包蒙"用于教育体系中,就是孔子的"有教无类",善于教育的启蒙之师,能够识别蒙昧者刚、柔、明、暗、急、缓等不同气质,可以包容接纳不同性格特性的孩子,能够在日常教育中根据他们偏颇太过或有所不及的特性因材施教,进行调和,真正关怀每一个孩子的生命教育,引导他们逐渐走上开阔中正的大道,让每个人找到安身立命的根本,培育君子圣贤的品格,成就蒙以养正的圣功。这样的包蒙思想,如果能够切实运用在家庭、社会、学校教育中,那将对民族、社会及国家产生深厚而长远的影响。

接下来看六三爻:

六三,勿用取女。见金夫,不有躬。无攸利。
《象》曰:"勿用取女",行不顺也。

六三用一个女子来做比喻。因为六三是一个阴爻,但却居于三这个阳位,说明六三是一个自身蒙昧的人,但行为却急躁而盲目。从爻位上来看,六三与上九正应,与九二逆比,这就像屯卦中的六二一样,面临着两难的选择,我们已经学过,屯卦的六二,因为本身既中且正，所以它会选择"女子贞不字，十年乃字"，宁可长久地等待，也要选择合理的正应。然而蒙卦中的六三，由于自身不中不正，当她面临两难选择的时候，没有选择长久地等待，而是急功近利地选择了逆向亲比于九二。爻辞用女子"见金夫，不有躬"来形容它，在社会生活中，这样的女子不宜娶回家中，因为她只追慕利益，不守礼义，不走正途。卦辞里说"蒙以养正"，六三从品质里面就不正，因此教育起来会非常困难。《全本周易导读本》这一爻的例解里面，用了汉朝公孙弘曲学以阿世的事例，其实是想表达为学目的的重要性。如果学识是用来阿谀逢迎的，那么这种学便是伪学。这种学违背了"蒙以养正"的根本。

再来看六四爻：

六四，困蒙，吝。
《象》曰："困蒙"之吝，独远实也。

六四是阴爻，但它阴居阴位，得正，说明它本身的品质是正的，只是外在的客观条件非常不好，六四是蒙卦中最孤单、最困顿的一个爻，它的前后上下都是阴爻，与卦中的两个阳爻既无比也无应，它只能孤独无助地困于暗昧之中，爻辞说它"独远实也"。就像一个需要老师来进行启蒙的孩子，却没有条件得到教育，只能被困在蒙昧之中。我在例解中举了那些失学失业的青少年、留守儿童、偏远山区的孩子，他们柔弱孤单，渴望走出困蒙，但却得不到应有的关怀教育，社会应该关注并帮助他们，给他们以接受教育、启发蒙昧的机会。

六五，童蒙，吉。
《象》曰："童蒙"之吉，顺以巽也。

六五和九二是蒙卦的主爻，彼此刚柔相应，阴阳中和，形成了心志相通、意愿相投的良好的师生关系。这里爻辞中的童蒙，应该就是卦辞中的童蒙，"匪我求童蒙，童蒙求我"，这句话当出自九二，可见，六五是主动向九二求教的，九二中道相应，从而一方诚心向学，一方诚心施教，这样的关系吉祥而巽顺。六五在君位，代表着在教育关系中，教育的主体是学生；九二居于下卦二爻的位置，代表着老师是俯首甘为孺子牛的奉献者，就像歌中所唱的那样"才知道那个讲台，举起的是别人，奉献的是自己"。

再来看上九：

上九，击蒙，不利为寇，利御寇。
《象》曰：利用"御寇"，上下顺也。

上九居于蒙卦的最上爻位，阳刚过度之象，它没有采用"发蒙""包蒙"的方式方法，却采用了"击蒙"的方法，这个"击"是打击的意思。象征有的家长或老师太过急躁，教育过程中没有耐心，对孩童的蒙昧用刚猛的方式进行打击，对于孩童犯错不够包容。爻辞和《小象传》的意思是说，孩童犯了错误，是由于他的蒙昧无知，作为家长、老师，应该和孩子站在一条战线上共同去抵御消除蒙昧，而不应该将孩子等同于蒙昧，用猛烈打击的方式，好像把学生当成了敌人。这样做就站到了学生的对立面，如果使孩子内心产生敌对和愤恨的情绪，那就是教育的失败，要设身处地站在孩子的立场去思考，然后用足够的耐心帮他分析和解决，和他一起把蒙昧不正的习气逐渐改变、消除。与孩子并肩作战，则上下顺也。有时恰当地"利用刑人"是可以的，而"击蒙"是教育态度和整个教育方式上的错误，应予以避免。

答　疑

1. 问：象数派的思维会不会是，想体会圣人写卦爻辞时，为什么就会在这里写"即鹿无虞"呢？是怎么体会到这个的呢？单从卦的形态来体会，还是现实中算过了，然后和事例对应起来体会？寇老师所说的得意忘象是后一种方法吗？即先把圣人写的这个象接受下来，而后到生活中运用？

答：这个问题还是在屯卦的语境下，但提出的是一个普遍的问题，就是卦爻辞是怎么写出来的。在《全本周易导读本》的导读部分，我们介绍了《周易》的起源，说到了"人更三圣，世历三古"。我们知道《周易》是经历了几千年漫长的历史演变过程，按照传统主流的解释，是由伏羲、文王、孔子等圣人逐步完成的，所以，《周易》中呈现多种面相，但从其根本起源来说，就是卜筮之书，用来占卜算卦的，因而在爻辞中有明显的吉凶悔吝等占断之辞。象数派重视占断，所以会特别重视象的分析。但我们从爻辞不难看出，爻辞不应是占卜得到的辞随意系到爻的下面，因为，它明显有着有意编纂的痕迹，比如乾卦爻辞会反复出现龙，今天我们学的蒙卦爻辞会反复出现蒙，显然是有编排意识在里面。既然有编排意识，这意识中就一定有思想脉络，按照学术界主流的说法以及《系辞传》里的相关内容，对卦爻辞进行整理编纂的应该是有着强烈忧患意识的文王，于是圣王治国平天下的思想就蕴含在其中，而在当时的情况下，这些思想只能隐藏于卦爻辞之中，退藏于密，否则难以传世。当孔子读《易》时，发现了蕴含于其中的圣人之意，大为感叹，遂作了"十翼"。后世的义理派更重视卦爻辞里面所蕴藏的道，因此倡导"得意而忘象"，主张通过象明白其所象征的规律、道理，就应该把心用于如何将这些规律、道理运用于社会人事之中，用于人生的指导，而不应对进行象征的符号太过用力，就如同《道德经》里说圣人"被褐怀玉"，《周易》披着象数的外衣，怀抱着义理的美玉，不应该去研究外衣是什么质料，什么颜色，而应该去关注它里面包着的玉。这就是义理派的想法。这就有了两派旨趣的不同。当然，这个问题非常复杂，象数派在易学发展史上有着非常重要的地位和作用，需要在读《易》的过程中慢慢体会。

2.问：是否可以认为，中西方彼此以对方为蒙昧？

答：关于什么是"蒙昧"的话题，东西方文化也有不同的见解，就如庄子《齐物论》里所说的那样，几乎没有一个完全绝对的标准。说谁不是蒙昧的，谁是蒙昧的，从某种意义上来说，每个人都有局限，都不是全知全能全善的。这样的讨论可以开拓思路，但也容易造成无所适从，这也正是我们这个时代的特色。一个价值多元化、道德相对主义的时代，往往不知道什么是对的，什么是错的。我们还是要立足于蒙卦所探讨的主题，即应该如何对幼童进行教育，去除其蒙昧。蒙卦的教育原则是"蒙以养正，圣功也"，给蒙昧的幼童以引导，当然，我们作为家长、老师，首先要学习圣贤之道，首先要自身正，才可能引导孩子正。去除社会上纠结的种种问题，如何做一个正直善良的人，做一个自强不息、厚德载物的人，这应该是人类共同的正。从《周易》这样的经典中不断汲取营养，找到了根，立稳了根，就不怕乱风吹了。

3. 问："发蒙""包蒙""困蒙""击蒙"，都是教育启蒙的方式，那么，童蒙是不是也是？

答：没错，童蒙应该就是卦辞中的童蒙，是天性纯良、蒙稚的幼童。

4. 问：为什么其他爻都有"发蒙""包蒙""困蒙""击蒙"这样的话，唯独六三说"勿用取女"？

答：六三的爻辞之前应该也有一个蒙，比如"邪蒙"，是说六三这个爻本身不正。其他几个爻的蒙是客观条件所致，而六三却是自身内在的原因，邪而不正，但《周易》作者非常厚道，没有用"邪蒙"这个词，这是对于蒙昧者的一种规劝，希望浪子回头。

蒙卦小结

教育孩童和启发民智，是齐家治国至关重要的工作。蒙卦提出了相应的教育原则：应以启发引导的"发蒙"为基础，树立楷模，及时制止其不良倾向，立其规矩；以包容开放的"包蒙"扩展其规模，不可太过拘束；对于追求浮华不注重人格修养，"见金夫，不有躬"的人要严加管教，树立其正确的价值观；关注那些缺乏教育条件、"困蒙"的孩子，使教育的滋养如甘霖普降四方；上下同心，互为支持，循序渐进，协助蒙昧者消除蒙昧，走向文明进步。"蒙以养正"，才是教育的根本目的。

读卦诗词

苏幕遮·山水蒙

寇方墀

水清莹,山陡峭,芳草萋萋,潭上遮行道。
懵懂儿郎年尚小,求我童蒙,初筮殷勤告。

教无穷,人未老,庠序音清,养正行恒道。
纳妇包蒙家教好,无困击蒙,薪火相宜照。

需卦第五

乾下坎上

导　读

需卦是《周易》六十四卦的第五卦，排在蒙卦之后。《序卦传》说：

> 蒙者，蒙也，物之稚也。物稚不可不养也，故受之以《需》。需者饮食之道也。

意思是说，蒙卦象征的是事物还处在幼稚的阶段，幼稚就不能不养育它，所以在蒙卦之后是需卦，需含有饮食养育的道理。这是《序卦传》对于为什么蒙卦后面会是需卦的解释。这两个卦之间是前后相因的关系，因为还处在幼稚、弱小的阶段，所以需要养育。

由蒙卦到需卦，是遵循事物发展规律而加以辅助的做法，既可以用于对幼稚孩童的启蒙和养育，也可以用于社会人事之中。比如一个新建立的国家，度过了初创艰难的阶段，进入启发民智的阶段，同时要考虑到，民以食为天，要让老百姓有饭吃，能够填饱肚子。这是最基本的需求。如果将此道理运用于个人的修身，则是指遇险阻而不能进时，泰然处之，安以待时，饮食以养其气体，宴乐以和其心志，不轻动，不陷险，需待得充实，然后往而有功。所以，在《序卦传》的解释里，圣人体悟天人之道，在蒙卦之后会引出需卦。

在讨论需卦时，我们要意识到，"有需求"这个状态本身就有目前仍有不足、条件尚未达到的意味，如果得到满足了或者条件是充足的，也就不再有需求了。人有需求就希望去争取得到，一种方式是马上去争取，那往往需要付出很大的代价，结局却很难如愿，因为，时势不至，欲速则不达，枉费心力。如果一切唾手可得，那世上就没有等待这回事了，越是众所需求的东西，就越是存在于坎险之中，不能贸然直接地去获取。另一种方式是待时而动，在恰当的克制与等待中逐步去追求。因此，需也含有等待的意思。需卦的卦象，下卦是乾卦，有着刚健进取的本性，上卦是坎卦，表示前面是险陷、危险，因此不能莽撞前行，需要等待。需卦讨论的就是这样一个既有需要又要等待的卦时，所以我给这个卦取的小标题叫作"需要等待"。

举一个现实的例子。两年前，我去希腊旅行，同行者中有一位被称为"当代徐霞客"的人，他曾孤身徒步十年走遍全中国，是自唐朝以来世界上首个活着徒步走出罗布泊的人，他叫雷殿生。在旅途中，他告诉我们，20世纪80年代末，他曾在一个小车站的站台上偶遇余纯顺，这坚定了他之前就想要做一个"现代徐霞客"的决心。有了目标和决心之后，他并没有凭着一股热情贸然上路，而是为实现这个目标埋头准备了十年。这十年里，他注意饮食，每天锻炼身体，中长跑、散打、练气功，以保证将来在各种恶劣的环境下有副好身板儿能扛得住；他在地图上反复斟酌规划路线，阅读大量关于地理、气候、风俗人情的书籍，了解前辈旅行者留下来的宝贵经验，同时努力工作积攒盘缠，准备尽可能轻便但又必需的随身器具。在他准备到第八年的时候，听到了余纯顺在罗布泊遇难的消息，他没有停止准备。在继续积累和准备了两年之后，已经等待了十年的雷殿生踏上了漫漫旅途。他孤身徒步走了十年，经历千难万险，行程81000多公里，走遍全中国，成功穿越罗布泊。他用人生的二十年，完成了前辈旅行者没有完成的壮举，实现了人生追求的目标。在当今和平时代，如果还有人可以称得上是英雄的话，雷殿生便是。

讲　解

需卦的卦辞说：

需：有孚，光亨，贞吉。利涉大川。

卦辞主要说的是九五爻。需卦的上卦是坎，九五爻上下都是阴爻，将九五包围于坎险之中，但九五却能够刚健中正，信实而不陷溺，所以卦辞赞它"有孚"，有这样刚毅的品格，"其义不困穷矣"，是不会总处在窘迫穷困之中的。"光亨，贞吉"，是指光明亨通，守正吉祥。

需卦所表达的意思，不只是处于险境的时候需要等待，其实凡事都应该顺应事物变化之理而待其时机成熟，所以"需"有养的含义。结合我们工作生活的现实，每个时段都应顺应事物发展的规律，不能做急于求成、拔苗助长的事。"有孚，光亨，贞吉"，都是就九五的居位和德行而言，阳刚信实是孚信，居中之德为光，居正为贞。卦辞中的"利涉大川",是说这样做有利于涉过危险的大河,这是就上下两卦而言的,乾卦刚健,坎卦是横亘在面前的大河,不要急于涉河,要等待时机,时机成熟时,可一举成功渡河。比如,姜子牙在渭水边直钩钓鱼,就是在等待有道的明君——文王的出现。周文王三分天下有其二的时候,仍然在尽心服侍商纣王,就是在养德、养民的同时,等待天命民心的归附。从这些事例中不难看出,人生懂得需待的道理是非常重要的。

《象》曰:云上于天,需。君子以饮食宴乐。

云飘行在天上没有降雨,需要等待。君子看到这样的卦象,于是重视饮食规律和心态平和,用以滋养身体,等待时机成熟时奋力进取。

记得初学六十四卦时,读到"君子以饮食宴乐"很开心,我觉得这卦太好了,不需要做什么,吃喝玩乐就可以,比"君子以经纶""君子以果行育德"容易多了,也舒适多了,但看到需卦各爻辞时,才知道需待之道没有那么简单。在平常看来越是简单的事情,越是难以持守内心。孟子说:"必有事焉而勿正,心勿忘,勿助长也。"是指在道德心性的涵养中,心时时不要忘记,也不要刻意助长。这种需养功夫需要长时间、不间断地涵养。明代的王阳明对"必有事焉而勿忘勿助"非常重视,认为功夫全在"必有事焉"上用,在事上磨炼,无论是遇到什么情况,是急是缓,是重是轻,闲暇还是忙碌,心都能够勿忘、勿助长,保持一种温暖、从容、洒脱、觉醒的状态,不会在饮食宴乐时把修养功夫给忘了,也不会在遇到大事急事时又急于求速求效,在心上过分用力。很多人做事一曝十寒，其实就是内心没有恬淡持久的功夫，内心无主。这样看来，需待之道，是需要时时事事、长久不懈的功夫，岂曰易哉！

下面我们来看需卦的六个爻：

初九，需于郊，利用恒，无咎。

《象》曰："需于郊"，不犯难行也。"利用恒，无咎"，未失常也。

初九，在郊外等待，保持平常心才会有利，没有咎害。《小象传》说："在郊外等待"，不去冒险前行。"保持平常心才会有利，没有咎害"，是因为没有失去常道。

从整个卦象来看，下卦是乾卦，三个阳爻形成一个强有力的向上的态势，而上卦横亘一个坎卦，险陷在前，不可轻犯，但凡心智正常的人，不会眼见着前面是条大河，还要跳水进去，必然要停下来，等时机，想办法。初九是距离危险最远的一个爻，"需于郊"，远远地就知道前行会有危险，因此很从容地停下来，守住刚健之质，不向前犯难，不意气用事，行为不失其日常法度，这就是内心有主而能守恒德的人，初九如此，可以无咎了。

我们来看九二爻：

九二，需于沙，小有言，终吉。

《象》曰："需于沙"，衍在中也。虽"小有言"，以吉终也。

九二，在沙滩上等待，周围有些议论和流言蜚语，最终会吉祥。《小象传》说:"在沙滩上等待",内心宽绰镇定。虽然"周围有些议论和流言蜚语",但终究会吉祥。

九二从外围向中心靠近,离坎险更近了,坎为水,接近水边,所以称为沙,沙地是水边的沙滩,比较平缓开阔,这也正是九二的处境。九二阳刚而能居中守柔,处于二爻的位置,又是下卦中爻,很容易让人联想到乾卦二爻"见龙在田",龙出现在田野里,田野就是平缓开阔之地,需卦九二的"需于沙"亦有此意象。

九二"需于沙",如同乾卦九二的"见龙在田",它出现在大众的视野里,随之就有了"小有言"的议论。从象的解释上来说,二到四为兑卦,兑为口舌,所以叫"小有言"。从爻位关系上来说,王夫之认为,九二与九五以阳遇阳,相敌不相应。所以一开始九五会对九二有所怀疑而导致"小有言",有人从中说"小话",搬弄是非,但后来九五和九二因双方都是阳刚得中有德的人而彼此相孚信,"小言"不足以离间他们的关系,所以九二以吉终。"小有言"是谁发出的呢?李士鉁认为,四爻为阴为小,二爻到四爻互卦为兑,四爻畏惧二爻上进,于是诋毁、讥刺它,二爻虽然遭到诋毁,但有刚中之德,需待一段时间,最终会得吉祥。这是从外在关系上的分析。

我们再回到心性修持上来说。九二身有阳刚之质而在沙滩上等待,危险就在不远处,九二可进可退,但不以进退动其心,也不以小言动其心,这是深得需待之道,如此,九二最终会获得吉祥。

在《全本周易导读本》中,我用汉朝名将周亚夫断敌军粮道、按兵不动,最终克敌制胜,平定"七国之乱"的历史事件来佐证此爻。周亚夫在大敌当前、皇帝身边有人"小有言"不断诋毁的情况下,依旧能需待时机、进退有度,正是因为他具备面对强大压力而不动心的大将风范。

接下来看九三爻：

> 九三，需于泥，致寇至。
> 《象》曰："需于泥"，灾在外也。自我"致寇"，敬慎不败也。

九三，在泥沼中等待，导致强盗到来。《小象传》说："在泥沼中等待"，灾害就在外面。自我"招致强盗"，只有敬谨慎重才不致溃败。

很明显，九三所待的地方更加危险了。因为，九三已经到了坎卦跟前，坎为水，九三直接逼近水边，爻辞称此地为"泥"，陷进泥里，难以拔足。九三在这样的处境中等待，主要是因为他自身的原因。九三居于乾卦之极，下卦三阳爻中，冲在最前面的就是九三。他自恃阳刚健行，就贸然躁进，置身于危险的境地，结果陷在泥沼中进退不得，焦急等待时，招致了外来的强盗。"灾在外"指的就是外卦的坎卦。在这种情况下，九三没有别的出路，只能是敬之慎之，不要做鱼死网破的挣扎，而应以敬慎的态度缓和矛盾冲突，待以时日，再逐渐扭转局面。这里仍有一个心性修持的问题，九三心浮气躁，刚躁急进，以至于将自身陷于泥沼，对治的方法，仍需从根本上解决，那就是以敬慎来平定内心的浮躁之气，增强内心静气和定力，或可不至于彻底溃败。王夫之感叹说："凡救败皆需敬慎，岂徒需三为然哉。"拯救败局者都需要以敬慎态度处事，难道只需卦九三爻需要这样吗？这是强调敬慎之心的重要性。

对于九三爻，还有一个与众不同的解释。马其昶认为，易象多本于礼制，需卦从三爻到上爻都是在说朝聘燕享、外交礼仪的事，有诸侯来朝见周天子，司空负责平整道路，司寇对工程进行监督验收。需卦九三爻是说，前面有泥泞需要平整，司空没有把道路修好，导致司寇前来诘问。"灾在外"是说，这样的礼仪故障是国宾礼仪上的失误，会导致由外而来的灾祸。由此可见《周易》解释维度的多样性。

再来看六四爻：

六四，需于血，出自穴。
《象》曰："需于血"，顺以听也。

六四，在血泊中等待，从洞穴中逃出。《小象传》说："在血泊中等待"（而能够逃脱灾祸），是因为能够顺从听命于时势。

我对这一爻的解释是：坎为水，为血，是杀伤之地，穴是险陷之所。六四已进入上体坎卦，是坎卦初爻。《说卦传》言坎卦"为血卦"，有血之象，因而六四是在血泊中等待，下面的三个阳爻形成刚健的前进态势，六四阴爻居柔位，当位得正，并不与它们发生正面冲突，为避免乘刚之险，避而出穴，守时待命，加之又上承亲比于九五，最后化险为夷，这是因为它能以柔顺之道自处。

需卦六四爻已在坎卦卦体中，而且居于阴位，所以有穴之象，处于乾刚与坎陷的交接处，是杀伤之地。六四面对三个阳爻的必然之进，退让是最为明智的选择，九三爻既然能以敬慎相待，六四就应以柔顺相应，这是双方正确的处险之道，能最大限度地减少伤亡。

再来看九五爻：

九五，需于酒食，贞吉。
《象》曰："酒食，贞吉"，以中正也。

九五，在酒席宴上等待，冷静守正则会吉祥。《小象传》说："在酒席宴上等待，冷静守正则会吉祥"，是因为九五身居正位又能够恪守中道。

九五是需卦主爻。九五之所以可以在美酒佳肴中等待，悠然获吉，是因为其本身具备刚健中正之德，又居于尊位。从总体卦象来看，下有乾之三阳爻，有臣强君弱之势，九五虽陷于险中，但其才足以济险，其德足以服人，它并不汲汲于眼前的功利，而是以宽裕的态度持中守正，因此获吉。

这里九五的饮食宴乐既可以是养其气体、和其心志的宽裕畅达的表现，也可以是招待宾客、宴享臣民的象征，并非个人耽于享乐之举。

《周易折中》对此爻评价道："《需》之为义最广，其大者莫如王道之以久而成化，而不急于浅近之功。圣学之以宽而居德，而不入于正助之弊。卦惟九五刚健中正以居尊位，是能尽《需》之道者。"意思是说，需待的意义广大，最大的意义，莫过于王道化民，不急功近利。圣人之学教人以宽裕之道养德，不要忘了所要做的事，但不要预期效果，也不要揠苗助长。九五是能尽需养之道者。

再来看上六爻：

上六，入于穴，有不速之客三人来，敬之终吉。
《象》曰："不速之客来，敬之终吉"，虽不当位，未大失也。

上六，进入洞穴，有三位不请自来的客人到来，对他们保持恭敬就终会吉祥。《小象传》说："不请自来的客人到来，对他们保持恭敬就终会吉祥"，说明上六虽然处在不适当的位置上，但（因为谦卑恭敬而）没有大的损失。

到了九五时，需待之道已成。上六已经到达需卦的终极，前面没有阻碍，并且与九三爻形成相应的关系，没有了危险，所以"入于穴"，回到了穴中，以柔顺的态度迎接九三爻，九三因为与初九、九二同属乾体，是一个阳刚前行的团队，所以三人不请自来。上六敬之终吉，仍然强调一个"敬"字。

答　疑

1. 问："衍"字何义？

答："衍"字是个会意字，从水，从行。本义是指水流入海的样子，有的注家训为"流"（虞翻、李道平、马其昶），将其解为动词，此为"衍"字原意。"衍在中"，就是指水在沙中流动，最终形成通川，达致亨通。而更多的解释，是将"衍"字解作"平衍"之地（李士鉁），作"宽"（朱熹）、"有余地"（王夫之），也用来形容九二内心的"宽衍平夷"（杨简），我们认为九二居位的阳刚居中象征着九二内心的宽绰镇定，因此，我们取其第二类解释，"衍在中也"，用于形容其内心的豁达开阔。

2. 问：下卦三爻的危险来自上卦，而上卦六四的危险为何又来自下卦阳刚三爻的刚健进取？

答：人类各个族群，都有自身生存生活的理由，都有自由发展壮大的需求，为何却又矛盾重重？这就是《周易》中所揭示的阴阳之间的关系,此消彼长,此长彼消,各种矛盾对立由此产生,而又相辅相成,彼此依存。作为有主体能动性的人类,就是要在这纷繁复杂的矛盾之中,调节刚柔,和于阴阳,找到平衡中道的途径,减少流血冲突。

需卦小结

在郊野、在沙岸、在泥涂、在血泊中、在酒宴时、在洞穴里等待,再等待……

需卦讲述了人类在草创事业、接受启蒙之后,不断蓄积力量的一段时期,面对变化莫测的外在环境,要善于运用不同的方法进行应对。一是不可贸然妄进,二是要宽裕豁达,以酒食待客,以守正持中获得吉祥。要明白自身尚处于需待蓄养之时,要以柔克刚,最终达成一个和谐而吉的结果。这正是需卦所要阐明的道理,这里面包含着重要的关于心性修持的道理。

读卦诗词

浪淘沙·水天需

寇方墀

宴乐笑谈中,危厉重重,当年渭水钓鱼翁。
坐等青丝生白发,王梦飞熊。

行路莫匆匆,涵养从容,沙泥血去险途终。
中正安舒犹主敬,海阔天空。

讼卦第六

坎下乾上

导　读

《序卦传》：

> 饮食必有讼，故受之以《讼》。

我们学习的上一卦需卦，讲人人都有所需要，其所需没有条件获得时就要等待，而人最基本的需要就是饮食，当饮食不足或者分配不当时，往往就会有人等不下去而奋起争讼。在社会人事中，也常会出现口舌争辩以及发起诉讼这样的行为。

从卦象上来看：讼卦的下卦是水，代表危险；上卦是乾，代表刚健。天往上走，水往下流，彼此违背，不能通和，是为讼。下卦也称内卦，上卦也称外卦，如果一个人内心存有危险，而外表阳刚蛮横，就是一副与人强行争讼的状态。

《说文解字》曰："讼，争也。"从《序卦传》承接而来，会使我们觉得这个"争"是为自己的饮食需求而争，这其实只是个引子。人类"争"的行为，在社会历史的发展中逐渐引申扩展到更为广泛、更为深入的层面。

从中国传统文化的气质特点来说,"无讼"和"不争"是基调,人们总是会力图以和平的方式解决一切矛盾争端,减少双方的代价和损失,达到最大限度的平衡与和谐。但中国文化也并非一味固守不争的教条,而丧失大的原则,比如争天地大道、人间正义、争人性尊严时,就需要力争不懈,这样才能树天地之正气。孟子曾说过:"予岂好辩哉,予不得已也。""辩"就是争。说的就是在不得不争的情况下,唯有力争,毫不退缩,才能息邪说、正人心。

所以,争与不争,是关乎人安身立命的大问题,也是关乎人类正义与智慧的问题。我们给这个卦起的小标题就叫作"争与不争"。

讲 解

我们来看卦辞和象传:

> 讼,有孚,窒惕,中吉,终凶。利见大人,不利涉大川。
> 《彖》曰:讼,上刚下险,险而健,讼。"讼,有孚,窒惕,中吉",刚来而得中也。"终凶",讼不可成也。"利见大人",尚中正也。"不利涉大川",入于渊也。

我们所读的讼卦,从卦辞的"终凶""不利涉大川"到各爻辞中的"不永所事""不克讼""食旧德"以及最终的"终朝三褫之",都体现出非常明显的"不争"的原则。这是因为,如果我们从每个人的主体角度出发,来面对和处理一些矛盾争端,往往会立足于自身的处境和利益,为己而争。王船山《周易内传》描述这种情形说:"凡势位不相敌,而负直以相亢、怀险以求伸,则讼。"势力和地位出现落差,以刚直相对抗,内心怀着险意拼将一搏,所以强讼以争。但最终,以争相搏,即便有所获取,往往不能长久保有。如此,则以不争为佳。处理矛盾的方式有很多种,而争讼决不应是首选。在日常工作生活中,不当争、不必争的时候,能够做到不争是有胸襟、有气度的表现,不妨主动退让一步,往往获得海阔天空的境地。待后来得到恰当的时位,再去处理事情时,顺势而为,则更为从容,更易获得双方满意的理想效果。

《史记·周本纪》里记载,虞国和芮国因为争讼不决,就一起到周国去找西伯(周文王)请求评理,当他们进入周的地界后,发现耕地的人互相谦让田埂,走到路上,发现路上的行人彼此相让,没有人抢路而行,民风淳朴。虞国和芮国的人自我反省,感到非常惭愧,互相说:"我们所争的,是周人所耻的,我们还去找西伯干什么,太丢人了。"于是一起回去了,回去后彼此相让,解决了争端。后世就以"虞芮"来代表能够以谦让解决争讼的人。

讼卦的卦辞中有"有孚,窒惕,中吉,终凶"之词,意思是说内心怀有诚信,但却被窒塞,因此产生了惕惧,因戒惕恐惧而产生争讼,用争讼的方式处理问题,过程中间可能会得到些吉象,但以这种方式最终会得到凶的结局。这里面所说的"有孚",是指参与争讼的人内心都会认为自己是有理的一方,所以会据理力争,但如果换位思考,却往往各有一番自己的道理。道理讲不通时,双方就会争执不下,如果处理不好,最终两败俱伤。讼,即"言之于公",希望得到第三方,尤其是执法者的公正判决。卦辞里的"利见大人"是说利于见到像九五爻那样的中正无私的执法者。

《象》曰:

> 天与水违行，讼。君子以作事谋始。

《大象传》强调的是世间人情中普遍存有争讼这样的事，所以劝诫每个人在做事之先就应做好预防，而有效的预防方法就是"作事谋始"。比如结交朋友要谨慎，多交益友，少交损友，道德品质有问题的人尽量少交往或者干脆避而远之，对于不得不打交道的生意伙伴及其他社会关系，则应尽量提前明确各种契券和约定，防止以后有说不清的事，这样，对双方都有好处。当然，自身首先要明事理，守规则，这样可以尽可能地避免争讼的产生。

这是从做事方式的层面上避免争讼。另外，还要从德行、意识层面上避免。

我们看讼卦的六个爻，基本上是以"无讼"或曰"息讼"为原则的。

> 初六，不永所事，小有言，终吉。
> 《象》曰："不永所事"，讼不可长也。虽"小有言"，其辩明也。

初六爻，以阴爻柔弱居于最下而遇有争讼之事。柔弱卑微，这个位置既可以代表初六的处境，也可以代表所讼之事是一些小事，或为争讼的初起之时。从爻位上分析，初六虽弱小，但他向上与九二正比，与九四正应，用社会中常说的话，叫作打官司"有后台"，如果仰仗这些外来的支援，初六也有可能会胜讼，但爻辞给出的劝诫是："不永所事，小有言，终吉。"说最好是主动停止争讼，不要争讼不休，把小事闹成大事，就算自身觉得占理，也要懂节制、尚谦让，在发生小的争辩时，退让一下，才能得到最终的吉祥。其实，无非是在利益上让对方一下。初六位置的争讼，一般指百姓生活工作中的一些争端，比如邻里之间、同事之间因一些小事而发生不愉快等。"小有言"既可以看作彼此的言语争辩，也可以看作由此产生的毁谤。当遇到毁谤时，不要与之争辩是最明智的做法，正所谓"止谤莫如无辩"，否则越辩越乱。最终清者自清，浊者自浊，何必劳神费力，争一时之长短。当与周围的人有争端时，大度一些，让他一步又何妨？我在例解中举的"六尺巷"的例子说的就这个道理。"千里修书只为墙，让他三尺又何妨。长城万里今犹在，不见当年秦始皇。"在与周围的人相处交往中，遇到利益纠葛，豁达一些，平安吉祥。

所以，初六是不必争、不值得争。

九二，不克讼，归而逋，其邑人三百户，无眚。

《象》曰："不克讼"，归逋窜也。自下讼上，患至掇也。

这是说这种争讼不可能胜诉，就回来逃避，他的三百户的采邑因此没有灾害。《小象传》说："争讼不可能胜诉"就回来逃避啊。因为在下位的人与身居上位的人争讼，那祸患是自找的啊。九二爻是阳爻，居于坎卦中位，本性阳刚，争强好胜，他与九五是敌应，说明九二要争讼的对象是九五。九二竟然要与居于君位的九五争讼，用我们当下常说的一句话来形容九二：他真是"胆儿肥了"。九二跟九五对抗，势与位完全不对等，这是一场不可能获胜的争讼，类似于以卵击石。看来发起争讼的是九二，主动退避、停息争讼的也是九二，以此，他三百户的城邑得以保全。我在例解里面举了春秋时期先轸的例子，大家在阅读中已经了解，当臣与君发生争讼时，居臣位者应当尽量不要争强犯难，否则便将置整个家族于毁灭的边缘。九二虽然阳刚，但居于柔位，又是居中的位置，说明他能够以中道柔韧之德处事，不强争，主动退避，家族由此得以保全。

那么，我们要问，既然九二居中守柔，九五刚健中正，为什么九二要与九五争讼呢？按照卦辞所说"刚来而得中也"，指的是九二，这个要从卦变来解释，我们简单来讲讲。朱子的《周易本义》里有卦变图，指出凡二阴二阳的卦各有十五个，都是从临卦和遁卦而来。其实，懂得卦变的规律，理解起来也并不难：两阳爻的卦都从临卦而来，因为临卦最下面两爻是阳爻；两阴爻的卦都从遁卦而来，因为遁卦最下面两爻是阴爻。这两个阴爻在卦中往来变化，可以变化出十五个卦来。讼卦就是个两阴爻的卦，由遁卦变讼卦，就是遁卦的九三爻来到二爻的位置，与二爻互换了位置，形成了讼卦，总体的爻仍然是两个阴爻，数量没变。刚爻来到居中的二爻位，就叫"刚来而得中也"，这说明什么呢？这是说九二爻从外面而来，不了解情况，与九五又是两阳刚相对，不相应，产生了敌对情绪，所以，以九二的性格就要跟九五争讼，然而，当进一步了解后发现，九五虽居君位，但却阳刚中正，是一个清明豁达的君主，九二自知不但势不当争，而且义也不当争，于是"归而逋"，及时退身逃避。"邑人三百户"，是指很小的城邑，比喻九二能以低调俭约自处，以免除祸患，他的家族亲朋才没有因牵连而受到灾殃。

如果说初六是不必争的话，那么九二就是不当争，还好两爻都适时选择了主动退让息讼。

我们来看六三爻。

六三，食旧德，贞厉，终吉。或从王事，无成。
《象》曰："食旧德"，从上吉也。

六三阴柔居于坎卦上爻，自身柔弱，上下皆为刚爻。六三本不自起争讼，但处境却非常危险。身处争讼之时，以柔弱之质该如何自处？爻辞，劝告六三，要"食旧德"，享用旧有的俸禄，也就是多想想以前的好处，不要对当下的处境太过悲愤急切。"食旧德"也有"素其位而行"的意思，安守本分，不做妄求，不强争辩。"贞厉"，即在危险的处境下仍能够安静守正。"或从王事，无成"可对照坤卦六三爻，表达的是同一个意思，坤卦六三爻说"或从王事，无成有终"，讼卦六三爻前面已经说到"终吉"，所以，后面只说"无成"，就是说或辅助君王的事业，不追求自己的成功，但可以得到好的结局，就是所谓的"善终"。我曾经举汉代陈阿娇和班婕妤的故事，来说明"食旧德""无成有终"的道理。关于《小象传》中的"从上吉也"，"上"是指谁，历来都有不同的解释，有的认为是指上卦乾卦，有的认为是指上九，我们取后者，因为六三与上九阴阳正应，上九极端好讼，六三能以柔顺配合，化解矛盾，最终得吉。

九四，不克讼，复即命，渝，安贞，吉。
《象》曰："复即命，渝"，"安贞"不失也。

九四爻进入上卦乾卦，阳爻，代表有着刚健的本性，不中不正，代表他有好讼的禀性，九四这样一个好讼的人，他跟谁讼呢？向下，初六与他阴阳正应，讼不起来；六三阴柔而从上，安守本分，"食旧德"，也讼不起来；向上，就是九五，作为近君的大臣，九四对阳刚中正的九五是宾与王的关系，也形不成争讼。九四纵然有好讼的脾气禀性，但在周围人谦让守本分的氛围中，他发觉了自己好讼的错误，及时改变了争讼的想法，回归于正理。"复即命"就是回归于正理，四为柔位，说明九四虽然阳刚，但行为选择了阴柔，所以吉祥，安贞不失。

如果说九二是势不当讼、义不当讼，那么九四则是理不当讼。我在例解中举的是廉颇、蔺相如"将相和"的故事，九四就颇似那位刚直坦荡、能及时发现自己的错误而负荆请罪的廉颇将军。

我们来看九五爻。

九五，讼，元吉。
《象》曰："讼，元吉"，以中正也。

整个讼卦在探讨争讼的问题，"言之于公"，争讼的关系里少不了"公"的角色，争讼双方要找到公道之人来评判，九五就是这样一位裁决者。如大家在《全本周易导读本》中所读到的那样，九五阳刚中正、光明无私，刚无所溺、公无所偏，是百姓心目中所希望的大法官。在古代，百姓将希望寄托于能够秉公执法、惩恶扬善的执法者；而在现代社会，司法公正需要的不仅是仲裁者的才德公心，更需要整个社会法制体系的健全和有效运行。道德和法制需要彼此配合，法制需要有德之人去切实执行，而道德需要法制做强有力的保障。

其中，良好的社会秩序和风俗，还是当以德教为先，治之于未然，因此教育、教化、明德、新民是非常重要的工作，这就是"必也使无讼乎"。法律的制裁，是治之于已然。两者是互补的关系。

东西方德治与法治不同。中国自古倡导的德政是倡导主体的自觉性，当"做有德之人"成为一种做更好的自己的内在需求时，民有耻且格，可称为自律；西方的法治追求以完备的法律制度来规范人的行为，是一种外在的制约，可称为他律。能够做到自律的人，往往不需要他律，而他律是为那些不自律的人准备的。两者均有其用处。

回到讼卦，在讼卦的主题中，无讼是内在所遵循的原则。

上九，或锡之鞶带，终朝三褫之。
《象》曰：以讼受服，亦不足敬也。

上九争强好胜，处在讼卦的上爻，刚强之极，又刚愎自用，不知收敛，坚持争讼到底。以强欺弱，不胜不休，最后虽有可能因强讼而得到利益，但他这种以强讼胜人的做法激化了矛盾。不但不会得到人们的敬意和认可，他所得到的权势和财富反而会在一天内被多次争抢，并因此给自己带来祸患，强讼者当以此为戒。人应该以理以德服人，而不是靠强讼胜人。否则，正如《大学》中所言："是故言悖而出者，亦悖而入；货悖而入者，亦悖而出。"

关于"锡"字的读音，古代的时候字少，往往一字多用，这个"锡"字原是指一种介于银铅之间的金属，读 xī，后通假为"赐"，我们就读它通假后的字音，比如"用说桎梏"中的"说"，我们读作"脱"。所以此处"锡"通"赐",读作 ci。[1]

答 疑

1.问:孔子所说的"无讼"怎么理解?

答:我在课堂上讲《四书》,曾讲到《大学》中的话:"子曰:'听讼,吾犹人也,必也使无讼乎!'无情者不得尽其辞。大畏民志,此谓知本。"朱子的解释是:"犹人,不异于人也。情,实也。引夫子之言,而言圣人能使无实之人不敢尽其虚诞之辞。盖我之明德既明,自然有以畏服民之心志,故讼不待听而自无也。观于此言,可以知本末之先后矣。"意思是说,圣人能使"无实之人"(没有真实理由的人)不敢以虚诞之辞强词夺理。也要承认,世间亦有好讼之人,明知自己无理,却企图以争讼获利。孔子说,听讼,我和别人没什么差别,我更注重使争讼不起。在《大学》的整篇论述中,这段文字放在对"止于至善"的解释之后,其用意甚明,君子的修为,从明明德开始,然后新民,然后止于至善。当自身的明德已明时,自然会使民众畏服,而不敢以虚诞之辞来争讼,这样将争讼化解于无形,产生了无讼的效果,用不着进入听讼的环节。由此可见,在明德和新民的本末关系中,明明德是本,新民是末。就像前面我们提到的虞芮两国到西伯的国界看到西伯以德治国而由衷感

---

[1] 通"赐"(ci),赐予。《尔雅·释诂上》:"锡,赐也。"清朱骏声《说文通训定声·解部》:"锡,叚借为赐。"《易·讼》:"或锡之鞶带,终朝三褫之。"《公羊传·庄公元年》:"王使荣叔来锡桓公命。锡者何?赐也。"《群书治要》卷四十五引汉仲长统《昌言》:"赏锡期于功劳,刑罚归乎罪恶。"唐卢肇《汉堤诗》:"尔成尔堤,必锡尔勤。"

到惭愧一样。这就是从德行和意识层面来教化民众，减少争讼。

2. 问："三百户"是怎么算出来的？

答：这真是一种象数思维的问法。虞翻的解释是："谓二变应五，乾为'百'，坤为'户'，三爻，故'三百户'。"分别把"三""百""户"三个字放到卦象里找依据，然后拼接在一起。其实更多注家遵循的解释根据，是郑玄注《礼记》的说法："小国下大夫之制"，"小国之下大夫，采地一成，其定税三百家，故三百户也"。这是符合周代礼制的更为合理的解释。当时的诸侯国有大有小，各国大夫有上、中、下不同的级别，最小的级别就是小国下大夫，可以得到采邑（即封地）三百户，按礼制可收取三百户的赋税。这里的九二就相当于一个小国的下大夫，主动放弃争讼后，逃避回自己的采邑，得以继续保留三百户的赋税，同时也代表他的家族亲朋得以保全，没有因为他与上争讼而遭受灾殃。

讼卦小结

在社会人事中，遇到争端在所难免，讼卦根据不同的情况，提出了所应采取的处理原则：第一，刚起争端时，阐明自己的道理，即使有些言语之争，该收场时尽快收场，不要将事态拖延扩大；第二，尽量避免以下讼上，要坚守正道，自励图强，在发生争讼时，判断自身不能胜讼时，要早些想办法避开锋芒，免得陷入其中，付出更大的代价；第三，要有中正宽阔的胸怀，官司非打不可的时候，要据理以德服人，用法律来维护自己的正当权益，获得社会的尊重；第四，争讼是一件两败俱伤的事，提醒自己不要争强好胜挑起争讼，应及时反省自身，及时改变争讼的想法，能够用和谐的方式解决问题是一种智慧；第五，主持治理争讼时，要公正无私，中正不偏，彰显正义才会吉祥；第六，即便官司打赢，同时也结下了仇怨，埋下了隐患，争讼得来的利益不会长久，也不可能得到真正的尊重。因此，无论什么情况下，尽量做到"无讼"为佳。

读卦诗词

卜算子·天水讼

寇方墀

人世有争端，诉讼何时了？
世事交结慎始终，书契焉可少？

持正一颗心，孚信无机巧。
向善修德日日新，无讼心安好。

师卦第七

坎下坤上

导　读

上一卦讼卦，讲的是争讼的问题。如果争讼得不到和解，就可能导致众多的人参与进来。

讼必有众起，故受之以《师》。师者，众也。

争讼不已必然会导致众人奋起参与，所以在讼卦之后是师卦。"师"就是众的意思。众人参与争讼，矛盾激化不可调和，就会发展为战争。师卦主要阐发的是兴师动众、用兵作战的问题。

从卦象来看，师卦坎下坤上，地中有水，是聚众之象。从卦德来看，内险而外顺，是将险的事情以顺的方式推进，军队出师打仗具备这种特征，因此有师众之象。从爻象来看，全卦一个阳爻五个阴爻，一阳成为众阴的主帅，有统帅众人之象，卦中唯一的阳爻九二是战争中的军事统帅。

兵者，国之利器，代表着力量，同时也隐藏着危险。

师卦，内坎外坤，内险而外顺，水在地中，如同兵藏于民中，兵从民众中孕育而出，师卦形象地表达了这种关系。古代寓兵于农，伏至险于大顺之下，藏不测于至静之中。

讲 解

师卦的卦辞很简短：

师：贞，丈人吉，无咎。

带兵打仗，一要守正不邪，为正义而战；二要用持重而有威望、有实际作战经验的人做统帅。具备以上两点，基本上不会有大的咎害了。

这里的"丈人"，在历代注家的解释中，有解为"丈人"者，有解为"圣人"者，也有解为"大人"者。我们认为，"丈人"指的是有担当、有魄力、稳健持重、才德兼备、严威庄重的军事人才，是集天下安危于一身的可以做最高统帅的人才，这样的人往往有阅历、有胸襟，具备沉静稳健的心理素质和睿智长远的战略眼光，所以，"丈人"一词有其内在的分量。

《象传》对卦辞的解释非常到位：

师，众也。贞，正也。能以众正，可以王矣。刚中而应，行险而顺，以此毒天下，而民从之，吉又何咎矣！

兴师动众，首先要以正道兴师，率领众人行正道，可谓顺天应人，这样的军队可以王天下。而"刚中而应，行险而顺，以此毒天下，而民从之，吉又何咎矣"这段文字，可以看作师卦的精神内核，激发众人同仇敌忾，众志成城，这必须由德才兼备的志士豪杰来倡导才能成功，曾国藩曾说过这样一段话："克己而爱人，去伪而崇拙，躬履诸难而不责人以同患。浩然捐生，如远游之还乡而无所顾悸。由是众人效其所为，亦皆以苟活为羞，以避事为耻。"意思是说："（君子）克己爱人，去伪崇拙，亲临艰难而不苛求人共患难。浩然献身如同远游之人回到故乡而无所犹豫担心。于是众人仿效其所为，也都以苟活为羞，以避事为耻。"有这样的将帅，众人甘愿听从他的号令，慷慨赴死而在所不惜，有这样的将帅和军队，必能获胜。

行险而顺，既是从上下卦体来说的，又反映了用兵的真实情况，合乎正义，顺乎民心。

出师可以获胜，还有一个非常重要的因素，那就是君主与将帅的关系。在师卦中，九二为将帅，是干练而有威信的"丈人"；六五为君，是柔中之君，对九二充分信任，给予充分的权力，君臣相应，上下一心。九二受君命带兵出征，行正道于天下，是王者正义之师，必然会吉祥无咎。

《象》曰：地中有水，师。君子以容民畜众。

地中聚集着水源，是师卦的象征。君子看到这样的卦象，广纳百姓、蓄养民众。

王船山《周易内传》说："地中之水，不见于外，而自安于所润。君子用此道以抚众民，以静畜动：士藏于塾，农藏于亩，贾藏于市，智愚顽廉兼容并包，养之以不扰，以之行师，有闻无声，驭众如寡，亦此道也。"

这里面包含着深刻的道理，平时要容民畜众，让百姓各得其所，使耕者有其田，居者有其屋，做生意的可以在市场中如鱼得水，读书人可以在学堂中安心读书，蓄养百姓，不去干扰他们，当国家有外患时，号召动员他们起来保家卫国，必然会得到天下民众的响应。这种强大的动员能力，源于平时的容民畜众，彼此同心。

接下来的六个爻，是讲具体的战争过程，从出师到战争结束所经历的六个阶段，讨论了不同情况下可能会出现的获胜或失败的战况和局面。

初六，师出以律，否臧凶。
《象》曰："师出以律"，失律凶也。

初六是师的开始，以阴爻处于师卦之初，象征着军队刚刚出征。军队出征首先要有严明的纪律，要用军纪律法来约束节制，做正义之师。出师的目的是禁乱除暴，保家卫国，如果军纪不良、律法不严，就会殃民害义，失律必会失去民心，也会失去统一的调度能力，很难获得最终的成功。一个没有纪律的军队，出征就预示着凶险，因此，出师之时，就要严明军纪。

在例解中，我们举的例子是孙武练兵和李广带兵的事例，正反两面说明了军纪的重要性，历史上因失律而大败的军事案例太多了，可以说不胜枚举。

九二，在师中吉，无咎。王三锡命。
《象》曰："在师中吉"，承天宠也。"王三锡命"，怀万邦也。

九二爻是师卦的主爻，是唯一的阳爻，众阴之所归，在下卦坎卦的中位，有将在军中之象，刚而得中，与六五正应，他就是卦辞中的"丈人"，得统帅大义。而六五之君以柔顺居于上卦中爻位，是柔顺虚中的君主，有安定万邦的志向，对九二非常信任，"王三锡命"，多次颁发奖赏，委以重任，所以九二能够获胜，与六五的充分支持与信任是分不开的。九二身为主帅，将令三军，是真正的实权人物，可以说是集国家安危于一身，这时很容易因权重而内心膨胀，所以这位持重而有德的"丈人"要保其持中之德，大公无私，以天下为重，同时要处理好君臣关系，不可僭越位分。内心至诚，守经达权，中道不偏，可以吉而无咎。

这个"中"字不易做到。杨诚斋认为，过勇就会轻敌，比如李陵；过智就会奸诈，比如侯君集；过威则离心离德，比如张飞；过强就会骄横，比如李光弼；过于专权就会僭越，比如王敦、苏峻。所以，作为将帅，不仅要有才能，更要有贤德，才当得起"王三锡命"的信任。

我们举的案例是唐朝平定安史之乱的统帅郭子仪，他的军事才能和处理君臣关系的智慧为后世所称颂，有"权倾天下而朝不忌，功盖一代而主不疑"的美誉。

再来看六三爻，六三以阴爻居于阳位，在下卦坎卦之极，才弱志刚，不中不正，却又盲目躁进，行险妄动，同时，以阴柔之质凌乘于九二之上，在两军阵前草率出兵。爻辞说：

六三，师或舆尸，凶。
《象》曰："师或舆尸"，大无功也。

六三，军队中的兵卒不时地用大车载送尸体回来，凶险。《小象传》说："军队中的兵卒不时地用大车载送尸体回来"，说明大败而归。

"师或舆尸"，"或"字是不确定之辞，是说有时候也可能侥幸得胜，那要看敌人那边的情况如何，如果敌人那边比这边还糟糕，那有可能瞎猫碰上死耗子，但像六三这样的人以这样的情况用兵，大败而归是应有的常态。"舆尸"是象，是一个画面，就像看电影一样，第一个镜头，有勇无谋、才弱志刚的六三带兵出去了，第二个镜头，车上拉着尸体回来了，不需要演战斗过程，就说明了军队是大败而归。这里面就有一个谁来掌管兵权、下令出兵的问题，三军之帅已由九二来担当，但六三却凌乘其上而擅发命令，这是六三对九二的掣肘，或者是不听九二的命令而发兵轻进，六三失败，九二也就功败垂成，整体的战争形势都会受到严重影响。这是军队不能统一号令，主帅对军中没有绝对权威所造成的后果。历史上有很多失败的战例，都是因为君主不信任主帅而派监军之类掣肘，命令不由主帅发出而另有他人做主。战场是凶险之地，任命不专一，就会出现"舆尸"而还的惨败之象。

大家都知道明代心学的代表人物王阳明是文人带兵，围剿土匪、平定叛乱，创造了一次次佳绩，屡建奇功，人称用兵如神。如果读一读王阳明的生平事迹，可以看到他用兵的特点是以攻心为上、主动出击、善用奇袭。他用过空城计、反间计以及调虎离山等计策，然而，有一条重要的原则他坚持贯彻始终，保证了他每次用兵的神速与奇效，那就是避免掣肘。这一点让其军事才华充分地施展了出来。

可见，军中"一其令"是至关重要的。

接下来看六四爻：

六四，师左次，无咎。
《象》曰："左次，无咎"，未失常也。

从卦象上来看，六四离开下卦坎险，进入上卦坤体，阴柔居于阴位，当位得正，自知才能不济，况且上下皆无应援，如果轻易进兵，力不足以克敌，后方又没有支援，所以，六四选择了退避。"左次"就是退避驻守。六四当退则退，应守则守，是保存实力的明智之举。此爻提醒领军者，统帅军队不打无把握之仗，形势不利的情况下，不可违背常规一意孤行，而应进退有度，保存实力，方可无咎。退守也是用兵的通常之法。

来看六五爻：

六五，田有禽，利执言，无咎。长子帅师，弟子舆尸，贞凶。
《象》曰："长子帅师"，以中行也。"弟子舆尸"，使不当也。

六五，田地里有野兽，利于猎捕，没有灾害。应任用阳刚持重的长者统率军队，如果任用没有能力、德行欠缺的小子带兵就会载尸败归，坚持这样做将会有凶险。《小象传》说："任用阳刚持重的长者统率军队"，是因为能够行于中道。"任用没有能力、德行欠缺的小子带兵就会载尸败归"，是因为用人不当。

到五爻位时，其实就讨论到了六五之君如何用帅的问题。六五柔顺中正，是一位知人善任的明君，有柔中之德，不会主动兴兵挑起战争，但是当野兽跑到自家田地里为害的时候，六五必会为国家百姓而兴师讨伐。正义之师必出兵"无咎"。六五是阴柔文德之君，不能亲自带兵，要任命将帅带军出征，如果任命了德高望重、众人畏服的九二，就可得以中道行师；如果同时又信任才德不足的六三、六四，就会因他们的干扰而使三军败绩，舆尸而还，即使坚守正固，仍然会有凶险。"贞凶"的意思，不当贞而贞，成固执而凶。如果"贞"变成了固执，就是凶了。《周易》倡导中、正，并且有"中胜于正"之说，就是因为"正"虽好，但如果失去中道，就会成为固执，固执则凶。

禽兽跑到自家田里来糟蹋庄稼，为害生民，必然要举正义之师，兴兵讨伐，这是六五作为君主应负的伸张正义、保护生民的责任。正义是战胜对方的一个前提，而真正的战争打响时，如何选将用兵，则是战争能否取胜的又一个至关重要的因素。前面我们已经讨论过九二、六三、六四的情况，这背后的原因要看六五的态度和胸襟。如果六五选人得当，任用九二，且能够专纯贞正，上下一心，就能获胜；如果心胸狭隘，怕九二权太重而又偏信六三、六四，那就会有挫败舆尸的后果，所以，不专一就是凶。可见，君主能否有胸襟度量任用且依赖九二这样的"丈人"，关乎战争的胜败、国家的安危，为君者不可不察。

六五与九二的情况正好可以对位思考。六五是柔中之君，可以守中道，与九二成正应，因此，师卦还是以九二与六五的相应为整个卦的结构状态。所以，六五信任九二，九二忠于六五，最终战争获得了胜利。

战争最终胜利了，真是不易啊，上六爻辞一派喜悦祥和的气氛，论功行赏，不亦乐乎：

上六，大君有命，开国承家，小人勿用。
《象》曰："大君有命"，以正功也。"小人勿用"，必乱邦也。

上六，天子颁布命令奖赏功臣，立大功者"开国"封侯，立小功者"承家"立为卿大夫，不要重用小人。《小象传》说："天子颁布命令"，以论功行赏。"不要重用小人"，否则小人必然会扰乱邦国。

立大功者"开国"封侯，立小功者"承家"立为卿大夫。在颁发爵禄的时候，对于军队中那些有功劳的人要进行奖赏。

师卦开始时，出师打仗，以怀万邦，而师卦结束时，却警戒说要防止乱邦，就是因为战争期间组成的队伍，其中不乏有功无德的小人，对这些人切不可授以权力，更不可委以重任，给些金帛财物土地等物质奖赏就可以了，以免以后恃功而乱邦。

打天下和坐天下，不可同日而语，用的不是一样的人才，如果为天下安危着想，还是要及早有所考虑，才可以避免将来出现的忧患。这就是"小人勿用"。

汉光武帝刘秀在论功行赏时，只有少数人得到了封赏，更多的人解甲归田，其实是在和平时代对这些军旅出身的人的一种保护，防止他们今后犯事而性命不保。历代多有这样的事例。在现实太平生活中，师卦的意义不仅可以用在军事方面，创业者创建企业也会遇到类似的问题。创业时的人才，在规模升级、产品升级时，可能就不适宜新的高管位置，为了企业的长远发展，也应考虑到这个方面。

答　疑

1.问:"以此毒天下,而民从之","毒"字何解?

答:我采用的是《广雅·释诂》的解释:"毒,安也。"意思是以此安天下,民众都拥护追随他。这个"毒"字,也有养的意思,比如《道德经》五十一章:"长之育之,亭之毒之,养之覆之。"傅山说:"亭、毒两字最要紧。'毒'字最好最有义,其中有禁而不犯之义,又有苦而使坚之义。"(《老子解》)段玉裁《说文解字注》:(毒)厚也。……'毒'兼善恶之辞。犹'祥'兼吉、凶;'臭'兼香、臭也。易曰'圣人以此毒天下而民从之',列子书曰'亭之毒之',皆谓厚民也。"

综上,"毒"有安、厚之义。兴师动众是用兵来安天下。

2.问:"否臧凶"怎么理解?

答:"否"字读作 pǐ,先儒多解作"不","否臧"就是不良、不善。"律",程子认为有二义,有出师不以义者,有行师而无号令节制者,皆失律也。不以正义出师,或行师没有军纪节制,都是失其律,军队失律就是乌合之众,必会有凶。

师卦小结

战争中如何用兵、用帅、出征、论赏,师卦阐述了其中的原则:初六出师,必须军纪严明,是谓"严其律";九二为帅,必须由刚健中正、民众畏服的"资深"主帅来担任,是谓"得其人";要警戒六三这样无才无德的人在军中拥有军权,以免导致惨败的后果,军中必须"一其令",九二主帅拥有统一的号令,不可有人掣肘；在对战局没有把握或者时机不利于进攻时，当退则退，是谓"慎其进"；由于六五之君懂得用兵用帅之道，最后大功告成，封赏天下，在举国欢庆时，不要被胜利冲晕头脑，封赏时要切记"小人勿用"，免得日后酿出祸患，难以收拾。战争关系着国家存亡、百姓生死，必当慎之又慎，尽量不用兵。不得不用时，一定要师出有名，为正义、为民众而战，这是取得胜利的前提条件。

读卦诗词

破阵子·地水师

寇方墀

君子容民畜众，王师行险出征。
天宠丈人三赐命，舆尸弟子大无功。失律否臧凶。

田里有禽弗让，阵前无敌堪封。
师旅以正天下平，开国承家唱大风。邦宁百废兴。

比卦第八

坤下坎上

导　读

上一卦是师卦，是兴师动众之卦，接下来就是比卦，《序卦传》：

> 众必有所比，故受之以《比》。比者，比也。

意思是说：众人聚集起来就会有所亲比，所以在师卦后面是比卦。比是亲比。

前面我们读师卦时，最后一爻是战争胜利，"大君有命，开国承家"，分享胜利的果实。战争结束了，百废待兴，这个时候，战争不再是时代的主题，大家团结起来，共同建设国家，追求美好生活成为新的主题。战争时代对秩序、人心造成的伤害需要慢慢愈合，而百姓更企盼一个好的政权将大家凝聚起来，彼此信赖互助，过上太平日子，人在世间，相亲相爱才能心安。所以，在师卦后面是比卦。

"比"字的甲骨文字形是两个人彼此亲近、亲附，象征着人彼此依赖、互相帮助。唐代诗人王勃写过"海内存知己，天涯若比邻"的诗句,"比"就是指挨得很近,字形就像两人步调一致,比肩而行。《说文解字》解释说,"比,密也",指相密切。

比卦由坤卦和坎卦组成,卦象是水在地上,水与地亲密无间,而爻象更是体现了众阴爻亲附于唯一阳爻九五的态势。九五阳刚中正居于尊位,是众人亲附的核心,而九五对众阴爻亦是关怀亲近,整体卦象呈现互为亲比、追求团结的气氛。这就是比卦的卦时。内在体现的是战乱之后的人心所向,人们渴望亲附、团结、稳定、心安。比卦的亲比之道,必以真诚为根基,以真诚与尊重求得相亲相合。《诗经·木瓜》说:"投我以木瓜,报之以琼琚,匪报也,永以为好也。投我以木桃,报之以琼瑶。匪报也,永以为好也。投我以木李,报之以琼玖。匪报也,永以为好也。"表现的就是这样一种彼此亲比、愿永结同好的心情。《杂卦传》说:"《比》乐《师》忧。"亲比是快乐的。

如此读来,比卦真是一个很美好的卦。但在这样一个吉卦里面,也有凶辞,并且还有受伤的人。

讲 解

我们先来看卦辞:

比:吉。原筮,元永贞,无咎。不宁方来,后夫凶。
《彖》曰:比,吉也。比,辅也,下顺从也。"原筮,元永贞,无咎",以刚中也。"不宁方来",上下应也。"后夫凶",其道穷也。

卦辞的大概意思是说：彼此亲比，相合无间，是吉祥的。司马光说："凡物孤则危，群则强。比者上下相亲，外不能侵者也。故吉。"凡是人和物，若是孤单就会有危险，结成群就会强大，亲比之人能够上下相亲，外敌不能侵犯，所以吉祥。

对于"原筮"一词，各注家有不同的解释。有人认为，"原"就是"卜"（干宝），"原筮"就是卜筮；有人认为"原"是原本（王夫之），"原筮"就是原本的筮占；有人认为"原"是指"再"（朱震），"原筮"是再次占筮；有人认为是"推原占筮"（程颐），意思是得到了吉祥之辞，要根据结果推究一下原因，看自身与人亲比是否得亲比之道，可比的就比，才能真正获吉，不可比的要思量放弃，否则，吉的卦辞不会应验。余敦康先生解释道："实际上，筮占的目的在于做出决定，在亲比之时决定与人亲比，不仅要看自己是否怀有诚意，也要看对方是否怀有诚意，诚意是亲缘的前提，缺乏诚意绝不可能亲比，因此，'原筮'的实质性含义是指对人对己是否怀有诚意的一种全面的省察考量。"

接下来看卦辞中的"元永贞"。良善、永久、正固，这就是亲比之道，内含的即一个"诚"字，是"诚"的体现。《彖传》中的"以刚中也"，是指九五，阳刚是九五的素质，中是九五的行为，九五接纳众阴爻的亲附，而对自身也有着审慎的考量，主动而行为中道地去与众人亲比，能做到这样，则"无咎"。

"不宁方来，后夫凶"，我的解释是，不顺宁的各方也结伴前来比附，来晚的人就会有凶险。这句话中容易产生歧义的是"方"字，"不宁方来"，可以从字面上认为是说"不宁了才来"，也可以看作"不宁的方面来了"，也有人解释"方"为"并"，意思是"不顺宁的人相并结伴而来"，无论如何，都是说不顺宁的人来晚了。

为什么来晚了？看卦辞的意思，应该是主观原因造成的，特指比卦的上六爻，在上下彼此团结亲附的大势下，众阴皆亲附于九五，而上六错判了局势，行动迟疑，主动性不够，没有及时前来亲附，错过了时机，"其道穷也"，因此凶险。

我们来看《大象传》：

《象》曰：地上有水，比。先王以建万国，亲诸侯。

地上有水，水和地表现了亲密无间的关系。先代君王看到这样的卦象，于是效法这样的关系而封建万国，亲近诸侯。

《大象传》体现的是"推天道以明人事"的道理。比卦之象，水在地上，彼此亲密无间，先代君王指古代的圣王，观此象而建国亲侯，形成一个由上至下交相亲比的网络，王之亲民，以亲诸侯为媒，使得上下远近脉络相通，从而天下一家，实现亲比之道。

下面来看六个爻：

初六，有孚比之，无咎。有孚盈缶，终来有它吉。
《象》曰：比之初六，"有它吉"也。

初六是阴爻居于一卦的最下位，其实，每个人都会有在最下位的时候，尤其是年轻时，那是成长的最初阶段，阴爻而居下，欲与人亲比时，自身无以为宝，惟至诚以为宝。在整个比卦中，众人亲比的核心是九五，初六离九五最远，按照正常的爻位体例（社会关系），与九五既无比也无应，本来没有机会亲比于九五，但初六有着亲比关系中最为重要的品质，那就是发自内心的满满的诚意，爻辞用"有孚盈缶"来形容,"缶"是朴素的瓦罐,外表没有花纹彩釉等文饰,但内却装满了洁净甘甜的水,象征着诚意充实于内,这样的诚意最为宝贵,胜过那些外表漂亮而内心空空的器物。初六的真诚最终被九五所知晓,并将其打动,九五打破制度的常规约束,愉快地接纳初六的亲比,形成了"有孚比之"的良好关系,对于初六来说,这真是意外的吉庆。

孙福万教授在他的公众号上转发了刘大钧先生1978年发表在《哲学研究》上的文章《温史释易》,并重温了几十年前那感人的一幕。当时年轻的刘大钧只是济南一个街道办服装厂的仓库保管员,他在基层劳动之余努力研究《周易》,将所写的文章投给了《哲学研究》并成功发表。时任中国社会科学院院长的胡乔木看了这篇文章后被打动,于是写推荐信给山东大学党委,建议破格起用这位素昧平生、没有大学文凭的社会学者。最终刘大钧通过了山东大学的考察和答辩考核,成为该校的一名教师,于几十年后成为中国周易学会会长、终身教授、博士生导师,为推动中华易学的发展做出了卓越的贡献。当年胡乔木慧眼识珠、不拘一格取人才的举动,已成为当代易学界的一段佳话,而对刘大钧来说,那真是一次意想不到的吉庆,他亦以其几十年的至诚与努力回报了这难得的知遇之恩。

再来看六二爻:

六二,比之自内,贞吉。
《象》曰:"比之自内",不自失也。

六二在下卦坤卦的中爻位,既中且正,有坤顺之德,与九五形成中正相应的关系,在亲比之时,六二对九五的亲比相应是发自内心的，并非因为外在力量的干扰或者出于名誉利害的考虑。《周易程氏传》解释"自内"这个词，"谓由己也"，是完全出于自身的真诚愿望，是自主的选择。六二能够与九五阴阳正应，获得与君道相合而进的契机，可以和衷共济干一番事业。作为居于臣位的六二，有中正之德，其亲附辅助于九五，并不是汲汲以求九五的青睐，而是保持中正独立、坚守正道的态度，既可以协助九五做出正确的决策，也可以匡正九五不正确的行为，这才是比之自内的正道之臣。我们在《全本周易导读本》对此爻的例解中，引用了《礼记·儒行》的一句话："儒有席上之珍以待聘，夙夜强学以待问，怀忠信以待举，力行以待取。"说的就是六二这样的君子。

在比卦中，六二与九五的中正相应，是整个比卦能够形成团结凝聚、亲辅相助的局面的重要力量。

再来看六三爻：

六三，比之匪人。
《象》曰："比之匪人"，不亦伤乎？

从爻辞来看，六三很受伤。

我们来看几个阴爻，初爻以至诚得以亲比于九五，六二以正应的关系，与九五彼此亲比相应，六四以阴爻上承于九五，而六三上下都是阴爻，与唯一的阳爻九五既没有比，也没有应，自身不中不正，没有初六那样的赤诚。在亲比之世，大家都在找自己亲比的对象，向心目中值得亲近的人靠拢，六三向上与上六在爻位关系上对应，而上六是"比之无首"的人，六三与之亲比，就如同跟恶人交往合作，王夫之将六三与上六的关系比喻为"如庄助之于淮南，萧至忠之于太平公主，不待言凶，自可知其必凶"。庄助是汉武帝时期的中大夫，著名的辞赋家，因与淮南王刘安有交往，后来刘安谋反，庄助被牵连而弃市（杀头）；萧至忠是唐中宗时期的宰相，后因依附于太平公主，密谋发动政变，被唐玄宗诛杀。在政治领域，身居高位者向谁靠拢，追随什么人，是关乎身家性命甚至国家安危的大事，如果"比之匪人"，那最终受到的伤害是难以预料的。对于我们普通人来说，选择怎样的朋友交往，跟随怎样的领导做事，与什么样的伙伴合作，都是要谨慎选择的，避免所托非人，最后受伤，悔之不及。向谁靠拢，需要有清醒的认识，所以，我们给这个卦起的小标题就是"向谁靠拢"。答案当然是，向君子靠拢。以正道相亲比，才能长久，当然，首先自身要正，为人要诚。在《全本周易导读本》里，我们举的例子是"割席断交"的故事。

来看六四爻：

六四，外比之，贞吉。
《象》曰："外比"于贤，以从上也。

六四爻比较容易理解，近水楼台，上面就是九五。我们知道一个卦的下卦也叫内卦，上卦也叫外卦，从下往上走，也可以看作从内往外走，六四往上亲比于九五，也可以叫作向外亲比，所以爻辞说"外比之，贞吉"。《小象传》是说，六四以柔而得正的品格，亲比归附于九五，守正吉祥。李光地说："凡六四承九五者皆吉，况比时乎？"意思是说，六十四卦中，凡是六四上承于九五的爻都是吉祥的，何况是在亲比之时呢？一个守正柔顺的大臣和一个阳刚中正的君主彼此的配合，那是得君臣之正，自然是吉祥的。

接着来看九五：

> 九五，显比。王用三驱，失前禽，邑人不诫，吉。
> 《象》曰："显比"之"吉"，位正中也。舍逆取顺，"失前禽"也。"邑人不诫"，上使中也。

九五，彰显仁德而获得民众的拥护。君王畋猎时从三面驱赶野兽，任由跑在前面的禽兽逃掉，属邑里的人也不必戒备，吉祥。《小象传》说："彰显仁德而获得民众的拥护"的"吉祥"，是因为九五德位既中且正。君王打猎网开一面，舍弃迎面冲撞而来的禽兽，只收编顺从的，"任由跑在前面的禽兽逃掉"。"属邑里的人也不必戒备"，是因为上面的君王中道而不偏私。

九五是比卦唯一的阳爻，是众阴亲比的对象，是众臣百姓依附的核心。在师卦的战争时代，形成了一些敌对的阵营，到比卦时要形成新的关系。九五是胜利者，要在新的时代组建新的社会秩序，然而并不是所有的人都会真心归附，这时的九五，当以宽厚仁德的胸襟气度来接纳更多人的归附，不计前嫌，减少矛盾，尽显阳刚中正仁厚的王者之风。所以，九五要"显比"，彰显仁德而获得民众的拥护和支持，这种彰显就是"王用三驱"。不赶尽杀绝，反而能让所有的人放下恐惧戒备之心，放心前来归附，这就叫作"邑人不诫，吉"。

我们在《全本周易导读本》中举的是诸葛亮七擒孟获的例子。因为仁德的力量要比武力大得多，可以使人心服口服，利于结成彼此尊重的亲比关系，而且可以彰显天下，让"邑人不诫"，老百姓都知道了他的仁德，可以安心生活而不怕再有战争，那些疑惑的人也就下定决心前来归附了。

下面来看上六：

上六，比之无首，凶。
《象》曰："比之无首"，无所终也。

上六居于上卦坎卦的最上爻，是坎险之极，其他阴爻都已归附于九五之下，唯独上六凌乘于九五之上，不肯归附。当所有的阴爻都已经亲比于九五时，上六一直没有前来归附，等到大局已定，它的凶险已无可挽回。"比之无首"，它已经找不到能够依附的首领，成为"后夫"，结局是凶。

王夫之称上六这样的人为小人，说他背公营私以树党，乍合而终必离，即便是九五网开一面不追究，他最终也会自取其凶。这就是说那些对自己的德行不自量力而好与正道乖异的人，即使不征伐他，他也会自取灭亡。

这是王夫之在《周易内传》里对上六的解释，而在《周易外传》里，王夫之对整个比卦进行了反思，认为"比非交道之正"，唯有开国君王可以用来"建万国，亲诸侯"，可以使大小相涵而不紊乱。如果德行没有先王那么高，又不是开国创业时的情况，作为领导者，如果用亲比之道，就很容易流于结为朋党、固其党羽、树立党派等营私之事，所以比道要慎用。正如《论语》中的那句话："君子周而不比，小人比而不周。"

王夫之的提醒与反思强调了卦时的重要性，师卦之后的比卦，正是需要用亲比之道的时候；如果不是这样的时候，则亲比之道就需要慎用，防止偏离正道而成结党营私之实。

王夫之的提醒对于大家用亲比之道的时机是有警醒作用的，可以防止由此带来偏于私意的弊端，对于那些为君者尤其重要。而对于我们现代普通人来说，亲比之道就是在日常生活中，要善用亲比，与人互助，构建善意温暖和谐的人际关系。我们要善于体会和运用亲比之道。

答 疑

问："九五，显比。王用三驱"，"舍逆取顺"，什么是逆，什么是顺？

答：我们先来看容易造成误会的解释。王弼曰："如天子不合围，开一面之网，来者不拒，去者不追，故为'用三驱失前禽'，而'邑人不诫'之象。"《周易本义》也是用这几句话解释，与王弼几乎一字不差。《周易程氏传》："先王以四时之畋，不可废也，故推其仁心，为三驱之礼，乃礼所谓天子不合围也。成汤祝网，是其义也。天子之畋，围合其三面，前开一路，使之可去，不忍尽物，好生之仁也。只取其不用命者，不出而反入者也。禽兽前去者皆免矣，故曰失前禽也。""网开一面"出自司马迁《史记·殷本纪》："汤出，见野张网四面，祝曰：'自天下四方皆入吾网。'汤曰：'嘻，尽之矣！'乃去其三面。祝曰：'欲左，左。欲右，右。不用命，乃入吾网。'"由此可见，"王用三驱"和"网开一面"说的不是一回事。程子说前开一路，容易让人以为是在捕猎者的前面前开一路，所以给读者造成方向上的迷惑。

《朱子语类》里就有学生问朱子这个问题："伊川解'显比，王用三驱失前禽'，所谓来者抚之，去者不追，与'失前禽'而杀不去者，所譬颇不相类，如何？"

而朱子的回答就比较明确地说明了"王用三驱"是怎么回事："田猎之礼，置旃以为门，刈草以为长围。田猎者自门驱而入，禽兽向我而出者皆免，惟被驱而入者皆获。故以前禽比去者不追，获者譬来则取之，大意如此，无缘得一一相似。"

整个过程是：用毡做门，用草围成长围，只围三面，然后打猎的人一边大喊一边往围里面驱赶野兽，如果野兽不肯入围，而面向着我（打猎者）跑来，就让它跑掉，如果是顺着我驱赶的方向跑，就猎取它们。

郑玄解释得最为清楚。他说："王者习兵于蒐狩，驱禽而射之。三则已，法军礼也。失前禽者，谓禽在前来者，不逆而射之，旁去又不射，唯背走者顺而射之。不中则已，是其所以失之。用兵之法亦如之：降者不杀，奔者不御，皆为敌不敌己，加以仁恩养威之道。"

意思是：王者以畋猎来练兵，驱赶禽兽而射之。只围三面而已，效法军队的礼制。"失前禽"是指逆着自己的方向在前面跑来的，就不用箭射它，从旁边跑掉的也不射，只射背对着自己的，顺而射之，如果射不中，就不再射，这些都是失掉的前禽，其实是放掉的前禽。这是"逆舍顺取"的"三驱之礼"。用兵之法也是这样，投降的不射杀，奔走的不强御，就是因为对方已经不能与自己相敌，所以加以仁恩养威之道。

比卦小结

比卦阐述了亲比相助的主题。任何人都不能脱离社会群体而孤立存在。在群体中，民众需要可以依附信赖的领导给予保护和带领，领导需要民众的辅助和支持，只有彼此真诚相亲，互为依存，才能凝聚成和谐稳定的整体。在组建家庭以及结交朋友时，同样需要遵循正确的亲比原则。具备仁爱、正直品格的君子，是社会亲比的核心，人们会自觉主动地向贤德高尚之士靠拢。物以类聚，人以群分，亲比的至高境界是道义相通，与人相亲的基础是要有诚信的心，发自内心地相亲而不受私利及外界干扰。在亲比的过程中要有清醒的头脑，防止"比之匪人"而受伤害。作为众人亲附的领导，要具备宽宏无私、中正大度的德行，形成上下相应、相辅相亲的良好风气，并且保持始终。唯其如此，才能建设和谐、稳定、健康发展的人类社会，人与人之间才能普遍拥有真诚的信任和爱。

读卦诗词

蝶恋花·水地比

寇方墀

天下家邦须众辅，惟保人和，循道得天助。
肯把至诚盈瓦缶，终来它吉无忧阻。

内外比之心自主，莫比匪人，伤害一何苦！
王用三驱人不语，后夫迟至凶无属。

小畜卦第九

乾下巽上

导　读

上一卦我们学习的是比卦，比卦讲的是彼此亲近比附，相亲相辅。善用亲比之道，可以形成团结互助的局面，这样的局面必然能够汇聚各方力量，从而有所蓄积。所以在比卦之后是小畜卦。

《序卦传》说：

比必有所畜，故受之以《小畜》。

此处说的就是比卦和小畜卦的前后排序，它们是因承关系，小畜是因亲比团结而来。

那么，这个卦为什么叫小畜呢？

我们分析卦时、卦名的时候，要先观象，并从三个方面来进行分析：一是看卦象，二是看卦德，三是看爻象。（可参照《全本周易精读本》，第117页）

第一步：先看小畜卦的卦象。小畜卦是乾下巽上，乾为天，巽为风。乾的卦象是天，是阳刚的，充满力量的，而巽卦卦象是风，风是阴柔的，巽顺的。在小畜卦里，阳刚的天居于风下，阴柔的风居于上，象征着天在风下积蓄力量，风以阴柔在蓄止天的刚健，而天既然居于风之下，那就是接受了风的蓄止。以风蓄天，只能是小畜，不可能长久地蓄止，所以称作小畜。这是从整体卦象来分析。

第二步：从卦德来分析。在《周易》中，阴柔相对于阳刚来说，常被称作小，而阳刚被称作大，小畜卦是巽卦阴柔在上，乾卦刚健在下，是以阴蓄阳，也就是以小蓄大，所以是小畜。

第三步：从爻象来分析。小畜卦只有一个阴爻，居于四爻的位置，得其正位。由于只有一个阴爻，物以稀为贵，按照阴求阳、阳求阴的本性，五个阳爻都对这唯一的阴爻有合作听从的意愿。阴有使阳爻收敛、安静的作用，这样，小畜卦的六四爻就对众阳爻有收敛、安慰、教化、蓄止的作用。因为六四爻是阴爻，因此，称作"小畜"。

同时，我们也应该意识到，正是由于整体的条件不足、有所欠缺，所以需要蓄养。蓄就需要有所止，正如同蓄水池必然是止水池，有所止才能够有所蓄，因此，我们在解小畜卦的过程中，会常用到蓄止这个概念，而在小畜卦中施以蓄止的主体力量不够强大，所以只能小蓄。

经过这三个方面的分析之后，我们对小畜卦的卦时就有了基本的把握，这是一个讲如何进行蓄积的卦。从比卦到小畜卦的过程，正如社会中的人们在经过彼此亲比，达成团结合作的组织态势之后，各方面力量逐渐聚集，民生及国力渐渐恢复，经济基础和人才储备逐步得以蓄积，这时既不可拔苗助长，更不应损耗民力，要蓄养一段时期，积蓄力量，以强国本。小畜卦以一阴蓄五阳，以柔顺（巽）蓄刚健（乾），顺应了这个时代的社会发展需求。也就是说，由于之前经历了争讼、战争的过程，社会中尚存有彪悍、争斗之风，虽然有比卦重新组合亲比，但社会风气的蓄养不是短时间能够形成的，民生和国力也需要逐渐恢复，所以，小畜卦是社会健康发展所必需的一个阶段。尊重事物发展的规律，让民众休养生息，深蓄厚养，不急于求成，不折腾，这是一种能够洞察时势、及时调整战略的大智慧。

讲　解

我们来看卦辞：

小畜：亨。密云不雨，自我西郊。
《彖》曰：小畜，柔得位而上下应之，曰小畜。健而巽，刚中而志行，乃亨。"密云不雨"，尚往也。"自我西郊"，施未行也。

小畜，可以亨通，是说小畜是走向亨通之道，就如我们学习过的蒙卦，"蒙，亨"，虽然蒙昧，但经过启蒙，将来必有亨通之时。在小畜卦的卦辞里，说到"密云不雨，自我西郊"，如果从天象上来看，风在天上，吹动云行。有谚语说："云行东，车马通；云行西，披雨衣。"如果是从西郊吹过来，云往东行，那就不会下雨，即便是云很密，也不会下雨；如果是风吹动云从东往西，就会下雨，所以要准备好雨衣。这是谚语对天气的预测。如果从小畜卦的卦时来结合社会人事，那就是说，云在聚集，但要有阴阳之气相冲和，才能下雨，此时还没有达到阴阳之气冲和，密云是蓄积之象，蓄积足够时，阴阳二气和合，才能成雨，所以，仍然在讲这是蓄积之时。

以上是对卦辞的解释，接下来的彖辞是对卦辞的阐发，主要从"柔得位而上下应之"说六四以阴柔得正之爻，得到上下众阳爻的响应，形成了以阴蓄阳的态势，所以称小畜。"健而巽"，是在说上下两个卦的卦德相配合，阳刚健行而能以巽入止之，因此可以小有蓄积。"密云不雨"，是因为蓄积还不够；"自我西郊"，是没到广泛施与的时候。自身蓄积的力量还不足，过早地耗散、施与或急于行动，都是不够明智的做法，当小畜之时，就应该静下心来，扎扎实实，积蓄力量。

《史记·郦生陆贾列传》记载了陆贾与刘邦的著名对话，陆贾问刘邦："居马上得之，宁可以马上治之乎？"小畜卦就是要将以武力征服天下的意识，转变为以文治之道蓄养天下的大政方略。

我们来看《大象传》：

《象》曰：风行天上，小畜。君子以懿文德。

《大象传》说：风飘行在天上，小有蓄积。君子看到这样的卦象，（明白了蓄积的道理，因而）修美自己的文采德行。

文德，在中国传统文化中，指诗书教化。"懿"，《尔雅》说："懿，美也。"《诗·大雅·烝民》："好是懿德。""懿"本义是美好，形容词。在此处与文德搭配，是使动用法，使之美好，我们解释为"修美自己的文采德行"。具备阳刚健进品质的君子，要效仿天德，接受巽顺之风的蓄积，以修美自己的文采德行来补充自身文德的不足，深积厚养，同时"君子之德风"，可以移风易俗，使民众粗粝尚武之风渐趋于中和淳厚。

下面来看六爻在小畜之时的表现和作为。

先看初九。初九是阳爻居于最下位，也是下卦乾卦的初爻位，有阳刚向上的本性，健行进取是其性格。在小畜之时，总体卦时要求蓄积，不宜阳刚冒进，初九虽然身居下位，对大政方针不一定了解，但在爻位上却与六四阴阳正应，懂得应自觉遵循厚养待时之道，免去浮躁之气，因此，转变急于进取的态度，返回到自己的正道上来，这样做哪会有什么咎害呢？这一定是吉祥的。所以爻辞说：

初九，复自道，何其咎，吉。
《象》曰："复自道"，其义吉也。

我们在《全本周易导读本》中的例解，用的是汉高祖刘邦发布求贤诏的事迹，由原来的军功行赏转变为察举制和征辟制，倡导学文，为蓄养文治人才提供条件。作为基层人才的初九，在这样的时代，就当为学修德，积蓄能力，蓄养才华，待将来时机成熟时，施展多年积蓄的才能，可以有所作为。这样做是吉祥的。

当然，也有人将"何其咎"解作"荷其咎"，认为"何"通"负荷"的"荷"。这是说初九作为阳爻，要有承载的责任，作为一卦的最下爻，有根基的作用，担负着养阳道之微的责任，所以固守此正道，不妄行向上，守道以固本，就算不被理解也在所不辞，这样做最终是吉祥的。持这个观点的是王夫之。这很像是他对自身的自况，守正道于最下层，保留一缕阳刚之气，以守道待时，是一位耿介君子的形象，令人敬佩。但从卦时爻位上来看，这个解释似不如我们前面的解释顺畅。因为，初九与六四的正应关系，用来说明初九因此会遭受过咎，有些讲不通。

下面来看九二爻：

九二，牵复，吉。
《象》曰："牵复"在中，亦不自失也。

九二，被牵引着返归，吉祥。《小象传》说：虽然是"被牵引着返归"于中位，也（是一样的合宜）没有失去自我。

九二阳爻居于乾卦的二爻位，同样有着刚健向上的本性，但在小畜之时，不宜急于进取，初九由于与六四正应，所以很顺利地就接受六四的蓄止而回归正位，因此吉祥。九二与六四不相应，所以并不心甘情愿接受六四的蓄止。从地位上来说，九二已是有地位者，而且更接近六四，他明白当下是要求蓄积、不可急于上行之时，又看到初九已接受蓄止，埋头自懿文德，加上九二本是阳刚且能够守中道的君子，于是他被同为阳爻的初九所打动，受牵引而返归于自身之位，没有失去自我的中道，用心修养蓄积自身的德行，其结果也是吉祥。

下面来看总是不那么安分的三爻吧：

九三，舆说辐，夫妻反目。
《象》曰："夫妻反目"，不能正室也。

九三，车子脱落了车辐，夫妻反目离异。《小象传》说："夫妻反目离异"，是因为夫妻关系错位了。

九三居于下卦乾卦的上位，不中不正，有些阳刚过头。本来初九、九二已经接受六四的蓄止，他就应该一起顾全大局，一起完成蓄养的大业。但是九三太过阳刚，不中不正的品格使他不能接受初九、九二的规劝，也不愿接受阴柔六四的蓄止。他与六四近邻，但认为六四作为阴爻，竟然居于他之上，而且要对他进行蓄止，制止他的阳刚行为，因此不服，就凭着阳刚之力而犯上，跟六四形成冲突，这样就有了矛盾对立，破坏了系统的稳定。爻辞以"夫妻反目"来形容这种关系，就是阴和阳出现了冲突。因为阳居下位，而阴居上位，九三为阳又不能顾全大局，妄用阳刚之力，造成了这样的"反目"局面。从地位上来说，六四是整个组织里的高官，有职责在身，居其正位，爵位比九三高，他行使蓄止的权力，九三就应该守其本分而听从六四的安排，但九三逞阳刚之气而不顾分位，激化矛盾，冲击六四的权力，造成了整体系统的不协调。小畜之道遭受挫折，就如同车子脱落了车辐，不能顺利前行。

我们在《全本周易导读本》里举了"安史之乱"的例子。爻辞是取象比类，我们在讲小畜卦时，是从社会治理的角度切入，所以仍以社会历史事件来阐发其含义。如果六四没有足够的能力和办法蓄止和安定下面的三阳爻，很可能就成为新的动乱的根由，所以，小畜卦看上去平静，其实却暗含着动荡与不稳定。

再来看六四爻：

六四，有孚，血去惕出，无咎。
《象》曰："有孚""惕出"，上合志也。

六四，胸怀诚信，远离杀伤之地、免于危险，没有咎害。《小象传》说："胸怀诚信""免于危险"，是因为与君上心志相合。

六四是小畜卦的成卦之主，正是因为它的存在，才形成了小畜的局面。作为六四，以一阴之柔而欲蓄五阳之刚，其难度可想而知。作为阴爻来说，用强用刚不是其优势之所在，而且能力也不足，六四唯有用巽顺阴柔来与阳爻周旋，用真诚守正的大义来与阳爻交往，才有可能获得阳爻的信任和合作。爻辞里说"有孚"，就是说六四一定要心怀诚信，谨小慎微，以柔克刚，才能做到"血去惕出"。"血"和"惕"都是指危险，甚至是流血冲突，六四只有以诚信柔顺之道去蓄止阳刚，才可能避免血和惕，"血去惕出"就是指避免流血冲突，消除危险，这样才能没有咎害。当然，如果仅以六四的阴柔，其实是不可能完成蓄止之功的，因为在社会人事中，作为高官，如果仅有柔顺而没有实力，想要使阳刚信服，难之又难，几乎不可能做到。所以，《小象传》透露了其中的秘密：之所以六四在危险的情况下，在与九三反目的情况下，还能够化险为夷，"血去惕出"，就是因为六四与上合志。上就是指九五，六四背后有九五的支持，才能够以阴柔之质，得以蓄止乾卦三阳爻的阳刚之势，以柔蓄刚，逢凶化吉。可见，六四虽为成卦之主，但真正的主卦之主，是九五与六四的组合。而完成蓄止之道的主体，也是这一对君臣组合，否则，以六四单薄的阴柔之体，如果没有九五的支持，很难有所作为，甚至会被众刚所伤。当然，能够得到九五的支持，也是因为六四本身阴柔居正，能够很好地辅助和配合九五，才有这样的彼此信任。

接下来看九五爻：

> 九五，有孚挛如，富以其邻。
> 《象》曰："有孚挛如"，不独富也。

九五，胸怀诚信而牵系紧密，富裕了还能惠及近邻。《小象传》说："胸怀诚信而牵系紧密"，是因为不独享富有。

说完六四，再来看九五，就很清楚了，他才是小畜之时真正的掌舵者，居于上卦巽体的中爻，阳刚中正，与六四亲比，在阳盛阴衰的总体局势下，任用六四，作为小畜的主体，通过六四来蓄止众阳，既避免了阳刚与阳刚的正面冲突，也倡导了文德化下之风。所以，九五给予六四充分的信任，"有孚挛如"，关系非常紧密，"富以其邻"，"邻"就是指六四，"富"是阳刚有力，九五以其阳刚之力在背后支持着六四，这样九五和六四在执政结构上形成了"内刚外柔"的局面，刚柔并济，完成了蓄止之道。当然，九五的"有孚挛如"之道，通过六四，也就广泛地施于其他阳爻，整体得到蓄养，因此，可以说是不独富也。

最后来看上九爻：

上九，既雨既处，尚德载。妇贞厉。月几望；君子征凶。
《象》曰："既雨既处"，德积载也。"君子征凶"，有所疑也。

上九，密云已经降下雨来，对阳刚的蓄止已经完成，阴柔积聚的阳刚之气已经满载。妇人如果不知变通而坚持以阴柔蓄止阳刚就会招来危险。就像月亮已经接近圆满（过满就会亏损）；君子若还坚持原来的做法固执前进就会遭遇凶险。《小象传》说："密云已经降下雨来，对阳刚的蓄止已经完成"，是说阴柔蓄止的阳刚之气已经满载。"君子若还坚持原来的做法固执前进就会遭遇凶险"，说明上九意识到了危险，内心有所疑惧。

答　疑

1.问：为什么是"自我西郊"？

答："自我西郊"，历来有很多解释。有人认为这是文王自称（李士鉁），因为文王演《周易》时是在羑里，而岐周是在西方，这是以历史的眼光解读；有人认为这是六四自称（张廷荣），因为六四是阴爻，西郊属阴，所以六四说，密云不雨是因为我作为阴方，在实施以阴蓄阳的力量；还有人认为这是乾卦自称（王夫之），因为在后天八卦中，乾位在西北，巽位在东南，自乾而巽，就是自西向东，这是在以乾阳驱动巽阴，乾卦是内卦，所以在内称我，我驱动巽阴，但只是蓄积，因为按照日常晴雨表的经验，云自西向东不会下雨，所以，占到这一卦的人，虽然有亨通之道，但还不是行动的时候，仍需要蓄积一段时间。

2.问：上九爻辞中有"雨""妇""月""君子"，好像没什么关系，如何理解？

答：这一爻辞，列举了五个象：雨已经落下了，德已经满载，妇人如果坚守其道就会危险，月亮几乎要圆了，君子前行就会凶险。其实，这五个象说明了一个道理，就是以阴柔蓄止阳刚之道已经完成，应该及时收手，当退则退，该转变战略了，不然的话，物极必反，凶险就会出现。这是在提醒我们，任何决策和行为都不能一劳永逸，要根据形势进行调整，要与时偕行。这正是研究《周易》这部"变经"所要不断体会和实践的精髓所在。

小畜卦小结

由师到比再到小畜，从战乱到重组再到和平，社会经历了一系列变化。革命和斗争不再是社会的主题，社会各层面经历了亲比互助而达成相对稳定的组织结构。此时，社会整体需要休养生息，进行富民的经济建设，为下一步发展积蓄力量。本卦阐述了事物在发展过程中积聚力量的种种原则。

阴阳平衡和洽是《周易》提倡和追求的最佳状态，小畜卦讲述了从阴蓄阳到阳疑阴的发展过程，揭示了其中的矛盾转化。在一阴五阳的总体局势下，阴柔欲蓄止阳刚，本来就是一场充满危险的尝试，暗含着制衡与斗争。初九和九二，一个主动一个被动，接受了蓄止，没有咎害。九三过刚，与六四反目，招致不良后果。六四与九五阴阳相和，真诚相待，使整个局面达成相对的稳定，总体力量得以蓄积。然而，到达上九时，蓄积的任务已经完成，时雨已降，如果阴的势力继续扩大，蓄止的态势就会发展过度，阴阳关系发生变化，并逐步失衡，新的矛盾将会随之产生。

读卦诗词

小重山·风天小畜

寇方墀

昨夜青萍起巽风，密云西郊外，雨未生。
料得车马逆风行，殷勤劝，牵复吉在中。

止健几人踪，一番积厚意，与谁同？
待得雨过月色浓，德积载，苍翠见青松。

履卦第十

兑下乾上

导　读

上一卦我们学习的是小畜卦，讲的是蓄积之道。上层管理者以柔顺之道缓和社会矛盾，以相对平稳的环境蓄积力量，使百姓得以休养生息，逐渐积累物质财富。小畜卦就是讲在这个积累的过程中，各阶层存在的不同问题以及解决问题的原则。在小畜卦的最后一爻，小畜之道已经完成，而且矛盾开始转化。我们在小畜卦的小结中已经提到，到达上九时，蓄积的任务已经完成，时雨已降，如果阴的势力继续扩大，蓄止的态势就会过度发展，阴阳关系发生变化，并逐步失衡，新的矛盾就会随之产生。事物发展将进入一个新的阶段。因此，要根据规律和新情况，调整策略，以适应、规范和带动新阶段的发展。

如果我们回顾一下至此我们所学的十个卦，会发现其过程是从天地开辟，创生万物，人类从无序的蒙昧状态，不断走向有序、文明的状态，在有了丰富的物质积累之后，人类需要更强的组织能力、社会机构以及相应的行政制度，进行更有效的治理。

《序卦传》说：

《彖》曰：履，柔履刚也。说而应乎乾，是以"履虎尾，不咥人，亨"。刚中正，履帝位而不疚，光明也。

我们所读的《周易》通行本中，卦辞前面的卦名"履"字缺失，我们按照其他卦的体例，并且根据《彖传》中的解释"履，柔履刚也"，说明此处有这个卦名，因此，此处补齐了这个"履"字。之前有许多注家的版本已经如此补齐，在此，稍做说明。

卦辞的意思是："履，跟在老虎后面，老虎却不咬人，亨通。"为什么跟在老虎后面却不会被咬？也许有人会说，那是因为老虎不饿，这样说也对：如果是一只饿虎，就可能乱咬人。但那是指昏暗的乱世，在苛政猛于虎的恶政之下。而履卦探讨的不是那样的卦时，是一个建构文明秩序的时代，所以，"虎"是指正常必要的社会规则、礼仪法度。法度是刚性的，在社会中的人，以个人的柔弱行走于刚性的法度之间，要"说而应乎乾"，以和悦的行为态度顺应乾刚，才可能做到"跟在老虎后面，老虎却不咬人，亨通"。履卦卦辞比喻人在行为上如果能够谦恭温驯，执守礼节，处处严格要求自己，那么即使处于危险的境地，也能够化险为夷。

彖辞里面还说到"刚中正，履帝位而不疚，光明也"，这指的是九五。九五是一个阳刚中正的最高执政者，组织、建构、制定社会规范、礼仪法度，既有阳刚的能力，处事合宜，又能践履正道，因此是光明磊落的。所以，在履卦要求每个人都要遵循礼的情况下，九五摄行天子之职规范天下而没有灾殃。

《象》曰：上天下泽，履。君子以辨上下，定民志。

《大象传》体现的是《周易》推天道以明人事的思维方式。君子看到履卦卦象，上天下泽，各有分际，说明必须有上下层级的划分，才会有正常的运行秩序，君子从这样的卦象里得到启示，将其用于社会人事中。这个卦象就象征着各阶层循礼而行，秩序井然。所以，应当分清上下层级，制定规则，规范社会秩序，使人民有所遵循、有所措手足，知道在怎样的范围内行为做事而不会触犯法度。这样可使民心安定，社会才能有序发展。和谐有序的社会应该是各尽其职、各安其位。如果德行才学出众，可以顺着社会的选拔机制晋升到相应的位置上；如果德不配位，就下降到与之相当的位置上，这是理所当然的事。所以每个人都应该在制度的制约下勤奋进取且安于本分，努力提升自身的素质能力，对分位要有客观理性的认识。每个阶层以及每个人所享有的权利都是有限的，明白这个道理，人心就可以安定不乱，否则民心得不到安定，天下不可能得到良好的治理。没有秩序分位的制约，天下就会大乱，每个人在其中也就很难独善其身了。这就是君子辨上下、定民志的用心之所在。

　　接下来的六个爻，是对不同时位和阶层如何履礼以行进行的阐述：

　　　　初九，素履往，无咎。
　　　　《象》曰："素履"之往，独行愿也。

　　初九在履卦的最下位，是阳刚的人才，有进取之志。有的人天生在富贵人家，有的人天生在贫贱人家，有的人天资聪颖，有的人本性愚钝，但这都不是最重要的。作为一位身居下位、在社会上还没有得到认可和爵位的君子，作为一个有志向的人，无论出身如何，居位高低，贫富与否，都应该把注意力和追求放在对自身修养的提升上，不为外在的浮华而进取，不为外物所迁移，而是为了安身立命、成就君子人格，不断在才德修为和人生境界上自强不息。正如2018年在北京举办的第二十四届世界哲学大会的主题"学以成人"，这是中国文化中最为朴素、入世，也最为妥帖温暖的人生追求。《中庸》称之为"君子素其位而行"，君子知其分位，不外求，内心的素朴使其能够静处下位时不怨尤，进取上进时无不善。初九居于下卦兑卦的初爻位，阳刚进取而乐观和悦，这样有德的君子，能够坚守内心的原则，做事情尽心尽力，因此不会有咎害。

《小象传》说："'素履'之往，独行愿也。"说明初九所践行的是他内心的愿望，因此会专心笃行于此。

我们来看九二爻：

九二，履道坦坦，幽人贞吉。
《象》曰："幽人贞吉"，中不自乱也。

九二是阳爻，居于下卦中爻的位置，刚中守柔，前面六三是一个阴爻，说明前行的道路没有阻碍，所以九二是行走在坦阔的大道之上。也有人认为，六三是阴爻，阻碍了九二，因此，九二成为幽人，持此意见者为王夫之。我们认为，"幽人"是指一个人幽静安恬的处世态度，并不一定确指在现实生活中幽居一处。比如，我们读苏东坡的诗句"此心安处是吾乡"，无论外在的环境是平坦还是坎坷，有阻碍还是没有阻碍，人际关系简单还是复杂，都要做到心安，这是"幽人"的真义。道路的平坦只是外在暂时的现象，在平坦顺利的环境下，不以利欲自乱其心，沉稳冷静不妄作，只有安静自守、内心坚定平和的幽人才能做到，也只有这样的幽人才能使内心永远处在平坦的大道上而得吉。"贞吉"的"贞"字既有正固的意思，又有安静的意思。心静不乱，安于正固，处事沉稳得宜，自然吉祥。

我们对九二爻辞的翻译是，九二，前方的道路平坦宽阔，幽静安恬的人守持正道可获吉祥。《小象传》说："幽静安恬的人守持正道可获吉祥"，因为内心沉静不会自我淆乱。

再来看六三爻：

> 六三，眇能视，跛能履，履虎尾，咥人，凶。武人为于大君。
> 《象》曰："眇能视"，不足以有明也。"跛能履"，不足以与行也。"咥人"之凶，位不当也。"武人为于大君"，志刚也。

六三，视力不好却强要看，腿脚不便却强要走，这样跟在老虎后面，被老虎咬噬，凶险。这是一个能力不足的武夫在为大君效力。《小象传》说："视力不好却强要看"，是不可能看清楚的。"腿脚不便却强要走"，是不可能走下去的。"被老虎咬噬"的凶险，是因为居位不当。"能力不足的武夫在为大君效力"，志向刚强啊。

六三爻是履卦中唯一的阴爻，处于五阳之间，如同立于阳刚的丛林中，前行、后退都是阳刚之爻，谁也惹不起。而从六三自身来分析，它以阴爻居阳位，不中不正，质柔而用刚，不自量力，一味逞强，就如同一个视力不好的人以为能看清，跛脚拐足的人以为能健走，忘了前面是老虎，违反了"说而应乎乾"的处履原则，结果惹怒了老虎，被虎噬咬，落得凶险的下场。《小象传》对六三的评价有着较为复杂的感情：既怜其不幸又恨其不争，同时有些许的感佩之情。因为六三的能力很差，以跛足眇目的才质介乎五刚爻之间，还想为大君解决难题，明摆着是自取其祸。但是六三却并不在意自身的安危，勇于冲到前面，拼了性命为大君效力，有着万死不辞的勇气，虽志大才疏，但其志可嘉，因此叹他"志刚也"。在某些特定情况下，这种不称其力、勇于拼搏的精神自有其感人之处。但是，由于德不配位，能力不济，将重任托付与六三这样的人，往往会在关键时刻功败垂成，坏了大事，输了全局。

对于六三这种复杂感情的描述，非我独创。以史解易的《诚斋易传》中，就表达了对六三的复杂感情，认为"圣人所以恨其才而惜其居位之不当也，若夫其志，则可怜矣"。对于六三不惜其力愿为大君效力表示赞赏、理解之意（在当下的社会可以看作为单位、为社会效力，而不做"精致的利己主义者"）。当然，最后由于自身力量不足，六三可能没有把事情做好，但这不能说他的态度和出发点是错的，这就是本爻的矛盾之所在。

履卦重践行，与小畜卦有所不同。履卦总体来说，是鼓励践行进取的，然而这种践行的原则是要遵循礼制法度，符合道义，更要符合常识。孔子曾说过"暴虎冯河，死而无悔者，吾不与也"。

下面来看九四爻。

九四已进入上卦乾卦，爻辞是：

九四，履虎尾，愬愬，终吉。
《象》曰："愬愬，终吉"，志行也。

九四，跟在老虎后面，恐惧警惕，终获吉祥。《小象传》说："恐惧警惕，终获吉祥"，志向才能得到实现。

"愬愬"是心怀畏惧的样子。九四以阳刚居阴位，处于接近君王的危险境地。所谓伴君如伴虎，跟随在老虎身后的九四资质刚健而能够以柔处事，常怀愬愬恐惧之心，如临深渊，如履薄冰，志行向前，同时又谨慎柔顺，最终可以免于凶难而吉祥。

在履卦里，只有三爻和四爻有"履虎尾"的词句，三多凶，四多惧，三爻本质阴柔而行为阳刚，最后是凶，四爻本质阳刚而行为阴柔，最后得吉。九四是我们中国传统所倡导的人格，外柔内刚，以此践履做事，能不断提升内在的素质修养和能力，处事又能够宽和柔顺，临事而惧，好谋而成，"恐惧警惕，终获吉祥"，志向才能得到实现。

再来看九五爻：

九五，夬履，贞厉。
《象》曰："夬履，贞厉"，位正当也。

九五，刚决地行走前进，要坚守正道防止危险。《小象传》说："刚决地行走前进，要坚守正道防止危险"，是因为九五居位正当。

九五处于履卦的君位，阳刚至尊，由于他在乾体中位，下卦是兑卦，又是和悦顺从，没有任何牵制和阻碍，他的威势又足以控制时局。在这样的形势下，九五很容易形成凡事独断专行的做事风格。"夬"是刚决的意思。一个权力达到极致的人或组织，就会很容易形成乾刚独断的性格和行为模式。这样的行为模式，正是他最大的隐患，因为，没有监督和牵制的权力，缺少纠错机制，如果犯错就会是灾难，所以，爻辞说"夬履，贞厉"。本来在卦辞里，九五代表着阳刚、光明，但爻辞要给他以警醒和告诫，告诫九五要常怀危机意识、覆舟之忧，多听民众的意见和呼声，设置谏官制度，加强均衡机制，不断察纳雅言、听取民意，才可能长治久安，构建真正的文明社会。

我们来看最后一个爻，上九：

上九，视履考祥，其旋元吉。
《象》曰："元吉"在上，大有庆也。

上九，审视走过的轨迹，详细考察经历的得失，如果是周旋完备的，就大为吉祥。《小象传》说：居上位而"大为吉祥"，大有喜庆啊。

我们《全本周易导读本》对于上九的解释是：在履卦的终点，所履行的过程已经完成，回过头来考察所履行的轨迹，详审所经历的得失，若自始至终周旋完备无所缺憾，心中坦荡，则为元吉。能够在终点时获得元吉，得其善终，是大为庆幸的事。此爻有勉励履善一以贯之的意义，同时也强调视履考祥以为借鉴的作用。

在人生旅途中，我们不但要专注于前面要走的道路，还要时常回过来看看已经走过的道路，这样可以不断地总结经验、弥补过失、调整行为，免得留下太多遗憾。就个体的一生来说，那就是最终要对自己的人生做出评价，如果是周旋完备的，问心无愧，那就是无憾的一生了。我们在例解中引用了孔子和保尔·柯察金的话，大家耳熟能详，这算是对履卦上九爻的一个辅助解释。

答 疑

1. 问:"虎"从何来?

答:有的学友希望从象上找到根据,其实,如果我们希望得到的是处世的智慧,只需把乾卦之阳看作阳刚不可侵犯的社会法度,如老虎一般就可以了。这是《周易》以阴阳性质为根据的最简单明了的取象比类的手法,我们只需知道它以此象征来表达什么意图就可以了。这样就会主题明确,而不会把注意力用到另一个方向上,导致歧路亡羊,迷失在路上,反而掩盖了这个卦对人的启示指导作用。

以这个卦中的"虎"为例。如果非要从象的角度去找根据,会看到历来对"虎"的解释有很多。有人认为是指下卦的兑卦(郭璞、李道平),因为兑卦在后天八卦中位于西方,按照二十八星宿的排列,东青龙,西白虎,白虎在西方,属金,虎是西方之兽,兑卦在西方,所以,卦辞中有"虎"。有人认为乾为虎(尚秉和),因其阳刚,或者有人认为乾卦在后天八卦的西北方,因此也可以称为西方,所以为虎。有人则认为坤卦为虎(虞翻),虞翻认为履卦是变讼卦初爻的阴爻为阳爻而成,天水讼变为天泽履,天泽履与地山谦的谦卦旁通,所谓旁通就是阳爻变阴爻,阴爻变阳爻,而谦卦上卦是坤,所以,这种旁通的关系代表着以坤履乾,叫作"履虎尾";虞翻在解乾卦九五爻"云从龙,风从虎"时还以《京房易传》中"坤为虎刑"为依据,证明坤是虎。如此等等,不一而足。如果按照上面的讲法,我们要浪费太多的时间在这些无所适从的象里面,而忘记了履卦本来想说明什么道理。这就是为什么我在前面几个卦里,不用这些来给大家讲卦,因为这样非但不能使大家听明白，还会使大家更糊涂，以至于无法继续学习。如果大家对这些内容感兴趣，可以在学完六十四卦之后，立稳了脚跟，再旁涉其他。

还有学友提问说，履卦九五爻的"夬履"跟后面的夬卦有什么联系。其实我们现在不必急于将本卦的爻辞跟还没有学到的夬卦进行联系，我们只需知道"夬"就是决，九五要防止太过刚决、乾刚独断、刚愎自用，不能坚持认为自身是最正确的，不能坚持阳刚太过，就可以了。

2. 问：如何理解"武人为于大君"？

答：孔颖达认为是六三想做大君，"以六三之微，欲行九五之志，顽愚之甚"。在这里，我们把六三"为于大君"解释为"为大君效力"，是因为六三居于三爻的位置，是臣位，他只能为大君效力，没有自己做大君的理由。李光地在《周易折中》里面就对此有所申明，认为"三非大君之位，且'为于'两字语气亦不顺也"。

履卦小结

小畜卦与履卦都是一阴五阳之卦。小畜卦阴爻居于四位，在上卦，以柔制刚，是制人；履卦阴爻居三位，在下卦，以柔履刚，是行己。境遇不同，所行就会有很大的差异。

履卦阐述了礼的履行原则，通过素履、幽人、跛履、愬愬、夬履、视履等不同阶段的分析，告诉人们如何处世践履，并以"履虎尾"这种形象提醒人们对践行礼的重视。只有采取恰当的态度和行为，才能够避免凶险、摆脱危机，做到"履虎尾"，不"咥人"。

以柔履刚，首先要有柔顺和悦的态度，谨慎处世，同时要有坚定的志向，不为流俗所染，即使在道路平坦的时候，也要保持内心的清静安恬，不急功冒进。在得到权力的时候，更不可刚愎自用、独断专行。只有力求尽善尽美，不断修身养德，行善抑恶，一以贯之，才能够最终得其"元吉"。

读卦诗词

唐多令·天泽履

寇方墀

何处觅封侯？舍身登虎丘。一年年，怕虎回头。
曾羡幽人中不乱，独行愿，畅然游。

跛眇不肯休，武人志未酬。又几回，萧瑟深秋。
如履薄冰终了日，视履迹，庆风流。

泰卦第十一

乾下坤上

导 读

上一卦我们学习的是履卦，讲到履卦要求履礼而行，社会逐渐走向文明有序。《序卦传》说：

履而泰，然后安，故受之以《泰》。

履礼而行，就会通泰顺畅，就如同大家都按交通规则行驶，就不会彼此冲撞，而达到有序顺畅。通泰就会出现社会安定的局面，所以在履卦之后是泰卦。

经过埋头积累、物质文明建设的小畜阶段和设立制度、履礼以行的精神文明建设阶段之后，社会各方面得到改善，各阶层各安其分，逐渐形成了积极、和畅的社会风气。整个社会上下循礼而行，和谐有序，出现了通畅安定的泰和局面。

我给这个卦起的小标题叫作"泰和盛世"，这是多少人向往的时代啊！

从卦象上来看，乾下坤上，天在下，地在上，这种乾坤位置颠倒的组合，为什么反而是吉祥的泰卦呢？由此可以看出《周易》所推崇的天道绝不是对自然现象的简单模仿或者僵化比附，而是更注重其内在运行之理，并且有人的能动性作用参与其中。这在《周易》中多有体现。

关于为什么乾下坤上，反而会是泰，我们通常的解释是乾为阳，阳气向上运行，坤为阴，阴气向下，这样就形成了阴阳之气的流行交通，阴阳和合、交流通畅就形成了泰和的局面。这样的解释符合《周易》"生生之易""一阴一阳之谓道"的核心精神。

在《全本周易导读本》中，我们回顾了从乾坤到泰卦的整个历程，乾坤是天地的开始，屯蒙是人与万物的开始。人类在经历了太初的乾坤开辟、需养、争讼、战争、蓄积、治理等过程后，终于实现了"泰和盛世"，这是一个长期积累的过程，是一代代人不断进取得来的。在泰卦之后，历史就不断出现一治一乱，治少乱多的局面了。

这个由乾至泰的过程既可以放在历史大背景下去阐释时代的发展，也可以放在一事一物一单位的小背景中去观察，这是事物发展的一个普遍规律。把握了规律才知道怎么去顺应规律，从而调整自己的行为。那么，在泰和通畅的太平盛世，又有什么需要把握和注意的呢？泰卦探讨的就是这个问题。

讲　解

我们来看泰卦的卦辞：

泰，小往大来，吉，亨。

《彖》辞："泰，小往大来，吉，亨"，则是天地交而万物通也，上下交而其志同也。内阳而外阴，内健而外顺，内君子而外小人。君子道长，小人道消也。

"小"，是指阴；"大"，是指阳。在《周易》中，由下卦去往上卦，也称由内卦去往外卦，叫作"往"；如果由上来到下，或称为由外来到内，叫作"来"。"小往大来"，就是本性居下的阴如今向上向外到了外卦，而本性居上的阳向下向内到了内卦，这样就形成了阴上阳下的结构。而阴气是自然向下的，阳气是自然向上的，这样就形成了彼此相交通、融洽和畅的态势。阴阳交流通畅，利于万物生长，这就是天地交泰，吉祥而亨通。在自然界，这表明天地交合而万物通畅；在人类社会，则表明君臣上下交感相应而心志相同。这个道理用于个人修为中，则体现为内阳刚而外阴柔，刚健之人而能以谦逊柔和与人相处，这个人就有泰和气象；这个道理用于社会治理中，君子主于内而小人居于外，则政治清明，各居其位，有序和谐；这个道理用于家庭、事业中，就会看到夫妻和睦、父慈子孝、积极通畅、事业昌隆的和谐局面。

再来看《大象传》：

《象》曰：天地交，泰。后以财成天地之道，辅相天地之宜，以左右民。

天地相交，象征着通泰。

图 11-1 "泰"字的小篆体

对于这个"泰"字,《说文》曰:"滑也。"《说文解字注》的解释是:"泰,滑也。此以叠韵为训。字从廾水。水在手中。下溜甚利也。"就像水从手中很顺滑地流下去一样,表示顺利通畅,滑溜畅达而无所阻碍。

"后",指君王。《说文》:"继体君也。象人之形。施令以告四方,故厂之。从一口。发号者,君后也。"《说文解字注》:"开创之君在先。继体之君在后也。析言之如是。浑言之则不别矣。""后"是一个会意字,一个人开口说话,是指发号施令的人。开创基业的君王在先,继承基业的君王称后,仔细分别的时候有这个区别,如果就大体而言,都表示君王,不做区别。

所以,"后以财成天地之道,辅相天地之宜,以左右民",意思是君王看到泰卦这样的卦象,知道天地相交才会通泰,于是裁度天地相交的道理形成施政方略,用以辅助天地化生之宜,从而帮助和护佑天下百姓,使君与民相交往,通泰祥和。

其中既体现了推天道以明人事之理,又体现了人能够参赞天地化育的功能和作用。我们在前面导读部分提到的《周易》"三才论",体现的也是这种整体的、宏观的思维方式。人是万物中的一类,置身于天地之中,应仰观俯察天地变化之道,充分尊重自然规律,从而发挥自身在天地间的作用,参与天地的化育。尤其是为君执政者,理当"财成天地之道,辅相天地之宜","顺乎天而应乎人",顺应自然发展的客观规律,应对并推动人类历史的发展趋势,以人的主观能动性与客观条件相配合,去实现"天人合一"的和谐状态,与民众共同创造国泰民安的泰和盛世。

接下来,我们来看泰卦的六爻:

初九，拔茅茹，以其汇，征吉。
《象》曰："拔茅征吉"，志在外也。

初九是阳爻，居于泰卦之初，泰卦是一个和谐的卦，下卦阳刚上进，上卦阴柔顺应，无所阻碍，整体大环境是有利于阳刚者奋力进取的，这与我们前面学过的讼卦、小畜卦不同，三个卦虽然都是下卦为乾卦，但讼卦的上卦是坎，象征着危险，小畜卦上卦是巽，有两个阳爻在阴爻的背后，抑制下卦三阳爻的阳刚冒进，唯有泰卦，下卦的每个阳爻都与上卦的阴爻相应，上体坤顺，接纳乾刚上升，无所阻碍。所以，初九应该抓住时机，树立目标，努力进取，就如同在盛世之初的人，当看清形势，认准时机，奋发向上，正所谓"好风凭借力，送我上青云"。孔子曾说过："天下有道则见，无道则隐。邦有道，贫且贱焉，耻也；邦无道，富且贵焉，耻也。"泰卦是天下有道之世，君子就当出来干一番事业，如果邦有道，却既贫且贱，那只能说是自身没有进取之志，没有眼光、毅力，不够勤奋。

泰卦初九及时行动了，他向上进取，奋起创业，带动了同为阳爻的九二、九三。物以类聚，人以群分，一个贤能之人，能聚集同道好友，携手相牵，互为辅助，协力同心，为成就一番事业并肩前行。爻辞说"征吉"，征即前进，初九和同伴们向前进取，吉祥。

接着来看九二：

九二，包荒，用冯河，不遐遗。朋亡，得尚于中行。
《象》曰："包荒"，"得尚于中行"，以光大也。

"包荒"，可以直译为包容八荒，表示有大气度。"冯河"，是指涉水过河，象征着果敢有勇气、有魄力。在泰卦之世，担纲创业重任的人，需要有胆量、有魄力、敢于行动，领风气之先。"不遐遗"，是指不遗弃远方以及偏远地区的贤能，充分聚集各方面的力量。"朋亡"，是指不结党、不狭隘、不偏私、不别亲疏贵贱，广揽天下人才。"得尚于中行"，是指行为崇尚中道，做事有分寸。从这些品质可以看出，九二是一位光明磊落、心胸豁达开阔的实干家，有勇气和魄力进行创新，有阳刚健进的实干精神，能够聚集天下英才共同创业，是泰卦之世重要的中坚力量。

从爻位上来看，九二爻居于下体乾卦的中位，与六五爻刚柔相应，合作顺畅，这正是泰和之世形成的重要原因。六五居于尊位，是最高的领导者，为人中道而柔和，给予九二以充分的信任，九二更是以出色的表现回应了六五的信任。

九二有几项卓越的品质：第一，大度；第二，果敢；第三，无私。在用人之际，九二不求全责备，用人不分远近亲疏，不因私而害公，不因群体而孤立个人，做事中道不偏倚，不私结朋党，唯贤才是举，使远近贤人都能得到进用。九二这样的刚中之臣与六五柔中之君相配合，共同缔造了广大亨通的泰和盛世。

从对九二的解读中，我们感受到了包容豁达、自由酣畅、阳光淳和、欣欣向荣的盛世气象。历史上多少人希望能够生活在这样的一个时代啊！

接下来，再看九三爻：

九三，无平不陂，无往不复。艰贞无咎。勿恤其孚，于食有福。

《象》曰:"无往不复",天地际也。

九三爻到了乾卦的最上爻,接近于三爻与四爻交界的天地之际,阳刚达到鼎盛,即将从乾卦进入坤卦,居于三爻的位置,如盛世已达到最繁华的时代。从表面上来看,一片歌舞升平,繁花似锦,然而,爻辞却在此时泼了一盆冷水,说出了这样的告诫:没有只平坦而不倾斜的道路,没有永远向上而不返下的事物。艰苦守正没有咎害。不要怜恤自己的诚信,这对于保住衣食之福是有利的。《小象传》说:"没有永远向上而不返下的事物",是因为处在天地交接转换的边界处。

如果我们把泰卦六爻看作一个时代由开创到鼎盛,再由鼎盛到衰落的全过程,那么,九三爻就是那个鼎盛的最高点,也就意味着衰落的开始。

泰卦发展到九三爻,在一派热闹兴盛的外表之下,却暗藏了危机。九三处于天地交际的边界,以刚爻居于阳位,阳刚已经过盛,是泰卦达到阳刚极盛之时,时局悄然发生着变化。如果按照这个势头一路阳刚下去,不及时调整,就会出现乾阳上升到上面,坤阴降落到下面,结构整体倾覆,盛极必衰,变成泰极则否的否卦。能否扭转局面、防止倾覆,九三是非常关键的一爻。看到这样的形势,九三要时刻保持清醒,切忌志得意满、颐指气使,而应居安思危,认识到守成的艰难和倾覆的危险,持正守恒,诚信待人,方可保衣食之福。

在例解中,我们用了唐玄宗的例子,可以说,用唐玄宗来解释这一爻是较为契合的。唐玄宗年轻时励精图治,文治武功,前半生建功立业,开创了开元盛世。九三爻相当于开元全盛日。我们引用了杜甫《忆昔二首》的诗句："忆昔开元全盛日，小邑犹藏万家室。稻米流脂粟米白，公私仓廪俱丰实。"显现了盛世泰和的盛唐气象。但玄宗居功而骄，全盛日即转衰时，天宝后期，唐朝迅速由盛转衰，九三就是转折点。没有警醒意识的人，此时还沉浸在歌舞升平之中，不知危险将临。泰卦九三爻位置，居于"天地之际"，可谓"无平不陂，无往不复"。然而，究其原因，乃是人祸使然，如果执政者在取得成就之时仍能够保持清醒的头脑，任用贤臣，远离小人，保持艰苦朴素的作风，坚贞守正，就会避免咎害。如果能够保持至诚为民之心，就不会失去天下人的信任，也就不会把盛世迅速毁损殆尽了。

接下来看六四爻。六四已进入上卦坤卦，阴柔之体，阴爻的本性向下，六四爻的状态和行为，表明了泰卦急转直下之势：

六四，翩翩，不富以其邻，不戒以孚。
《象》曰："翩翩，不富"，皆失实也。"不戒以孚"，中心愿也。

"翩翩"，很轻快地向下飞。作为阴爻的六四势必要向下行。由于上卦中三个阴爻并列，六四的行动带动了另外两个阴爻，如同下卦三阳爻"拔茅茹"牵手向上以归其位一样，上卦三阴爻也是结伴而行，六五和上六跟随六四一同翩翩飞下。不需要告诫六四要以诚相待，因为六五和上六这两个邻居前来一起向下，本来就是共同的愿望。六四的位置在泰卦中已经过中，原来的泰和盛世，阴阳势力已经转化，九三的时候，尚且有挽救的可能，到六四时，大势已衰，再想有所作为已经很难了。

我们来看六五爻：

六五，帝乙归妹，以祉，元吉。
《象》曰："以祉，元吉"，中以行愿也。

"归妹"，"归"是出嫁，"妹"指少女。六五以阴柔居于君位，具有柔顺守中的德行，能够屈尊俯就阳刚在下的九二，以柔中与九二的刚中结成信任的关系，以怀柔之德来安抚天下，使天下太平，因此得到神明赐福，至善大吉。六五居于尊位，却能以中道处事、以德服人，是化危机为太平的重要原因。可见，帝位虽尊，面对潜在的危机，仍需以怀柔抚下的和平方式化解矛盾，使本性阳刚的臣属甘心臣服，彼此结成相应关系，以保大局稳定。

从阴阳关系来说，六五是柔弱之君与下卦阳刚之臣的配合，是以彼此的真诚信任、互相尊重为前提。六五以怀柔之德安抚天下，也暗含着君弱臣强的矛盾与危机。在历史上，以和亲换和平，往往是君主的力量不足以威慑臣属时的无奈之举，但在现实中，却可以起到缓和矛盾、化解危机的作用，可以延缓危机的爆发，换取一段时期的和平与发展，为扭转局面争取时间和机遇。但从大势上来说，如果九三时埋下的危机没有及时解决，这个时候只能将盛世余绪延续得长一些而已。

我们来看上六：

上六，城复于隍，勿用师，自邑告命，贞吝。
《象》曰："城复于隍"，其命乱也。

上六，城墙坍塌倾覆到护城河里，不可动兵出战，只能发布减损自己罪过的罪己诏书，如果坚持固守只能接受憾惜的结果。《小象传》说："城墙坍塌倾覆到护城河里"，说明上六的命运要衰乱了。

清光绪年间的易学家李士鉁解释这一爻时说道："政虽美，久不修则敝。城虽坚，久不治则坏。此泰极否来之象。坤为众，互震长子帅师，有用师象。然城已坏，无可以守，安可以战？内政未修，安可攘外？况权柄下移，内忧方大，若更贪功黩武，徼福境外，愈促其亡，故勿用师也。"

我们在《全本周易导读本》中的解释是：以前挖护城壕沟取土辛苦建起来的城墙，如今坍塌重又倾覆到壕沟之中，象征长期积累建设而成的安泰局面，却由于内外因素的变化转眼间土崩瓦解。在九三之时，局势已经有了变化和预兆，这种变化没有得到认识和化解，到上六时，坍塌倾覆成为现实。这时，大势已去，动用军队也无力回天。时局已乱，只能发布减损罪过的罪己诏，如果固执不变，就只能接受憾惜的结果了，可见持盈保泰的不易。

我们都知道有两个成语，一个是泰极则否，一个是否极泰来，它们描述的是事物发展的总体趋势和一般规律。认识规律并不是只能听天由命，而是要提前预知趋势，尽早采取措施，提前化解危机，用我们当下的语言就叫作宏观调控，不使局面发展到积重难返的地步。我们在刚才讲读的过程中，反复强调了九三爻是重要的转折点，泰极则否的转折从九三爻开始，那么应该从九三时就开始着手采取预防性措施。泰卦总体来看，下卦阳刚太多，上卦阴柔太多，阴阳分布不够均衡匀称，将九三爻与上六爻互换，减损九三的阳刚，去补充上六的不足，这样就能够化解掉泰极则否的潜在危机，从而变成一个损卦，使阴阳的结构更为合理，达到新的平衡。用在具体社会实践中，从历史发展角度，以时间顺序而言，可看作盛世达到鼎盛时，要有意主动地减损享受繁荣的态势，踩踩刹车，由上层带头，戒骄戒躁，提倡朴素节俭，减损物质层面的享乐，更多关注民众生活状态的整体提升，追求更高的文明程度。损卦揭示的是减损的智慧，就如同端着满满的一盆水，很难端得稳，弄不好就会倾覆，主动用减损的方法，从盆中舀出些水来，分给那些不足的人，既有益于他人，又能防止自身的颠覆。这就是持盈保泰之法。

答　疑

1. 问：从《周易》赋予地天结构为泰卦的思维方式来看，长期以来解《易》者认为《周易》有崇阳抑阴思想，《周易》真的"崇阳抑阴"吗？

答：持此观点的人往往以《系辞》中"天尊地卑，乾坤定矣，卑高以陈，贵贱位矣……"为依据。我们可以看到，这句话前面先说自然秩序，天高远而地卑近，然后以此比附到社会中来。这只是一个简单的模式类比，是对浅层次现象的描述，用来区分上下顺序和分位，并不是价值判断。

而在整个《系辞》上下篇中，阴和阳对举的有以下几句："一阴一阳之谓道""阴阳不测之谓神""阴阳之义配日月""阳卦多阴，阴卦多阳""阴阳合德而刚柔有体"。找不到"阳尊阴卑"的描述，更看不出"崇阳抑阴"的倾向。

关于阴和阳的关系，我们还是来看看美妙的太极图吧：

图 11-2 太极图

图中阴和阳平分秋色,彼此环抱,互为依存,阴中有阳,阳中有阴,多么流畅和谐!阴阳之所以黑白不同,彼此对待,是因为"和实生物,同则不继",阴阳和合,化生万物,蓬勃日新,生生不已。如果《周易》崇阳抑阴,那太极图就该让阳占一大半,把阴挤到角落里去。如果那样,想象一下,太极图会变成什么样子?

当然,我们还要在《周易》本经中找到依据:

乾卦纯阳,于是最后就有个"用九",告诫要"群龙无首",让它阴柔一些。"乾始能以美利利天下,不言所利,大矣哉",是乾之美。

坤卦纯阴,于是最后就有个"用六",告诫要"利永贞",让它阳刚一些,"坤至柔而动也刚,至静而德方",是坤之美。乾济以柔,坤济以刚,共成和合之美!

再看泰否两卦:上坤下乾,是泰卦,上乾下坤,是否卦。这超越了简单的自然类比,体现出其中的价值理念:乾为阳而处阴之下,如阳刚掌权而执国政者,谦逊处下,承担重任,把民众的利益放在高处。阳之贵,在于能处下。坤为阴,阴柔而居阳之上,如民众柔顺而不谄媚,有操守,有尊严。如此坤乾,便为泰和盛世。反之，如果乾卦阳刚居上，强势压人，作威作福；坤卦阴柔处下，忍气吞声，逆来顺受，如此乾坤，则为否塞乱世。

家国同理，在家庭中，男阳刚而能谦和处下，为妻儿奔波劳累，承担责任；女阴柔而不依附，体谅相助，风雨共担，这就是一个和谐美满的泰和家庭。

《周易》的这些安排，无不体现着刚柔并济、阴阳和合的价值理念。正所谓"一阴一阳之谓道"，王夫之提出"乾坤并建"说，其实非常有远见。

篇幅所限，不再多展开，总之，《周易》没有"崇阳抑阴"，当然，也没有"崇阴抑阳"，如果有所崇抑，那应该是"崇和而抑分"，崇尚阴阳和合，而抑制阴阳分离。我的老师余敦康先生经常引用这样四句话："阴阳合则生，阴阳离则灭，阴阳错则变，阴阳平则佳。"阴阳和合，生养万物，阴阳均衡，状态最佳。泰卦就是阴阳平（三阴三阳）且阴阳合（各个爻都是阴阳两两相应）的一个卦，所以呈现出一派泰和盛世的局面。

2. 问："六四在泰卦中已经过中"是什么意思？

答：我们这里指的是上卦与下卦的交际处为中，也就是三爻与四爻之间，是整个卦的中间位置。由下而上，泰卦的前半阶段是向上的，到九三时达到鼎盛，到了六四时已经过了中间的交界，阴阳势力已经转化，整体进入衰落的阶段。

我们平时说居"中"，一般指二爻、五爻为中，不居于这两个位置的爻，都是不中。按照爻位由下而上、由内而外的读卦整体来说，三爻过了中位，称为过中。此处，在泰卦中，着眼于整体局势的发展，有泰极则否的总体趋势，而这个泰极并不是到了上六才发生的，而是在九三处就发生了，只不过衰落也需要一个由隐到显的过程，到了上六才显现出整体颠覆、泰极则否的结果。所以，九三爻与六四爻之间，为中；六四已经过中，代表着大势已经转衰。

泰卦小结

经过不懈的努力和积累，社会稳定、国泰民安的太平盛世终于到来。三阳开泰，一派通泰和畅的景象，上下沟通、政治清明、"君子道长，小人道消"，是这个时代的鲜明特色。然而，创业难，守成更难，在安泰的情况下有大局观和危机意识是至关重要的。泰卦阐述了由泰向否转化的客观规律，提出了警示，同时也阐明了持盈保泰的原则：一方面，要"包荒，用冯河，不遐遗。朋亡"，大度宽容，锐意奋发，远近亲疏兼顾，不结党偏私；另一方面，要居安思危，朴素务实，亲近贤德的人才，远离奸佞小人，不断提高自身适应新环境的能力，还要有意识地"损"，减损可能产生的傲慢与贪图安逸享乐的怠惰之心，时刻警醒，长久保持，才有可能避免"城复于隍"的悲剧结局。

读卦诗词

满庭芳·地天泰

寇方墀

冬去春来，三阳开泰，畅达天上人间。
履和通志，相并建坤乾。

天地森然万物，人为贵、行道合天。
民心向，月圆花好，盼岁岁年年。

尤难，千古事，因循起落，治乱相牵。
忆携手拔茅，共苦同甘。
涉水包荒汇贤，天地际、共舞翩翩。
歌声断，于隍城覆，忘虑变居安。

否卦第十二

坤下乾上

导　读

上一卦我们学习了泰卦，泰卦的最上爻是"城复于隍"，城墙坍塌了，象征着治世消亡，而乱世到来。

《序卦传》说：

泰者，通也。物不可以终通，故受之以《否》。

泰卦是通泰、昌盛、繁荣的时代，然而，天地间的人、事、物，不可能一直长盛不衰，它终有衰落的时候，如三国时曹操所写的《龟虽寿》所言："神龟虽寿，犹有竟时；腾蛇乘雾，终为土灰。"再长寿的事物和时代，终有消亡的时候。这也是事物生生变化的必然规律，泰极否至，否极泰来，就像是一个循环，但在这世代循环中，有的时代治理得好，稳定昌盛的时间会长些，有的时代不能善加治理，其衰亡就会更加迅速，因此，在这泰和否的循环之中，亦当有所作为。比如，中国历史上，周王朝以宗法、礼乐、分封制度使王朝延续了近八百年，而秦王朝用严刑峻法却只维持了十五年的国祚。王朝寿命的长短，兴衰与否，关系到千千万万生民的生活性命，所以，仍应以智慧和关怀去追求更为长久的平衡、和谐、畅达。如果联系到每个人的生命，我们都知道人是会死的，但善于自我修为的人，会使生命更为长久、有质量、有价值，并不会因为终究会死而放弃努力。

同时，我们还应该认识到，当我们说泰极否至、否极泰来的时候，是在说一种大的趋势和规律，它并不是简单的宿命论和循环论。《周易》内含的生生不息、日新厚德的精神主旨，是将一阴一阳之道的精神蕴于变化之中，人作为天、地、人三才之一，处于此变化之中，穷则独善其身，达则兼济天下，尤其是为国政者，要善于把握规律，尽其所能使盛衰之世平稳过渡，以智慧和担当尽可能减少代价，避免生灵涂炭。

泰卦是乾下坤上，地天泰，我们在解释泰卦的时候，用了阴气下行而阳气上行来说明通泰的道理，这样可以形成交流沟通，阴阳沟通就会畅达无碍，因此为泰。同理，否卦是坤下乾上，阳在上而阳气上行，阴在下而阴气下行，阴阳两不相交，所以是否。如果用于社会人事之中，就意味着社会阶层上下分离，阶级对立，贫富悬殊，两不相交，难以沟通，从而形成了否塞不通的乱世。

《说文》解释"否"字："不也。从口从不。"表示否定，心里认为不可，口里就会说出来，是说事情的不可，本义是说"不然，不是这样"。我们学过的师卦初六爻"否臧凶"，"否"表示否定。在否卦的卦时下，"否"表示的否定，是对泰的否定，象征着坏、恶、不通。

讲 解

否卦的卦辞：

[否]：否之匪人，不利君子贞，大往小来。

我们前面学习了泰卦，对于大小的解释也是一样，阳为大，阴为小，而大往小来正好与泰卦相反，阳刚到了外面，阴柔到了内部。"否之匪人"，我们解释为"否闭之世人道阻塞不通"，也有注家解释为"不得其人而用之，所用者非其人，世之所以成否也"（李士鉁），是说朝中用人不当，重用小人而疏远君子，这是造成否塞乱世的原因。"不利君子贞"，对于守正的君子不利，"贞"本身既表示守正，也有固守的意思，不利于君子固守其位，如果君子固守会怎么样呢？很显然会遭到小人的迫害。读历史典籍往往可以看到，在小人当道的时候，君子与小人的斗争往往是君子被害，因为小人不顾道义、无视规则、无所忌惮，其害人之术无所不用其极，而君子却往往光明磊落、宅心仁厚，不屑于用计谋手段，所以，不利君子贞。

《彖》曰："否之匪人，不利君子贞，大往小来"，则是天地不交而万物不通也，上下不交而天下无邦也。内阴而外阳，内柔而外刚，内小人而外君子，小人道长，君子道消也。

《彖传》说："否闭之世人道阻塞不通，对于守正的君子不利，大者去小者来"，这是天地不相交而万物不通畅，君臣上下不同心而天下分裂不成邦国。阴气长于内而阳气消于外，柔弱者主于内而刚健者排于外，小人主于内而君子疏于外，这是小人之道增长，君子之道消减的景象。

社会如果出现这种状态，就是否塞之世，不利于君子固守在这里。正气被驱逐在外，邪气来到内部把持了朝政。这是一个"上下不交而天下无邦"的否塞之世，小人道长而君子道消。

我们在例解中引用了孔子所说的话："笃信好学，守死善道。危邦不入，乱邦不居。天下有道则见，无道则隐。邦有道，贫且贱焉，耻也；邦无道，富且贵焉，耻也。"这是孔子对于"邦有道"或"邦无道"之时，君子应如何自处所采取的态度。孔子认为在否塞之世，不利于君子固守不变。君子道消之时，当有所选择。其选择就是天下有道则见，无道则隐。

《大象传》说：

> 天地不交，否。君子以俭德辟难，不可荣以禄。

这与上面孔子所说的那段话意思相同，就是说要在否塞不通的乱世以节俭为德，避离危难，不可以谋取荣禄富贵。

下面我们来看六爻的解释：

> 初六，拔茅茹，以其汇，贞吉，亨。
> 《象》曰："拔茅""贞吉"，志在君也。

下卦坤卦三个阴爻，阴柔居下，在否塞之世，不宜向上进取，因此，爻辞说"拔茅茹，以其汇，贞吉"。初六的"贞吉"与泰卦初九"征吉"的进退取舍正好形成对比，泰卦的时候鼓励君子进取，而否卦的时候，劝告君子"贞吉"，静待守时，贞固则吉，有《大象传》所言"俭德辟难，不可荣以禄"的意思。这里，我们把初六解释为君子。《周易》的卦象，其妙处就在于，它有多个意象，多层次的象征，可以从不同的高度、角度分析不同层次的问题，而其中均内含着规律和道理。否卦的卦时分析，要从整体结构入手，我们既可以把下卦坤卦看作底层的民众，无道德褒贬之义；也可以看作盘踞于内部的小人，有道德上的贬义；还可以看作人内心的卑微或者恶念，表示人的禀性中阴暗不善的一面。那么，上卦的乾卦就可以看作与之相对的、上层的为政者，或者被排挤在外的君子，或者人外在表现出的阳刚善意的一面，总之，是取象比类。这是从卦的整体来分析卦时。那么进入爻象的分析时，就与分析整体卦象不是一个层次和角度了，卦为时，爻为用。爻为用的意思是指在已知的卦时之下，所有的爻要面对和解决的问题是什么，因此，是每个爻应该怎么做的问题。否卦是否塞不通，每个爻要解决的问题是：如何处否、"休否""倾否"？

　　因此，此时的初六爻，就不能像分析整体卦象那样，当作小人来看待，他可能是君子，也可能是小人。这要从爻位和爻辞两相对照来分析，并非阴爻就一定指小人，比如六十四卦中的六二爻、六五爻所指基本都是君子，只是气质性格是阴柔的君子而已。否卦初六，隐居于最下层，与自己的同类六二、六三安于处下，俭德避难，不愿去趋时媚俗，他们像茅草根一样牵系在一起，隐而不出，静以待时。这是生逢乱世的无奈之举，只能以此来免于祸患，得其"贞吉"，保全君子正道，他们这样做，其志在于守时待命，静待明君的出现。《全本周易导读本》在例解中用的是竹林七贤的例子。

否塞之世，君子既能坚守正道，又能保全性命，其实并不容易做到，从竹林七贤的命运可见一斑。

至于有人认为"拔茅茹"是指斩草除根，这是望文生义。泰卦初爻和否卦初爻因为与下卦其他两爻同类，因为此一爻动，则三爻俱动，一爻静则三爻俱静，"拔茅茹"是一种象，要表达的就是彼此牵连的意思。

我们来看六二爻。

六二爻跟初六爻的位置和责任不同。初六是无位的君子，而六二居于大臣之位，不能为了自身的安危就放弃责任。居于其位而又不被小人所控制，其实是更难做到的事，需要更高的智慧和隐忍。与小人周旋，又尽可能地庇护君子及百姓，这一点只有具备大人之德的人，于否乱之世发挥其阴柔中正之德，才可能做到。

六二爻辞说：

六二，包承，小人吉。大人否，亨。
《象》曰："大人否，亨"，不乱群也。

六二，乞求包养、承顺上位，小人由此获吉。大人却拒绝这样做，（其道）亨通。《小象传》说："大人却拒绝这样做，（其道）亨通"，不会自乱于群小之中。

在六二的位置上，如果不能坚守正道，为了保住禄位富贵、身家性命而承顺上位，乞求包养，就成了小人；如果能够经受住考验，忠贞守正，不自乱于群小之中，坚持正气不被邪气所染，那就是大人。因此，同样是六二，选择"包承"，就成了小人；选择坚贞守正，不屈不挠，用智慧化解矛盾，且能恪尽职守，就成了大人。关键要看六二是怎么做的。

就像白居易在《放言五首》其三诗中所写的那样：

> 赠君一法决狐疑，不用钻龟与祝蓍。
> 试玉要烧三日满，辨材须待七年期。
> 周公恐惧流言日，王莽谦恭未篡时。
> 向使当初身便死，一生真伪复谁知？

周公与王莽有着相似的境遇，但最终的结局却是大人和小人的区别，因此，六二是大人还是小人，最终要看他选择怎么做，这里面既需要德行，也需要智慧和才干。

我们来看六三爻：

> 六三，包羞。
> 《象》曰："包羞"，位不当也。

六三，被包养而终致羞吝。《小象传》说："被包养而终致羞吝"，是因为他居位不当。

六三爻居于坤卦的最上爻位，阴居阳位，不中不正，本质阴柔却有阳刚躁进的行为，在否乱之世可以说是达到了否乱之极。六三没能坚守自己的本位，在乱世选择了依附权势，被权力包养，向功名富贵谄媚，不顾人格操守，枉道而行，表现出一种急于求宠的态度，这真是君子所不齿的行为。六三这样的选择，虽可得一时之荣，但最终必将自取其辱。

再来看九四爻：

九四，有命无咎，畴离祉。

《象》曰："有命无咎"，志行也。

九四，顺天命而行没有咎害，众人依附而获福祉。《小象传》说："顺天命而行没有咎害"，九四的志向得以施行。

否卦到了九四爻，否的态势已经向泰转化，如同泰卦九三爻与六四爻的转换一样，否卦的六三爻与九四爻的转变，已经预示了整体局势的转化。九四是阳刚之爻，有阳刚的才干，且做事的风格阴柔、稳重、不急躁，大势已具，天命已归，需要的就是适时拨乱反正，顺天命和应人心，辅佐九五共同完成休否大业。"有命"之"命"是指天命，是"周虽旧邦，其命惟新"之命，"有命"是指天下大势已有改命除祸之机，而"无咎"是指人要顺应时势有所作为，没有咎害，"畴离祉"是指可以引领众人去获得福祉。

九四质刚而用柔，能够刚柔并济，立志以行动改变否塞不通的时局，这样做没有咎害和过错，不唯自己受福，那些同道之人也将得到福祉。其实，当九四辅佐九五共同休止否道而进入清明之世时，天下百姓也会因此获得福祉。

接下来到了九五爻：

九五，休否，大人吉。其亡其亡，系于苞桑。

《象》曰："大人"之吉，位正当也。

九五，休止否闭不通的局面，大人可获吉祥。（因为大人在心中时常自警）快要亡了啊，快要亡了啊，把它系在牢固的桑树根上。《小象传》说："大人可获吉祥"，是由于九五居位正当啊。

当否卦演变到九五爻时，其实休否的时机已经成熟，九五爻此时当抓住机遇，号召众人，一举倾否。但同时爻辞也提醒九五不能轻忽大意。

对于"其亡其亡，系于苞桑"有不同的解释，一种是说快要亡了啊，快要亡了啊，把它系在牢固的桑树根上；一种是说快要亡了啊，快要亡了啊，就像是系在桑树条上那样危险。二者的差别出于对"苞桑"不同的理解，无非是把苞桑看作牢固的桑树根还是柔软的桑树条的区别，但表达的意图是一样的，就是要充分意识到危险，心中常存忧患戒惧，想办法扭转局面，使根基稳固，从而转否为泰。我们取的是前一种解释，因为九五是阳刚中正之爻，居于君位，有阳刚的力量和敢于作为的魄力，时势又到了休否大势已具的阶段，此时更宜采取行动，而不仅仅是叹息危险，九五的措施就是"把它系在牢固的桑树根上"。《程氏易传》说："桑之为物，其根深固，苞谓丛生者，其固尤甚。"王夫之也说："木丛生曰苞，桑根入土深固，丛生则愈固矣。"苞是指丛生，从象上来说，上卦三个阳爻，可以看作丛生之象，四爻和上爻辅佐九五，九五能够阳刚有力地采取措施，扭转局面，这才是大人休否之举，所以说"休否，大人吉"。《小象传》说：大人可获吉祥，是由于九五居位正当。说明九五的才德、行为能够与其所居的位置相配，休止了否的局势，并为倾否打下了牢固的根基。

我们在此爻例解中引用了《潜夫论·思贤》的一段话："老子曰：'夫唯病病，是以不病。'《易》称：'其亡其亡，系于苞桑。'是故养寿之士，先病服药；养世之君，先乱任贤。是以身常安而国脉永也。"意思是说，善于养生的人，提前对病有所警惕和预防，在未病时就服用了防病的良药，因而不会生病；善于治国的人，对乱世有所戒惧，在乱局出现之前就任用贤能，因而身安而国运恒久。

再来看上九爻：

上九，倾否，先否后喜。
《象》曰：否终则倾，何可长也？

上九，倾覆否闭之世，起先的否闭不通，终于迎来了通泰喜庆。《小象传》说：否闭到了极点就会倾覆，怎么可能长久地否闭下去呢？

上九处于否卦的终极，否塞的态势已是强弩之末，到了该倾覆的时候了。但是胜利并非坐等就可以看到。要扭转否塞的局面，天道盛衰与人事进退相辅而成，人的主动作用仍然是实现"倾否"的推动力，因而需顺应规律，适时而动。从九四开始就已经启动"休否"的行动，九五休止了否势，上九使否势彻底倾覆，终于实现了先否后喜，促使否极泰来。

上九的一个"倾"字，显示了阳刚大人扭转乾坤、拨乱反正的本领，顺天时应人心。英雄乘时势，时势造英雄，遇到否乱之世，时势艰难之时，君子有俭德避难之宜，亦有勠力倾否之责，上九作为阳刚贤能之士，奋力辅佐九五，成就了倾否大业。

答 疑

1. 问：如果在乱世君子都隐居了，那谁来拯救乱世呢？
答：这个问题，后面的明夷卦会分析得更清楚。乱世之时，有爵位的君子无非有几种选择：一种选择是固守本位、誓死进谏，就像商纣王时期的王子比干，其结果就是惨死；另一种是逃离，就像微子启，待到商纣灭亡，否世已结束，带族人归降于武王，成为诸侯国的国君，延续殷商宗庙的祭祀；还有一种，就是箕子，明知进谏于事无补而只能招祸，又不忍背弃逃离，只好装疯卖傻以保全性命。除此三条途径似乎已别无他途。但还有一条，就是走到对立面去加深加速否卦的乱局，以推动否极泰来，但那样会付出更大的代价，那是革卦要讨论的问题了。

无爵位的君子，在小人当道的否乱之世，若去追求功名富贵，则不能扭转局面而只能听令于人，那就相当于助纣为虐，为虎作伥，所以，此时的君子应以节俭为德，避离危难，不可以谋取荣禄富贵，而应动心忍性，磨炼心志，守时以待否极泰来。

随着文明的进步和发展，对于天下兴亡的担当与责任，逐渐不再只是对于有爵位的士大夫的要求，而越来越成为每个公民的责任。明清之际的大儒顾炎武曾说："保国者，其君其臣肉食者谋之；保天下者，匹夫之贱与有责焉耳矣。"梁启超将这句话总结为八个字："天下兴亡，匹夫有责。"

2.问：这里为什么选择九四和初六互换，依据是什么？

答：这种主动的调节和变化是根据结构的需要而来，否卦结构头重脚轻，不稳定就会倾覆，就是所谓的否极泰来，但结构整体倾覆而后重新建立秩序的过程会使各个阶层付出惨重的代价，因此，有智慧的为政者应尽量选择提前进行调节，化解矛盾，减少代价。改变否卦头重脚轻的最有效的方法，就是固本。初爻是根基，增益初爻可使整体结构平衡稳固，有所益就要有所损，损益相当，所以要选择损一个爻来增益初爻，从结构上来选择，就是理应选择与初爻相应的九四爻，损有余而补不足，与泰卦时以九三补充上六是一个道理。这也就是我们所说的宏观调控。

否卦小结

否卦阐述了在小人势长、君子势消的否塞社会环境下，处于不同阶段的有德君子应遵循的原则。卦中六爻，初六知时能守而获吉，并以三阴爻同贞为吉。六二有两种选择，一是选择趋炎附势，做"包承"的小人；二是以中正之德守住本位，不被群小所乱，君子之道亨通。六二作为中正君子义当选择第二种。六三苟且于富贵、为邪包羞，为君子所不齿。九四知天时、顺天命，辅助君主扭转否塞局面，没有过咎。九五既戒慎又敢为，有力地终止了否塞局面，因而获吉。上九协助九五完成了"倾否"大业，终有喜庆。所以，在否塞之世，居于底层时要团结守正，远离荣禄，不可贪求富贵、为虎作伥；有职责在身的士大夫应勇于担当，坚守正道，积极聚集力量；当时势有所转变时，要谨慎行动，居安思危；在否势发展到终极的时候，要敢于一举"倾否"，推动局势的发展，促使否极泰来。

以上是对于否卦的总结。

对该卦进行分析化解的方法是：按照物极必反的规律，否塞之世在天道和人事的共同作用下终将否极泰来。但是，等待事物发展到极乱再实现"倾否"，往往要付出很长的时间和惨重的代价，会有无数人的命运在黑暗与悲惨中挣扎。我们学习《周易》就是为了认识规律，并更好地把握规律，顺势而为，在事情还没有糟糕到必须以倾覆来解决的时候，适时进行调整，尽量以最小的代价取得尽可能好的效果，化解矛盾，使局势得到缓和。从否卦的结构来看，上面三个阳爻，下面三个阴爻，阴阳分成了两个阵营，而且头重脚轻，根基不稳，如同社会中权力财富集中控制在了上层的手中，底层百姓的权利和财力匮乏，上下贫富悬殊，使得社会隐患聚集、矛盾重重，违背了"易道贵中和"的原则。化解这个矛盾的根本就是要"固本"，损上而益下，将上层的九四阳爻取出来增益最底层的下卦初爻，使最下面的阴爻变成阳爻，让利于民，藏富于民。民富则本固，本固而邦宁。这样的调整，既解决了民生问题，同时又化解了整个局势遭到颠覆的危险。经过调整，否卦变成了益卦，上下阴阳的结构更为合理和稳定，达到了新的平衡，这样做对整个局势是有益的。

读卦诗词

惜分飞·天地否

寇方墀

秋月阳消阴降露，凋落繁枝碧树。
天地虽朝暮，冷风吹散两厢处。

辟难俭德君子赴，乱世何干利禄？
休否艰辛路，苞桑固本天不负。

同人卦第十三

离下乾上

导　读

　　同人卦的卦象是离下乾上，天在上，火在下，火性炎上而同于天。对于先天八卦图和后天八卦图感兴趣的学友，也可以从这两图的角度来理解，先天卦图是乾位在上，即南方，后天卦图转为离卦，此为同，离火应于天。对应到人来说，这象征着人的内心光明，外在行为刚健，同于天道根本，是同于天道之人。如果从人类社会层面来探讨，天下之人虽然各有差异，但人心的根本来源于天，必有其同源共通之处，正所谓人同此心，心同此理，心同则天下之人皆可同，因此，天下必有同人之道。

　　我们来看《序卦传》：

　　　　物不可以终否，故受之以《同人》。

　　我们的译文是："事物不会永远否塞不通（还是要想办法与人和同才能延续下去），所以在否卦后面是同人卦。"否卦是否塞不通的乱世，大人、君子要"倾否"，必然不能仅凭一己之力，成其大业非同人不可，所以，同人既是"倾否"的条件，也是"倾否"的结果。

否卦之后迎来了同人卦，争执对立得以化解，社会中出现了和衷共济的局面。从卦象看，天在上，火在下，离火往上燃烧与乾天和同，是同人之象。从卦德看，下卦文明，上卦刚健，六二居中守正，怀着文明之德，以一柔应五刚，彼此和同，意义非凡。

我们先来看一下这个"同"字，《说文解字》说："同，合会也。"这是一个会意字，本义是合会、聚集的意思。我们对《序卦传》中"同人"的白话翻译是"与人和同"，是指广泛地与人合作，同心同力，合志同道，而不是简单地等同、混同。

王船山《周易内传》说："同人者，同于人而人乐与之同也。刚者，柔之所依，一阴固愿同于众阳；柔者，刚之所安，众阳亦欲同于一阴。"同人，就是我主动地去与他人交往、合作，而他人也愿意与我合作，大家结为同伴，共同去做事情，有共同的志向和目标，因此同道前行。

在同人卦中，五个阳爻，一个阴爻，阴求阳，阳求阴，这是事物的天然本性。阴爻愿与阳爻和同，阳爻可以带动阴爻；而阳爻愿意与阴爻和同，阴爻可以使阳爻得以收敛、安顿。举个例子，从事中医的朋友，常以阴阳来形容身体的状况，身体中的阳气是动力，可以推动阴气，使气血得以运行；而身体中的阴气，则有收敛、稳固的作用，阳要靠阴来固守而不至于耗散，阴阳彼此调和，以平衡和洽为旨归，结成交往顺畅的合作关系，则为健康的状态。这个规律放在社会人事中同样适用，天下万事万物的道理，莫不如此。

同人卦中的二爻是唯一的阴爻，是众阳爻追求的对象，因此，阳爻都希望与六二成为"同人"。这样，在众阳爻之间就有了某种竞争的关系，这种关系充满了张力，而六二爻也遇到了如何选择的难题，于是整个卦的发展演变过程富有画面感和戏剧性。

同人卦探讨的主题是：追求与人和同的大原则，人与社会的关系问题，以及不同阶层、不同情况的人在追求与人和同的过程中遇到矛盾时该如何处理的问题。这个卦的小标题是"金兰之好"，与九五爻相关。

讲　解

下面我们来看同人卦的卦辞：

[同人]：同人于野，亨。利涉大川，利君子贞。

《彖》曰：同人，柔得位得中而应乎乾，曰同人。同人曰："同人于野，亨。利涉大川"，乾行也。文明以健，中正而应，"君子"正也。唯君子为能通天下之志。

卦辞中的"同人于野"是说与偏远的郊野之人和衷共济，象征着人要突破私人范围的小圈子、小框框，扩大格局，广泛地与人和同。在同人之时，不可以保守、故步自封，要到公共领域充分与人交往，改变否塞不通的状态，这样做才能够亨通，才能"利涉大川"，突破障碍，解决否塞之世遗留下来的各种问题。这时候与否卦之时"不利君子贞"的状态已完全不同，在同人之时，"利君子贞"，利于君子守其正位，行其正道。

《彖传》对于卦辞有很好的解释，"柔得位得中而应乎乾"，是说六二既中且正，与阳刚健行的乾卦相应。"文明以健"是就上下两个卦体来说的，可以看作内卦和外卦：内卦离卦，好比一个人内心光明，有理性的精神，能够洞察时势、通晓事理；而外卦乾卦，象征着外在的行为，阳刚健进，有突破阻力的行动力，这是君子之正。这样的君子，能够会通天下民众的志向，带动和聚合民众，形成同心同力、合志同方的共同体。《礼记·儒行》说："儒有合志同方，营道同术；并立则乐，相下不厌。"孔颖达疏："合志同方者，方犹法也，言儒者与交友合齐志意而同于法则也。"这就是《彖传》所说的："唯君子为能通天下之志。"《杂卦传》说："《同人》，亲也。"亲，就是亲近，与人相亲，彼此信赖，这也是同人应有之义。《礼记·大学》里面说："大学之道，在明明德，在亲民，在止于至善。"朱子解亲民为新民，王阳明则认为仍应解作亲民，只有先亲民，然后才能新民。

同人卦《彖传》可解读为：与远方郊野的人交往和同，与和左右邻近之人一样对待，君子守正无私，怀抱天下大同的理想，光明正大，团结共进，使四海同心，必然会涉险渡难，顺利亨通。做到与人和同并不是简单地等同，而是处世清晰有方略，在尊重个性差异的前提下达成共识，分工合作，各尽其能，和谐共处，以通天下之志。我们用的例解是春秋后期年轻的晋悼公向内修明国政，向外以刚健的作风制强扶弱、同人于野、广泛交往，完成了晋国复霸的大业，其中体现的正是否卦之后、同人之时"文明以健"的精神。

接下来看《大象传》：

《象》曰：天与火，同人。君子以类族辨物。

《大象传》说：天与火互相亲和，这是同人的象征。君子看到这样的卦象，以类聚人，以族属分析辨别事物的同异。

前面我们说到,同人并不是要求别人与自己等同、混同,更不是强制某些部分完全违背其本性而纳入一个刚性的框架中,从《大象传》里能够更清楚地看到这一点。"类族辨物"的意思是,从天与火两个不同的事物中看到了它们本质中相同的部分,因此,有互相亲和、彼此成为同人的基础。运用到社会人事中,君子明白应该以类聚人,辨别不同的类族,并不以一部分优胜的力量去宰制其他部分,而是存异以求同,充分尊重不同族类的文化性情和信仰习俗,并促使不同族类彼此合作,互助互补,这就是"类族"。"辨物",是能够辨别不同地域、不同气候的物产,使其各得所宜,并能够使其流通,以通有无。这就是大同社会。费孝通先生说过四句话:"各美其美,美人之美,美美与共,天下大同。"对于不同的"美"的认识,就是"类族辨物",如果"美美与共",那就是"天下大同"了。

这是从宏观的层面来讲大同。如果放在一个具体社会的里面,可以看到社会分层,有上下等级的分别,每个人也有禀赋资质的不同,这些个性的差异普遍存在,因此,同人不是让人们整齐划一,而是在尊重个性和差异的前提下促进和同的局面,使人各尽其能、各得其所,树立共同的目标,达成基本的共识,在这样的基础上分工合作。当然,联系到我们每个人,在单位、在家庭中也是同样的道理,比如在家庭中,应充分认识到不同性别、不同年代出生的家庭成员会拥有不同的性格与禀赋,不能要求对方跟自己一样,正所谓"同人,亲也",应以亲情为纽带,彼此尊重,求大同,存小异,优势互补,从而形成和谐有序的家庭之大同。

接下来,我们看同人卦的六个爻:

初九，同人于门，无咎。
《象》曰：出门同人，又谁咎也。

初九，刚出门口就遇到和同的人，必然没有咎害。《小象传》说：刚出门口就遇到和同的人，又有谁会强加咎害于他呢？

同人卦中的六个爻的总体形势都是在追求与人和同。有学友问为什么？这是因为，同人卦就是在讲如何与人和同的问题，就像我们前面学到的讼卦就是讲争讼，师卦就是讲战争。卦时就是指整体的时势、情境，是卦中要探讨的主题。在追求同人的大形势下，初九刚爻居于阳位，秉承刚健乾行的精神走出家门，叫作"出门同人"，"出门"就代表着踏入社会，进入公共交往领域。那些闯江湖的人有句口头禅："在家靠父母，出门靠朋友。"离开家门就没有了父母的爱护，要靠自己去广交天下好友，共成一番事业，这时绝不能自我封闭，更不能偏私狭隘，而应敞开胸怀，扩大格局，广泛接触各方面的人，选择结交志同道合的君子，并与之成为同人，和衷共济，共同奋斗。令人欣喜的是初九一出门就遇到了六二，对于初九来说，这是良好的开端，与人和同相助，会免去许多咎害之事。《小象传》说："刚出门口就遇到和同的人，又有谁会强加咎害于他呢？""又谁咎也"，是说初九的行为和态度是对的，没有做错，由于他光明坦荡，不偏私狭隘，也就不会有人强加咎害于他。

接下来，看六二：

六二，同人于宗，吝。
《象》曰："同人于宗"，吝道也。

六二，只与宗族内部的人和同，会有所遗憾。《小象传》说："只与宗族内部的人和同"，这是导致遗憾的原因啊。

六二是同人卦里唯一的阴爻，阴爻的性质是阴柔，而六二是下卦离卦的中心，离卦的卦德是"丽"，中心是虚的，就如同火苗是中虚的一样，火的性质是善于依附于物，因此离卦的卦德是附丽，六二为离卦中爻，在同人之时，需要有所附丽而形成同人的关系。由于六二既中且正，因此，它选择所附丽的对象时，也是要选择得其正应的爻，那就是九五。六二与九五是刚柔中正相应，是正应，从六二这个居于下卦而本质阴柔的爻的立场来说，这个选择是完全可以理解的，六二的选择符合爻位的规律，也就是符合社会道德法规的规则，但在同人卦的卦时之下，就显得有些小气，因为，六二是定向同人，而不是广泛地与人和同。如果从私人的角度看，他为自己找到好的伙伴，支持同宗的人，合情但不合理，因为六二居于二爻的位置，是有一定地位、有社会责任的人，从其社会责任来说，他就应该一视同仁，大公无私、普遍交往，尽他应尽的社会职责。因此，六二爻辞说他"同人于宗，吝"。这要充分考虑到卦时的要求来分析。同样是六二爻，在屯卦的时候，六二坚贞不屈地等待九五，等了十年，爻辞没有说他"吝"；比卦六二，在亲比之时，与九五比之自内，爻辞说他"贞吉"，《小象传》说他"不自失也"，是赞扬的。那都是因为卦时不同，对居于同性质、同爻位的爻的要求就会不同。所以，读《周易》一定要重视"时"，立身处世也一定要重视"时"。同样的一种行为，在不同的时局、时势之下，就会有不同的结果，明白这个道理，就能够从《周易》中学到易的思维，根据时的变化，及时调整自己的观念和行为，与时偕行。

来看九三爻：

九三，伏戎于莽，升其高陵，三岁不兴。
《象》曰："伏戎于莽"，敌刚也。"三岁不兴"，安行也？

九三，埋伏军队和武器在草莽之中（而不敢声张），登到高陵之上察看动静，准备了三年也没敢行动。《小象传》说："埋伏军队和武器在草莽之中（而不敢声张）"，因为敌人是强大的。"准备了三年也没敢行动"，安可贸然行进呢？

前面我们也说到了，同人卦里只有一个六二，在追求和同的卦时之下，阴求阳，阳求阴，追求自己所和同的对象，六二就成了众阳爻追求的对象。在社会人事中，我们可以把六二看作社会上所共同追求且资源有限的东西，比如权力、金钱、物资、美色、荣誉等，这些东西本身无所谓善恶，只是追求者态度、行为、手段的不同，才有善有恶，比如有些人为了追求金钱而犯法，锒铛入狱后却唱"钱哪，你这杀人不见血的刀"。其实，这怪得到钱吗？只怪人自身欲壑难填、铤而走险罢了。

总之，六二在同人卦中，是众阳爻追求的对象。九三以阳居刚，在下卦顶端，偏刚不中，刚健有余，柔顺不足，他本可与六二和同，近水楼台嘛，但是六二已经"同人于宗"，只私志于九五，不肯与九三和同。由此，也可以看出六二的选择其实很理性，这样使自身先有了主，就相当于结成了联盟，而且是符合规则的，九五又是最强有力的，六二相当于给自己上了保险。然而，九三因此愤愤不平，意欲用武力击败九五，夺取六二。于是九三伏兵于林莽之中，还不断登上高处勘察情况，准备伺机而动。然而，九三估量己方的力量尚不足以与九五相抗衡，于是准备了三年之久，还是没敢出手。"准备了三年也没敢行动"，是因为自身力量打不过敌人，又怎么敢贸然行动呢？

九三，以刚躁开始，以偃旗息鼓结束。其实，九三的失败也不仅仅是实力不足的问题。"同人，亲也"，想要同人，本来应该以相亲的方式获得，九三却一味地崇尚武力，把力量和注意力用在对九五的仇视和暴力抵抗上，当然得不到六二的芳心，最终九三偃旗息鼓，使得六二更坚定地心属九五。

接着来看九四。

九四居于上卦的初爻，与六二没有相应的关系，也没有九三近水楼台的客观条件，但在同人卦时之下，对于与六二和同的向往仍然是存在的。我们来看看九四的运气怎么样：

> 九四，乘其墉，弗克攻，吉。
> 《象》曰："乘其墉"，义"弗克"也。其吉，则困而反则也。

九四，登上高高的城墙想伺机进攻，没能发动进攻，吉。《小象传》说："登上高高的城墙"，"没能发动进攻"是符合情理的。之所以说他"吉"，是因为他在困窘之中能够回过头来遵循正常的原则。

九四有阳刚之质，却没有中正之德。他与六二既没有比的基础也没有应的关系，但在全卦仅有一阴爻的情况下，九四也意欲夺取六二，因而将九五视为敌人。这说明九四和九三一样，以追求六二为目的而与九五为敌。九四与九三的不同之处在于，他没有像九三那样刚躁，带兵伺机行动，而是先登上高处，观察形势。九四居于柔位，说明他的行为比较柔和，当他登上高处观察形势后，判断出自己如果进攻，就会陷入困境，并且自知这样做既无理且不义。他与六二既无比也无应，六二本就不应该是他的，在客观形势上他又很难攻克九五，于是自行放下武器没有进攻。这种在困窘中能够"惩忿窒欲"回归于常理的做法，使九四终而得吉。

这个爻告诉我们，不属于自己的东西，不要违背道义而妄想强求去夺取，不能为了自己的目的而与正义为敌，应安于其位，为别人的合志同道、同舟共济送上祝福，则彼此吉祥、天下太平。

下面我们来看九五：

九五，同人，先号咷而后笑。大师克相遇。

《象》曰："同人"之先，以中直也。"大师相遇"，言相克也。

九五，与人和同，先号啕大哭后破涕为笑。大军出师告捷终于与志同者相遇会师。《小象传》说："与人和同"之所以"先号啕大哭"，是因为九五中正耿直。"大军与志同者会合"，说明九五出师告捷。

九五与六二同心相应，是最有资格和最有理由与六二和同之人，在追求六二的过程中，却被九三、九四从中阻隔，他们甚至欲用武力对抗九五以夺取六二。九五本以为自己义直理胜，却被重重陷害，与六二和同的道路充满了危险与阻碍。因此九五悲愤不已，痛哭号啕，不得已发动战争，显示了自己的力量，击退敌对势力，稳定了局势，而六二自始至终忠贞不贰，不曾动摇，相遇会合后彼此同心同德、和衷共济，九五终于破涕为笑。这真是一个非常具有戏剧性和画面感的场面，经历了坎坷和奋斗，最终来之不易的友谊与真心的相聚，更让人倍加珍惜。《系辞上传》在论述此爻时说："二人同心，其利断金。同心之言，其臭如兰。"生动地描述了终于获得合志同心的朋友时所感受到的力量与快乐。由此句衍生的成语"金兰之好"，更是寄托了人们对于同人的向往与祝福。

最后来看上九爻：

上九，同人于郊，无悔。
《象》曰："同人于郊"，志未得也。

上九，与郊外的人和同，没有悔恨。《小象传》说："与郊外的人和同"，是因为其"同人于野"与天下人和同的理想还没有实现。

上九处在同人卦的终极，处于郊野之外，离六二遥远，虽按其阳刚的本性，对六二也有追求的愿望，但既然远离是非之地，也就释然了，对此，上九并不感到有什么悔恨。上九爻更像一位远离名利权位、世俗红尘的贤达人士，心所同者，与道同，向内求，则无所争。

在同人卦中，"同人于野"四个字，恢宏豁达，是大公至诚的气象，有这样气象的人物，必能聚集一世英才，彼此肝胆相照，心心相印，成就一番同心断金的事业。

同人的过程虽然危机四伏，但同人卦所倡导的是文明而刚健的气象。

答 疑

1. 问：同人卦中，是怎么看出六二爻溺于私情，只与九五相应而排斥其他四阳的呢？各爻的比附关系是怎么推演出来的？

答：刚才的讲读中已经涉及这个问题，六二选择九五是符合爻位体例规则的，但在同人的卦时下，六二作为有社会地位和职责的人，应面向社会一视同仁，所以说他同人于宗是吝道。各爻的比附关系，需要学友认真读一下导读部分爻位之间的关系等内容。

2. 问：下卦为离卦，为什么卦德是文明？"以一柔应五刚，彼此和同"，为什么能彼此和同了？

答：这个问题在导读部分已经解释。

3. 问：同人卦的六二爻，爻辞说"同人于宗"。解释中也是对六二这种只与九五呼应，而不能大公无私的做法表示批判。对此我的疑问是，为什么一定要六二一阴应五阳？

答：这是阴求阳、阳求阴的本性所决定的。

4. 问：在后面讲到九五时，说他克服困难，与六二和衷共济，对六二的评说是"忠贞不贰"。为何一卦中，对六二的评价却不一样呢？

答：站的立场角度不一样，评价就会不一样。

5. 问：元、亨、利、贞、吉、凶、悔、吝，每个字的含义及它们在不同卦不同爻中，同一个字是同一个意思吗，是否能再做一下说明？

答：由于篇幅限制，就不在这里一一展开说明了，而且历代对这些字有很多解释，我的观点在《全本周易导读本》的各卦解读中已经写出来了，可以对应查阅一下。

对于"吉""凶""悔""吝"四个字的含义，大家可参考《系辞上传》："彖者，言乎象者也。爻者，言乎变者也。吉凶者，言乎其失得也。悔吝者，言乎其小疵也。无咎者，善补过也。"

也就是说，彖辞，是解释卦象的。爻辞，是阐明卦中各爻变化的。吉凶，是表明失或得的。悔吝，是说明行为有些小瑕疵的。无咎，是指善于补救过失的。

同人卦小结

同人卦由否卦发展而来，体现了社会形态由隔绝到和同、由分裂到团结的演进过程。本卦主要阐述人与社会的关系问题，通过对"同人于门""同人于宗""同人于郊""同人于野"的分析，表达了对保守门户之见和社会封闭性的批判。同时，表达了对破除闭塞思想，进行广泛沟通，建立理想大同社会思想的赞赏。初九"同人于门"，六二"同人于宗"，是同；而九三"伏戎于莽"，九四"乘其墉"，是异；九五"先号咷，而后笑"，上九"同人于郊"，又转而为同。可见社会关系中同中有异，异中有同，纷繁复杂，互为转化，彼此渗透。正确的处理方式不应是保守不前或战争夺取，而应开阔胸襟，求同存异，寻找团结合作的契合点，共同创建和衷共济、合作共赢的大同盛世。

读卦诗词

永遇乐·天火同人

寇方墀

明媚天光，火熔金日，和乐风貌。
刚健文明，同人于野，宜修金兰好。
出门无咎，同宗吝道，何不敞开怀抱！
莽苍苍，伏戎三岁，欲夺不得堪恼。

乘墉远眺，困而弗克，默默抽身贵早。
大师号咷，相见恨晚，含泪相拥笑。
古今不异，同心断金，幸有合志同道。
共携手，风光尽览，江湖笑傲。

大有卦第十四

乾下离上

导　读

"大有"继"同人"而来。《序卦传》说：

> 与人同者，物必归焉，故受之以《大有》。

与人和同，外物就会纷纷前来归附。"物"指各方面的资源。由于上下同心，时局稳定，人力、物力、财力都从四面聚集归附而来，因此"大有所获"，有"盛大丰有"之象。我们给这个卦起的小标题就叫作"盛大丰有"。

有"同人"，然后有"大有"，而大有卦之后是谦卦，这样的卦序安排是在提醒"大有"之世容易出现的问题："盛大丰有"易使人产生骄侈之心，应当时刻自省，以谦德处世。

就大有卦的卦象而言，下乾上离，乾为天，离为火，火在天上。离在天为日，如同太阳高挂于天空，光明照耀四方，万物得以成长丰盛，一派光明富有的景象，是"大有"之象。

就卦德而言，大有卦上下两体：下卦乾卦，卦德刚健；上卦离卦，卦德文明。运用于社会人事，则表现为内怀刚健之德，外施文明之行，其结果必然会"大有"。同时，这也说明在大有之时，应以"内刚健，外文明"立身行事。

就爻象而言，大有卦由五阳爻和一阴爻组成，六五居上卦离体之中，有文明之德，且以柔体居于尊位，柔中而文明，刚柔并济，是一卦之主，得到五阳爻的拥护和支持，可谓顺天应人，万众归心，是大有之象。

讲　解

观象之后，玩辞。大有卦卦辞非常简练，只有两个字："元亨。"各注家的解释基本上都是"大为亨通"或"至为亨通"。

大有卦直言"元亨"，没有其他后缀条件，可见大有之世是可以充分发挥才干、大有作为的时代。

看过卦辞之后看《彖传》：

《彖》曰：大有，柔得尊位大中，而上下应之，曰大有。其德刚健而文明，应乎天而时行，是以元亨。

这里重要的是"柔得尊位大中，而上下应之"一句，特指六五。"大有"之意是指"所有者大"，凡有大者，本身必不自以为大，如果本身自高自大，就很难真正大有。六五以一阴爻居于尊位，五阳相应，却能以柔中居之，不自以为大，是一位明君，因此实得"大有"之义，是以元亨。

程颐在解释大有卦《彖传》时特别突出了"元"应释为"善"义，就是说即便是大有之世，亦必为善而能亨。其实，离卦卦德文明，已含"善"的意思，否则，就不是离卦的卦象了。

不过，伊川先生的担心也不是没有理由。盛大丰有之时，物阜民丰，物质极大丰富，各阶层能否树立正确的财富观，既要有所作为，又能洁身自处，杜绝腐化堕落，人们确实应该有所警醒。后面的爻辞中会论及这个现实问题。

观卦玩辞之后，已知卦义。接下来看《大象传》：

《象》曰：火在天上，大有。君子以遏恶扬善，顺天休命。

《大象传》说：火在天的上面燃烧（阳光普照），是盛大丰有之象。君子看到这样的卦象，于是在所获众多时要遏绝众恶、弘扬善行，顺应上天的意旨，美善万物的性命。

君子看到大有卦所展现的景象是光天化日、朗朗乾坤，照见万物众多，善恶殊类，是盛大丰有之象，光明美善得以彰显，阴暗丑恶被光明所驱逐。由此卦象，君子明白在大有之世，修身、为政之道就在于：惩恶扬善，顺应天意，休美万物的性命，要有所作为。

之前我们讲过，卦为时，爻为用。分析卦时、卦义，把握整体大局，而真正落实到具体的用，还是要看卦中每一爻性质、时位、变化以及各方面关系等综合情况，《易》之"变化周流""微权妙用"当于每一爻中分析体会。这在后面分析各爻时还会有所体现。

我们的《全本周易精读本》对于读卦、解卦步骤的解释，所举的例子就是大有卦，大家有兴趣可查阅参考（第117页）。

下面我们来看六个爻：

初九，无交害，匪咎，艰则无咎。

《象》曰：大有初九，"无交害"也。

初九，不与利害交往就不会受到危害，富有并没有过错，在富有的情况下仍能坚持艰难自守，就可以真正免除咎害。《小象传》说：大有卦的初九爻，没有因交往而带来危害。

我们要看到，大有卦的卦时是盛大而富有，相当于一个物质极大丰富的盛世，人们在盛大丰有的情况下仍当有所追求。在我们之前所学的十几个卦中，下卦为乾卦的有四个卦，乾卦、需卦、小畜卦、泰卦，就卦体而言，下卦乾卦中的三个阳爻具有阳刚进取的本性，而其进取的行为，要受到上卦的影响和限制。《周易》第一卦乾卦是纯阳之卦，因此，所有阳爻都在自强不息地向前奋斗，我们称为"龙的奋斗史"，最后要有个"用九"来提醒"群龙无首"，才会吉祥；需卦的上卦是坎，所以，下卦的三个阳爻每前进一步都面临危险，需要等待时机；小畜卦上卦是巽，因此，下卦的三个阳爻都要受到蓄止，要求他们尽量守静、深蓄厚养，以休养生息、积蓄力量；泰卦上卦是坤顺，所以下卦的三个阳爻高歌猛进，在泰和盛世绚烂了一把，成就了一番事业。接着下卦是乾卦的就是大有卦了，大有卦上卦是离卦，离代表着光明，也代表着明察，明察是说看得非常清楚，眼里不揉沙子，所以《大象传》里说"君子以遏恶扬善"。整个大有卦的卦时是盛大丰有，那么居于下卦的阳刚君子的行为，既要在盛大丰有的情况下阳刚进取、有所作为，又要明白上卦明察秋毫的特性。每个爻都要树立正确的财富观和价值观，对自己的行为有所节制，在进取的过程中，警惕自身对物质财富的贪恋，防止自己沉溺于物质享乐而耽于骄奢。

对卦时进行分析之后，我们再来看初九就容易明白了：初九是阳爻，处于大有的开始，自身尚处于底层，或者也可看作创业的开始阶段。他笃实处下，与卦中所有的爻无应无比，这象征着他还没有涉及利害，没有与利害交往的危害，也就是说客观方面他没有犯错误的条件；同时还要强调一下主观方面，爻辞称为"艰则无咎"，在物质上要朴素，在精神上要没有骄傲盈满的习气，这样做没有咎害。初九处于富有的大有之时，本不是真正的艰难，不像困卦、坎卦那样艰难。在大有之世，没有战乱、饥荒和压迫，即便处于底层、初位，也不会太过贫困，因此，爻辞要倡导的是一种精神，在大有之世，初九不可有安逸怠慢之心，如能时时提醒自己"艰则无咎"，就能避免过错了。

下面来看九二爻：

九二，大车以载，有攸往，无咎。
《象》曰："大车以载"，积中不败也。

九二，用大车装载重物，有所前往，没有咎害。《小象传》说："用大车装载重物"，厚积于居中不偏的位置上才不致堕毁失败。

大有卦讨论的是如何在盛大丰有的时代里大有作为、共成大业的问题。九二阳刚而履中，与六五之君相应，是六五所倚重的大臣。九二刚爻处乾体之中，承担着"大有"之世向前奋进的重大责任，其处境与初九"无交害"是不一样的。

二为大臣之位，在"大有"之时，居此位者，须奋发有为、精进向前，担此重任者，既要有才干又需有厚德，因为大有之世，厚积而成的财富和权力将由他来承载和使用。只有持守中道、不偏私妄行的人能担纲，才不会因为承载太重而致大车倾覆。

"大车"是古代用牛牵引承载重物的交通工具。九二如同能够承载重物前行不辍的大车，举足轻重，是六五倚重的大臣。九二居乾体，是阳刚有为之臣，六五居离体，是阴柔明达之君，这样的配合，既是阴阳相应的良好搭配，又暗含着臣强君弱的不稳定因素，使九二有"得咎"的可能。

九二"大车以载"，"积中不败"，六五"厥孚交如，威如"。九二质刚而守中，六五质柔而有信、有威，共同撑起了"大有"的局面。九二因此"无咎"。

其实我们仔细体会，会发现每当卦中有九二爻的时候，往往要以一爻而身兼乾坤两德，既要自强不息，又要厚德载物，九是其阳刚的本质，二是其柔顺而能够承载外物的德行。

大有卦九二正是这样一位可委以重任的人物，阳刚而守中，既有能力又有厚德，厚积沉重的财富权力由他来承担运载和使用，只有持守中道不偏私妄行才能避免大车上的物资倾覆溃散。九二就如同能够承载重物前行不辍的大车，身负重任而不会有过错和咎害。

下面来看九三爻：

九三，公用亨于天子，小人弗克。
《象》曰："公用亨于天子"，小人害也。

九三，公侯以丰厚之礼朝献于天子，小人做不到这一点。《小象传》说："公侯以丰厚之礼朝献于天子"，如果是无德的小人拥有这些就会为非作恶。

先看卦象爻位，九三居于下卦乾体的上位，阳刚得正，但不居中。大家应该对之前学过的每一卦的第三爻印象深刻，他们往往处境艰难，很少获吉。多数九三的身上带着来自乾卦九三的基因和特色："君子终日乾乾，夕惕若，厉无咎。"九三要不断地努力工作并且谨慎戒惧，保持"累并警醒着"的状态，才能坐得住这个位置，进而以求平稳渡过这个阶段。

但有时也会有例外，比如大有卦后面的谦卦会有一位得吉的九三，"劳谦，君子有终，吉"，第二十二卦贲卦九三"贲如濡如，永贞吉"等。然而获吉需要条件，劳而能谦，贲而永贞，或可免祸得吉，即便如此，能得吉兆的三爻可谓罕见稀有。

原因就在于，三爻处于上下卦的边界，居于下卦之极，却尚未进入上卦，在上下未定之际，变数很大。且三爻无论质阴还是质阳，均不能得中，也是难以获吉的主要原因。

我们回过来看大有卦的九三爻。处于盛大丰有之世，上有明君虚中任贤，自身又有阳刚进取之才，位置比初九、九二向上更进了一步，雄踞于三公之位，正是有权有势、盛大丰有的时候，那"大有"九三当如何立身行事呢？

九三当位得正，处下体乾卦之上，是大有时期的公侯，握有权势和丰富的资源。如果是执守正道的公侯，就不会居功自傲，贪天功以为己有，而是以丰厚之礼朝献于天子，将一切财富、荣誉归功于六五明达之君的信任，归功于所有同道志士的共同努力，追求天下为公的政治理想。至于无德的小人则难以做到这一点，非但不能进献于天子，为天下民众服务，还可能会利令智昏、徇私专权、为害作恶，危及大有之世的大好局面。财富和权力本来是盛大丰有之世用来成就天下大业的资源，小人却擅权据财而为害社会，反成祸端。这就是对九三立身行事的劝诫。

大有卦九三爻，曾经被春秋时期的晋文公占筮出来，晋文公因此而做出了重大决定。这次卜筮发生在鲁僖公二十五年，被记载在《春秋左传》中，有兴趣的学友可以去查阅相关资料。

来看九四爻：

九四，匪其彭（bāng），无咎。
《象》曰："匪其彭，无咎"，明辩晢（zhé）也。

九四，虽盛大富有但知道这些不是自己的，明白这个道理就没有咎害了。《小象传》说："虽盛大富有但知道这些不是自己的，没有咎害"，说明九四能够明辨事理、权衡利害。

先看卦象爻位，九四的位置比前三个阳爻向上更进了一步，而且是关键的一步。

一卦六爻，如果按上下两体来分，三爻和四爻之间是上下卦的分界，三爻居下卦之极，在大有之时，是地方大员，属于外臣，而四爻跨过界线，进入了上卦，位列上层，属于近臣。

相对于三爻来说，四爻无论是阴质还是阳质，都比三爻平稳得多。如果是阳爻居四，阳居阴位，那就是质刚而用柔，有才干而做事柔和，不容易犯错；如果是阴爻居四，阴居阴位，那就是既柔顺而又守正，往往能协调上下，处事顺和。

如此说来，大有卦九四爻的处境似乎很不错，但《周易》告诉我们，越是看似安稳的时候，越要提高警惕。四爻很容易犯的错误就是自以为安稳而忘乎所以，最终导致祸患。

九四处大有之时，居近君之位，大有丰盛已经过中，过盛就会带来灾祸。如果九四自处有道,不以大有自居,能够明智清晰地辨别利害关系,抑制和减损自身的财货权势,减少周围的猜忌和嫉妒,尚可无咎;如果一味地骄纵,自我膨胀,最终将导致灭亡。

九四进入离卦,说明他具有昭明之德,是个明白人。他清楚地知道自己虽身处高位,财富权势一时集聚于此,但世上的财势如同流动的水,只不过是经过自己,让自己以此来尽职责而已,一切来源于天下,理当用于天下,切不可认为是自己的而以"大有"自居。有了这样的自省意识,行为处事就会谦损戒惧,明智尽责,如此可保无咎。

我们来看六五爻:

六五,厥孚交如,威如;吉。

《象》曰:"厥孚交如",信以发志也。"威如"之吉,易而无备也。

六五,以诚信与上下交接,又有君主的威严;吉祥。《小象传》说:"以诚信与上下交接",用信任的力量激发众人的志向。"威严"而能得到吉祥,是因为六五平易近人,从不对下属猜疑戒备。

大有卦一阴五阳,六五居于君位,其地位之尊贵与重要自不待言。

六十四卦中只有一个阴爻的卦有六个,按阴爻所居位置自下而上分别是:姤、同人、履、小畜、大有、夬。除姤和夬外,我们读过了同人、履、小畜,还有今天正在读的大有。

纵观一阴五阳之卦,唯有以一阴居于五位的大有卦六五爻最为吉祥:"厥孚交如,威如;吉。"为什么唯独大有六五有如此幸运?

我们来分析一下卦象：首先，六五得其时。大有之世，光明富有，有盛大丰富的资源可供使用，具备做大事、成大业的条件。其次，六五得其位。居于君位，可以充分发挥才智，施展抱负。再次，六五有其德。居于上体离卦之中，有光明的德行，既有明察之智，又有柔中处事的能力，居于阳位则能以刚济柔，因其明察，又具备了威严之势。凡火在上体之卦有八例，多有威严明断之象。最后，六五得其人。上下五阳爻，众星捧月，六五稳坐君位，有一个刚健进取、能力很强的团队。

六五真是盛大丰有啊！当然，"大有"之所以成为"大有"，也是因六五而成。六五既是成卦之主，也是主卦之主。

六五是大有卦的主爻，"柔得尊位大中，而上下应之"，六五爻能够以虚中怀柔之德使众阳悦服，能够坦荡真诚地与各阳爻相呼应，上下关系彼此信赖，众人都愿意听从跟随于他。作为一个主持大局的核心人物，六五居于阳位，以威严临天下，以诚信聚天下，将众阳爻凝聚在周围，构建了一个和谐共进的群体，开创了政通人和的局面，彼此心无戒备，局面盛大丰有，均获吉祥。

对于六五柔而能刚，中道处世，以信、威治天下，因而获吉，大家均无异议，只是在"易而无备"这一点上说法有所不同，大致分为三类：1. 六五诚信待下，对下属不必戒备。2. 六五威严待下，使下属常有戒备。3. 六五平易近人，下属对他不戒备。给大家留个思考题：六五对于部下，是该有备，还是无备？

上九，自天祐之，吉无不利。

《象》曰：大有上吉，"自天祐"也。

上九，自上天降下佑助，吉祥而无所不利。《小象传》说：大有上九吉祥，是因为"自上天降下佑助"。

上九爻处上卦离体之上，德行光明，卦中其他爻都是履刚，唯上九履柔，而所履之柔又是虚中而信的六五，上九与六五成阴阳正比，顺达无碍，可谓履信思顺。同时，上九以阳刚之德居于整个大有卦最上爻。一般来说卦之初爻、上爻皆居"无位"之地，不受俗世的名利所累，初爻是尚未进入位序，上爻是超脱于位序之外。在大有之世，上九超然安处于"无位"之地，修"天爵"，不慕"人爵"，不以物累其心，志向高洁，崇尚贤德。这种光明自新、富有自足的德行会得到来自上天的福佑，吉祥而无所不利。

《系辞传》中有两处引用了这句爻辞：

> 《易》曰："自天祐之，吉无不利。"子曰："祐者，助也。天之所助者，顺也。人之所助者，信也。履信思乎顺，又以尚贤也，是以自天祐之，吉无不利也。"（《系辞上传》第十二章，按朱熹《周易本义》的分章次第）

《周易》说："自上天降下佑助，吉祥而无所不利。"孔子解释说："佑，就是帮助的意思。上天所佑助的人，是顺天道的人。众人所帮助的人，是诚实守信的人。能够践行诚信，做事又顺应天道，还能够崇尚贤能，所以能够得到上天的佑助，吉祥而无所不利。"

> 君子所居而安者，《易》之序也。所乐而玩者，爻之辞也。是故君子居则观其象而玩其辞，动则观其变而玩其占，是

以"自天祐之,吉无不利"。(《系辞上传》第二章)

意思是说:君子居处安泰守位,是符合《周易》所确定的位分。君子所喜好并探索玩味的,是卦爻所系的文辞。因此,君子安居闲适时就观看《周易》的卦象并探索玩味卦爻辞,行动实践时就观察卦爻辞的变化而玩味其占筮预测的趋势,这样就能获得"来自上天的保佑,吉祥而无所不利"了。

每卦的最上爻,已到达卦的极点,到了要变的时候,所以上爻吉者不多,大家在读乾卦的时候,上九爻辞是"亢龙有悔",但大有卦整体光明刚健,盛大丰有,即便是到了上九爻位,仍能获吉。除了上述履信、思顺、尚贤之德外,还因为大有的后一卦是谦卦,说明大有上九居于大有之极仍能谦顺安处,不追求物质的浮华盈满,而崇尚光明自足的德行,因此得到上天的福佑。

答 疑

有学友对九四爻的几个字提出问题,下面我们简略分析一下九四爻中的关键字词:

1. 匪:读 fěi。"匪""非""微"三字为同源字,都可用作否定副词。

2. 彭:此处读 bāng,盛多貌。

甲骨文的"彭"字写作 ![彭]。"彭"是会意字,本义为鼓声,后用来表达壮盛的样子。"匪其彭",直译就是"不是自己的盛大丰有"。

结合语境并且为了更符合现代人的阅读习惯,我们将"匪其彭，无咎"解释为："虽盛大富有但不自我膨胀，明白这个道理就没有咎害了。"

其中有一个权力观、财富观的问题，九四可谓位极人臣，居高位，掌握权势和财富，如果他认为这些都是自己的，就会变得奢侈、擅权，最终走向膨胀毁灭。

除了王弼释"彭"作"旁"外，很多易学大家都释作"盛多貌"。王弼的意思是九四要小心旁边的九三，因为九三是分权之臣。应远离九三而接近六五。程颐认为："四近君之高位，苟处太盛，则致凶咎。"这样的解释更符合卦时，在大有之世，如何正确处理个人与财富权力的关系，是主要矛盾，应将着重点用在自身的修为上。"匪其彭"有自我谦损的意思。

3. 辩：通"辨"，明辨事理。

4. 晢：读 zhé，《说文》："晢，昭明也。"这里指明智。

大有卦小结

大有卦盛大丰有的社会局面由同人卦团结合作而来，此卦一阴爻居于尊位，五个阳爻都归其所有，整个卦象是刚健文明、元通大亨的大有之象。在大有的环境中，不同的阶层自有其处世的原则：处在大有之初，应明白大有的局面形成之艰难，时刻警醒，不以利交而害己，可以无咎；九二有大车之材，当在大有之世担纲重任，进取前行，有所建树；九三是中层富有阶层，要讲奉献，公而无私，不贪不吝，不可做贪鄙小人；九四处近君之位，要明辨事理，抑损财货，自谦低调，就不会有过错；六五信威并举，刚柔并济，所以能够保有天下而获吉；上九虽处大有的极点，但懂得履信思顺，文明循理，获得了"自天祐之，吉无不利"的大吉之兆。在本卦各爻中蕴含着互为转化的辩证关系，外在的客观环境不能完全主宰事物的发展方向和人的命运，事物的发展转化与人的主观能动性息息相关。如何分析局势，顺时而动，正是学《易》的意义所在。

现摘录杨诚斋对上九爻和大有卦精彩的总结文字如下：

  上九以刚阳之德，居一卦之外，而能安然退处于无位之地，澹然不撄于势利之场，此伊尹告归，子房弃事之徒与。保其名节而终其福禄，"自天佑之"，吉孰大焉！嗟乎，八卦乾为尊，六十四卦泰为盛。然乾之上九悔于亢，泰之上六吝于乱，盛治备福，孰若大有者，六爻亨，一吉二无咎三明，主在上，群贤毕集，无一败治之小人，无一害治之匪。德生斯时，虽如初九无交而难进，缊袍华于佩玉，饮水甘于列鼎，而况九二之大臣，九三之诸侯，九四之迩臣，上九功成身退之耆旧乎！呜呼，盛哉！

可见，杨诚斋是在感叹：六十四卦，于斯为盛！

读卦诗词

望海潮·火天大有

寇方墀

乾坤开辟，屯难雷雨，文明初绽新芽。
需养苦辛，纷争难断，汹汹战火兵家。

烽燧落栖鸦，并肩起新邑，天木开花。
履礼而行，泰和盛世，畅天涯。

奈何好景如霞。看于隍城覆，柱自嗟呀。
否泰往来，更迭治乱，千年风卷云沙。
天下共一家，美政成大有，几世堪夸？
祈祝吉无不利，愿天祐中华！

谦卦第十五

艮下坤上

导 读

上一卦是大有卦，盛大丰有，如果我们习惯了用《周易》的思维来思考问题，从盛大丰有就很自然地会意识到防止盈满。越是盛大丰有之时就越要有所警惕，因为富有了就可能会骄傲自满、疏忽大意，而盈满会导致倾覆败亡，要防止败亡就必须时刻警醒，心存敬畏，处事待人谦逊知礼，减损骄气，以此来防止祸患。

《序卦传》说：

有大者不可以盈，故受之以《谦》。

富有盛大者切不可以有盈满骄傲之心，所以在大有卦之后是谦卦。

从卦象来看，谦卦的上卦是坤，坤为地；下卦是艮，艮为山。高大的山峰俯身于土地之下，不显露自己，体现了山的谦逊。在大有之后，继以谦卦，可见《易》之深意。

从卦德来看，谦卦下卦艮卦为山，安静笃实，上卦坤卦柔顺厚重，内笃实而外柔顺，是一位谦谦君子。

从爻象来看，卦中九三是唯一的阳爻，是成卦之主。清代易学家李士鉁说："卦象一阳居三，不为物始，不居人上，并不居二五之正位，而得人道之正，亦谦之意。以一阳为众阴主，而藏于下卦，虽高而不显。"将九三描述为有德而不居位的君子，体现的是一种既阳刚居正又仍能谦卑自守的德行。居于三爻而得到这样的赞誉，在六十四卦里非常少见。

谦卦六爻皆吉，说明君子恪守谦德的重要性。

讲 解

我们来看谦卦的卦辞：

> 谦：亨，君子有终。

我们的译文是，谦：亨通，君子能将谦德一以贯之地保持至终。

对于"谦"这个字的解释，《说文解字》解释为："谦，敬也。"侧重于内心上的恭顺谨慎。王船山解释"谦"字，认为古时与"慊"通用，是"不足"之谓。这是说内心时时认为自己的德行有所不足，因而谦恭自守。窃以为，"谦"也可以有"欠"的意思，有所欠缺，自知不足，所以不盈满而谦卑。

那么，在什么情况下，人会有发自本心的恭顺谨慎呢？

一般来说，当人意识到自身的有限性，意识到在某些重要的方面还有不足的时候，就不敢造次，会有所戒惕，常常自省，处事为人就会恭敬谦逊；而一旦顺风顺水，盛大丰有，就很容易忘乎所以。德行中等的人往往会这样。

比这些中等德行更低些的下愚之人，即便有诸多的欠缺和不足，自身却意识不到，反而趾高气扬，恣意妄为，不知收敛，这属于庸人。如果因其无所忌惮而伤害到别人和社会，那就属于恶人、小人的行列了。当然，他们自身最终也将会为这种放肆付出代价。

另有一些比中等人德行高的人，是令人敬佩的君子，无论外在是富有还是贫困，都不忘修身养德。人在顺境和富有时容易自满，就更需要谦德。君子能够始终持守谦德，是因为君子明白，道是无穷的，自身的德能有限，永远有不足之处，永远有自身不能知、不能行的事情。因此，意识到德行的追求是无止境的，自身永处在不足的状态，才能够日新其德，不断上进。不但要精进学习，还要努力践行，且内心在任何时候都不应该感到自满，将进德修身当作终身的功课。比如，孔子终身都是谦卦，他说"我非生而知之者""若圣与仁，则吾岂敢""学而不厌，诲人不倦，何有于我哉"等等，谦卑好学，终生不知疲倦。比如，希腊哲人苏格拉底最有名的一句话就是："我比别人知道得多的，不过是我知道自己的无知。"圣贤哲人是发自内心的谦卑，他们是真正通悟大道的人。

谦，可以达致亨通。君子能够一以贯之地保持至终，终其一生，持守谦德。

《庄子·秋水》里的河伯以为"天下之美为尽在己"，只不过是因为眼界小所以才会自大；其实，所有自大的人，都是眼界小的表现。联系到我们自身，知道自身的有限，知道自己的无知，自然会从心里生发出谦卑之情，而不会有虚伪客套、取悦于人的外在表现。

接下来看《象辞》，谦卦的《象辞》从天道、地道、鬼神之道、人道等层面来说明天地人神都是恶盈好谦的，并以此来说明君子为什么会自始至终保持谦德。

《彖》曰："谦：亨"，天道下济而光明，地道卑而上行。天道亏盈而益谦，地道变盈而流谦，鬼神害盈而福谦，人道恶盈而好谦。谦尊而光，卑而不可逾，"君子"之"终"也。

《彖传》说："谦：亨通"，天运行的法则是恩泽下施济众而光明普照，地运行的法则是居位卑下而气息向上蒸腾。天的运行法则是使盈满者亏损而使谦虚者得到增益，地的运行法则是使盈满者变易而流向谦虚者，鬼神的法则是损害盈满者而赐福谦虚者，人类的法则是厌恶盈满者而喜欢谦虚者。谦虚者如果居位尊贵，德行会更加光彩焕然，居位卑下则德行崇高而不可凌越，这就是君子自始至终所保持的谦德呀。

南宗的理学家蔡渊说："亏盈益谦以气言，日月阴阳是也。变盈流谦以形言，山谷川泽是也。害盈福谦以理言，灾祥祸福是也。恶盈好谦以情言，予夺进退是也。"

"天道亏盈而益谦"，我们可以通过月亮的盈亏、太阳的升落、四季阴阳的消长来理解，达到鼎盛就开始亏损衰落，而那些有所欠缺的、不足的却可以得以增益。"地道变盈而流谦"，我们可以想到山谷河流，水满了的地方就会变盈、溃决，水会流向低处。"鬼神害盈而福谦"，鬼神向来损害盈满者而赐福谦虚者，世上真有鬼神吗？其实祸福无门，唯人自召，天道好还，因果不虚，鬼神用来代表事物因果循环神秘的灵验性。"人道恶盈而好谦"，是人类社会共同的情感取向，人们必然会喜欢谦逊和蔼的人，而讨厌盈满骄横的人。因此，当盈满者积累到一定程度时，人们会夺取盈满者所拥有的一切，而将支持和爱护送给谦虚和善的人。天地人神，情理自然，所以，君子体悟到这些道理而终身恪修谦德。

《象辞》中的"谦尊而光，卑而不可逾"，是说君子无论地位尊卑，财富多少，持守谦德都会使他的德行更有光辉，崇高而不可凌越。

我们在《全本周易导读本》的例解部分，用的例子是《荀子·宥坐》篇中孔子观欹器的典故。孔子看到盈满必会颠覆的欹器后，发出了感慨，这些话也正是世人应该注意并践行的："聪明智慧的人，要用愚笨的方法；功劳大的人，要用退让的方法；有勇力的人，要用胆怯的方法；富有宽裕的人，要用谦恭的方法。保持不倾覆的方法就是要懂得谦卑自损。"

这就是修德的方法，人要意识到自己在德行上的不足，同时还要在生活工作中有意识地减损自身的骄气，有意识地处于不足的状态，这样可以有效地防止倾覆。

《韩诗外传》里也有一段关于如何守谦的文字："德行宽裕，守之以恭者荣。土地广大，守之以俭者安。禄位尊盛，守之以卑者贵。人众兵强，守之以畏者胜。聪明睿智，守之以愚者善。博闻强记，守之以浅者智。此六守者，皆谦德也。故易有一道，大足以守天下，中足以守国家，近足以守其身，谦之谓也。《易》曰：'谦，亨，君子有终吉。'"

这个"有终"也可以理解为"有好的结局"，司马光说："君子之德诚盛矣，业诚大矣，不谦以持之，则无以保其终。"

德行盛，事业大，但如果不能以谦德来守，往往不能保持到最后，难以有好的结局。

接下来看《大象传》：

《象》曰：地中有山，谦。君子以裒多益寡，称物平施。

《大象传》说：高山藏于地中，有谦逊之象。君子看到这样的卦象，将多余的减取出来而增益寡少的，并且权衡事物的轻重，公平地施与。

前面《彖传》中讲到了天地、鬼神、人都是恶盈好谦，这就是天道自然。《老子》说："天之道，其犹张弓与？高者抑之，下者举之，有余者损之，不足者补之，天之道损有余而补不足。"

"损有余而补不足"，就是天道的"称物平施"。君子法天道，减损多余的来补充不足的，使事物形势趋向于平和。君子效法天道裁度事物，治理政事，宜采用"裒多益寡""称物平施"的方法，这样可以使社会协调发展。如果换个角度来看，我们也是被裁度者，若想得到天道的护佑，那就要让自己总是保持谦卑居下的状态。

在与人交往时，也可以化用此道。《朱子语类》说："人多见得在己者高，在人者卑。《谦》则抑己之高而卑以下人，便是平也。"人们往往自视太高，而看别人则有诸多瞧不上的地方，如果懂得用谦德来修炼自己，就应该损己之高而卑以下人，这会趋向于一种平，也是"称物平施"。

接下来看六个爻：

初六，谦谦君子，用涉大川，吉。
《象》曰："谦谦君子"，卑以自牧也。

初六，谦而又谦的君子，可以涉过大河，吉。《小象传》说："谦而又谦的君子"，是指君子能够谦卑自守。

谦卦下卦三爻是以谦德修己，上卦三爻是以谦德待人。谦卦本身就提倡谦卑居下，而初六又处在谦卦的最下位，可谓谦而又谦。"卑以自牧"的"自牧"可以理解为自处、自养、自守、自治等，用现代的话来说就是自我管理。

初六以柔爻处谦之初位，是潜藏之位，自知不足，需要学习的东西很多，所以谦而又谦，逊志以求道。下卦艮卦笃实沉静，象征君子至谦之德，凡事不居功自傲，修德日进，自然会有人欣赏和支持，也会有朋友前来相辅助。坚持这样的品格，即便遇到危难也会顺利通行而吉祥。

六二，鸣谦，贞吉。

《象》曰："鸣谦，贞吉"，中心得也。

六二，谦虚的名声远播于外，守正就会吉祥。《小象传》说："谦虚的名声远播于外，守正就会吉祥"，是因为六二的谦虚发自内心。

六二爻以柔顺居于中正之位，德积于中，发于外，自然体现于声音颜色，其中正谦逊的声名也就自然传播出去了，这就叫作"鸣谦"。谦逊处下、慈善爱人、中心自得，自然就会有这样的声名，得到众人的尊重。

如《道德经》所说："我有三宝，持而保之。一曰慈，二曰俭，三曰不敢为天下先。慈，故能勇；俭，故能广；不敢为天下先，故能成器长。"这就是"鸣谦，贞吉"的道理。

我们在《全本周易导读本》的例解里，举了孔子的七世祖正考父的例子。正考父的谦卑节俭之德为孔氏后人树立了榜样，所以，世代积累谦厚之德，才会出现像孔子这样的圣人。

我们来看九三爻：

> 九三，劳谦，君子有终，吉。
> 《象》曰："劳谦君子"，万民服也。

九三，勤劳而谦虚，君子将谦德保持至终，吉祥。《小象传》说："勤劳而谦虚的君子"，万民都崇敬信服。

这个"劳"字，有不同的解释，可以解为"勤劳"，也可以解为"有功劳"。"劳谦，君子有终，吉"是说九三这个全卦唯一的阳爻，担负着重任，勤劳而谦虚，有功劳而不居功，是有德而不以为德，有功而不伐的阳刚君子。

九三是阳爻居阳位，当位得正，是全卦唯一的阳爻，是成卦之主，承担了主持大局的重任。九三勤劳而不自夸，能够谦卑自处，是谓"劳谦"。劳而能谦，使万民信服，九三是国家倚重的栋梁，谦让的品格使上下团结一致，有终且吉。

《系辞上传》评论这个爻说："'劳谦，君子有终，吉。'子曰：'劳而不伐，有功而不德，厚之至也。语以其功下人者也。德言盛，礼言恭，谦也者，致恭以存其位者也。'"意思是说："勤劳而又谦虚，君子保持始终，吉祥。"孔子说过："勤劳而不夸耀，有功而不自以为恩德，这真是敦厚至极了啊。这是在说明有功劳仍然要以谦卑待人。德奉行隆盛，礼奉行恭谨，谦的含义，就是以恭谨的美德来长久保有其位的意思。"从这里看，"有终"是可以"致恭以存其位",恭敬谦逊的美德可以长久地保有其位。

清代著名的大臣曾国藩曾感叹说:"劳、谦二字受用无穷,劳所以戒惰也,谦所以戒傲也。"劳而能谦,不居功自傲,勤劳可以让人免于慵懒怠惰,谦虚可以使人戒除骄傲之气,能把这两点贯彻始终,必是一位有德而能成一番事业的君子。

曾国藩的另一段话是:"千古之圣贤豪杰,即奸雄欲有立于世者,不外一个勤字;千古有道自得之士,不外一谦字。"曾氏真是以"劳谦君子"来自我砥砺,并以此来教育子弟的。

六四,无不利,㧑谦。
《象》曰:"无不利,㧑谦",不违则也。

六四,无所不利,发挥谦虚的美德。《小象传》说:"无所不利,发挥谦虚的美德",不违背法则。

刚才我们说到,谦卦下卦三爻是以谦德修己,上卦三爻是以谦德待人。六四进入了上卦,发挥谦德,以谦德处世待人。六四以柔爻居正位,在谦之时,无所不利。六四有发挥谦德而广为施与之象,上奉六五柔中之君,下有九三劳而不谦之臣,他自身柔顺守正,待人接物充分发挥谦德,上下得宜。其所作所为、所言所行均不违背法则,这样上下内外随顺和洽,必然是无所不利了。

我们来看六五爻:

六五,不富以其邻,利用侵伐,无不利。
《象》曰:"利用侵伐",征不服也。

六五，虚怀谦逊而与邻居相处，宜于出征讨伐，无所不利。《小象传》说："宜于出征讨伐"，是指征讨不顺服的人。

谦卦到了四爻的位置时，谦柔之德已经达到无所不利的极致，过柔就会有失中道。当到达六五爻的位置时，作为居于尊位的君主，防止盈满的谦德是要始终保持的。但由于六五是阴爻，不富，如果专尚谦柔，就可能过柔而阳刚不足，这不是一个君主所应有的品格。作为居于君位的领袖，身系天下安然，是整个国家、所有臣民的依靠，因此切忌谦虚有余而威武不足。谦虚不是乡愿，更不是怯懦和虚文假饰，否则就会给小人、恶人以可乘之机。若自身尚不能自立，且不能保护良善，又何谈谦德？六五以其不富，而与邻国相处，一则要靠谦逊诚信，二则要有威武之气。谦卦整体很有道家之风，于前四爻尤其明显，到达第五爻时，六五以不富而与邻国相处，有时被迫不得不用兵，利用侵伐，这在现实中是难免的。那么，道家对用兵又是什么态度呢？《道德经》说："抗兵相加，哀者胜矣。"道家以谦退为用兵之道，不以阳刚壮胜的气势，而是以哀者的姿态，不得已而出兵，彰显道义，维护公平，最终获胜。

如此刚柔相济，方可确保平安祥和，吉无不利。

上六，鸣谦，利用行师，征邑国。

《象》曰："鸣谦"，志未得也。可"用行师"，"征邑国"也。

上六，不断表明自己的谦虚之德，可以出兵，征讨属邑小国。《小象传》说："不断表明自己的谦虚之德"，是因为志向还没有实现；"可以出兵"，是为了征讨属邑小国。

我们的解释是：上六以柔居柔，居谦之极，至柔处极谦，所居却高于众人，用谦来合民待人的志向得不到实现，以至于发出声音来表明自己。上六与六二的不同在于：六二积于中，发于外，是"中心得"，而上六处境过高，"志未得"，本应与九三相应，但九三乃一卦之主，与众阴相应，上六只有采取刚柔相济的办法，以刚武自治，弥补过柔的不足。

我们在此引用关于曾国藩的一段话来佐证此爻，刚武自治，谦谨治人。《曾文正公学案·序》："惟其谦谨也，故尝以事理无尽，不敢以才智自矜。其接物也，则小心翼翼，无一人之敢慢；其赴公也，则兢兢业业，恐一事之或忽。以世务莫测，所推之或误也，则时思以博访于人；以国事万端，才力之未逮也，则举贤共图如不及。其学问之所以增进，道德之所以高尚，功业文章之所以炳耀寰宇，诚所谓日就月将，有本有源者矣。"

答 疑

问："用涉大川"和"利涉大川"的区别是什么？

答："利"字是象形字，表示以刀割断禾苗的意思。本义是刀剑锋利，刀口快。后来引申为有利于、善于做谋事，内含着有能力去做、顺利的意思。

而"用"字，是采用、使用的意思，其中不包含价值判断，没说是好是坏、有利还是没有利，只是说可以用这个方法。

"利涉大川"和"用涉大川"两相比较就可以看出来，"利涉大川"是利于涉过险难，成功的概率更大；而"用涉大川"是说可以用此来涉过险难，但是否有利，是否涉得过去，则不一定。谦卦初六爻，因为是谦谦君子，柔爻而用谦德去涉过险难，是吉祥的，如果用阳刚的态度，则可能不吉，所以说"用涉大川"。而"利涉大川"则一般用来形容阳爻或阳刚的卦体。

对于这两个字的区别，历史上也有人关注过，比如王安石说："利涉者，其才其时利于涉耳。用涉者，用此以涉，然后吉也。"

另外，马其昶也谈论了这个问题，他说："易言利涉，取辟地图功之义，非谦者所尚，故变其文曰用涉。互坎在前，初犹在后，是谦退之道，即用以涉川亦吉，不以动而化阳健行为吉也。"意思是说，《周易》说"利涉"的时候，往往是开疆拓土，图谋大功，不是谦退者所崇尚的，所以文字改为"用涉"。初六爻上面的二三四爻组成了坎卦，代表大川、险难，初犹在后面，是谦退之道，用谦退之道涉川可以吉祥，所以是"用涉大川"。

谦卦小结

谦卦六爻，无一凶咎悔吝，可见谦虚是处世的一个法宝。谦的反面是盈，谦是防止盈满而倾覆的良药。初六以柔居下，谦而又谦，君子如此，可以涉过大川，免于祸患；六二以柔居中得正，内充而外显，是吉祥的；九三有大功却勤劳谦卑而不居功，可得善终；六四处上下君臣之中，举手投足，发挥谦和的力量，所行无所不利；六五居尊位，刚柔相济，以刚武征不服者，使邦国强盛而无不利；上六居位过高，为了施行谦德而行师，治其邑国，有利无害。

同时，我们应该看到，谦虚的本质不是退让而是进取。在卑下的土地下面，耸立着一座巍峨的高山，柔中寓刚，恩威并有，其核心在于"裒多益寡,称物平施"。谦虚存乎内而发乎外,内心有坚定的原则,处世谦逊知礼,这是谦卦带给我们的启示。

读卦诗词

减字木兰花·地山谦

寇方墀

谦谦君子,惟德动天谦受益。
地下高山,卑不可逾涉大川。

裒多益寡,称物平施衡玉瓦。
一片丹心,众里劳谦鸣好音。

一切太过安逸，就要有"安以动之徐生"的灵动与气魄。

王船山说："一阳奋兴于积阴之上，拔出幽滞之中，其气昌盛而快畅，故为豫；乃静极而动，顺以待时而有功之象。天下既顺，而建诸侯以出治；民情既顺，而讨有罪以兴师；乃王者命讨之大权，非可亵用者也。"天下顺、民情顺，王者就可以讨有罪以兴师，处理以前没有余力和条件去处理的事情，这是天下归心的王者要做的事情。

当然，我们也不应把"行师"狭隘地理解为军事行为，而应理解为广义的征战，象征在各个需要的领域进行整顿、带动、开拓和促进。

从卦象上来看，"建侯"取震卦的卦象，震为长子，主动，所以利"建侯"；"行师"取坤卦的卦象，坤为众象，比如师卦的兴师动众就是下卦为坤。

再来看《象传》：

《象》曰：豫，刚应而志行，顺以动，豫。豫顺以动，故天地如之，而况"建侯""行师"乎？天地以顺动，故日月不过，而四时不忒。圣人以顺动，则刑罚清而民服。豫之时义大矣哉！

我们的译文是，《象传》说：豫，刚柔相应而志向得以畅行，顺时势规律而动，宽裕而和乐。豫，顺时势规律而动，连天地的运行都是这样，何况"建立诸侯""兴师征战"这样的事呢？天地顺时而动，所以日月轮转没有失误，四时变化没有差错。圣人顺时势而动，所以刑罚清明而百姓顺服。豫卦所启示的时势与意义多么伟大啊！

《彖传》这一段热情洋溢的阐发，就是在讲刚柔相应、顺时律而动，是符合规律的，天地、四时、日月都在顺以动，人也应该效法天地，做顺应天道规律、合乎民心的事。最后一句"豫之时义大矣哉！"是大为感叹之辞，说明《彖传》的作者对本卦所表达的含义得之于心，又不能用语言完全地表达出来，于是感叹赞美，说"豫卦所启示的时势与意义多么伟大啊！"在《周易》六十四卦中，进行类似赞叹的彖辞有十二卦，这说明"时"的重要。

　　从对豫卦的感叹中，可以感受到《彖传》作者认为豫卦是非常重要的卦时，当为王者"建侯""行师"、圣人顺时势而动、刑罚清明而百姓顺服的最佳时机。因此，"时义"也有时宜的意思。

　　《全本周易导读本》在此处的例解部分用的是汉武帝的例子。"文景之治"之后，汉武帝在政治、人才选拔、文化教育、吏治改革和军事等方面的一系列大的动作，巩固了大一统的局面。从建功立业的角度讲，汉武帝是中国封建王朝中最杰出的君主之一，对中国的历史文化影响深远。

　　接着来看《大象传》：

　　　　《象》曰：雷出地奋，豫。先王以作乐崇德，殷荐之上帝，以配祖考。

　　我们的译文是，《大象传》说：雷声在大地上震响，大地为之振奋，有欢娱之象。先王看到这样的卦象，创作音乐、崇扬功德，用盛大的典礼敬献天帝，并供奉祖先配合享祀。

　　豫卦的卦象是雷声在大地上震响，大地为之振奋，有欢乐之象；先王看到这样的卦象明白天地间有欢乐之义，于是制作音乐来赞美功德、振奋民心、鼓之动之、舞之乐之，用盛大的典礼敬献天帝，并供奉祖先配合享祀。

国家安定富裕，先王作乐崇德，崇敬上天，享祀祖先，使民德归厚，天下和乐。

豫卦的整体卦象是一种和乐的大气象，但其中也蕴含着危机，如果把握不好，就可能生起祸患，因此，在这样的卦时下，各个爻辞中看到的却都是警醒，正所谓"吉卦多凶辞，凶卦多吉辞"。下面我们来看各爻的解释：

初六，鸣豫，凶。

《象》曰：初六"鸣豫"，志穷凶也。

初六，炫耀放纵享乐，凶。《小象传》说：初六"炫耀放纵享乐"，享乐之志穷极而导致凶祸。

初六是豫卦的初爻，自身阴柔，居于下位，本应在豫之时立志进取，但是因为他与居于上位的九四相应，九四有权有位有钱，初六与之相应，可以沾光得到财富权势的照顾。初六德行浅薄而条件优越，又有上面的九四予以庇护，于是忘乎所以，沉湎于安乐之中，自鸣得意，到处炫耀自己的优裕安乐，贪于享受、不思进取、人前炫富，不懂得生于忧患、死于安乐的道理，这必然会招致凶祸。这很像我们当下社会中人们所诟病的那些不争气的富二代、官二代，当然也有部分中产阶层的子弟，条件不太优厚却只知享乐消费，只知物质上炫耀、感官享乐而不思进取，不知在灵魂、精神、思想上进取和升华，这样的人生，必是颓废、空虚、失败的人生。

来看六二爻：

六二，介于石，不终日，贞吉。
《象》曰："不终日，贞吉"，以中正也。

六二，耿介如石，（稍有享乐的倾向）用不了一天就会马上警醒，守正吉祥。《小象传》说："用不了一天就会马上警醒，守正吉祥"，是因为居位既中且正。

"介于石"指操守坚贞，品行如磐石般耿直不阿。在豫卦中，各爻多沉溺于豫乐享受，唯有六二能持中守正，懂得安危转化、祸福相依的道理。他随时保持清醒的头脑，审慎地观察形势，能够知几而动，适时应变，与上交往不谄媚，与下交往不傲慢，远离安逸享乐，立志有所作为。一旦发现有耽于享乐的苗头，立即警醒自己，迅速脱离。如此固守贞正，不但终将获吉，亦将会成为万众仰望的人物。

邵雍曾说："学不至于乐，不可谓之学。"朱子曾称赞过邵雍的为人，他说："康节为人须极会处置事。为他神闲气定，不动声色……盖他气质本来清明，又养得纯厚，又不曾枉用了心，他用心都在紧要上。为他静极了，看得天下事理精明。"

邵雍的乐，是乐于学，他气质清明，涵养纯厚，所以看事情看得清明，能参透事理，他为人处事，神闲气定，不动声色，所以能成为一代易学大家。他的《皇极经世》《梅花易数》为后世人所津津乐道，每个时代都有许多人借来预测社会人事的种种奥秘，世间俗人只把他的预测之术拿来，却不知那只是皮相而已，失去精神，都是无用的游戏罢了。邵康节清明的气质，淳厚的涵养，专一的心志，静极的心境，才是看得清天下事理最为重要的因素，这些精神却是世人最难学得来的。

来看六三爻：

六三，盱豫，悔，迟有悔。
《象》曰："盱豫""有悔"，位不当也。

六三，羡慕媚上以求豫乐，必会有悔恨，且后悔莫及。《小象传》说："羡慕媚上以求豫乐，必会有悔恨"，是因为居位不当。

"盱"，指睁大眼睛向上看。六三不中不正，眼睛向上看，对于九四的权势财富羡慕不已，于是趋附于九四，谄媚奉承、攀附巴结，盼望从九四那里得到好处。这样的行径必会受到周围人们的厌恶和鄙视，而最终会有悔恨。六三阴居阳位，外阳刚而内阴柔，说明六三内心也有悔意而非一味地逢迎。六三此时应立即悔过自新，改正自己的错误，如果迟迟不改，酿成大错，就悔之莫及。

我们前面学到的六三爻，多为不幸之爻，其不幸多因其不争，所以，爻辞往往哀其不幸，又叹其不争。

蒙卦六三："勿用取女，见金夫，不有躬，无攸利。"

师卦六三："师或舆尸，凶。"

比卦六三："比之匪人。"

否卦六三："包羞。"

不同卦时下的六三爻，却往往有一个共同的特性，就是没有独立的人格，求附于人，豫卦的六三盱豫，羡慕媚上以求豫乐，这样必会有悔恨。此爻提醒世人，不能为求豫乐而失去人格操守，否则终将悔之莫及。在历史上，那些仰人鼻息的人，无力掌握自己的命运，最终自取其辱。

九四，由豫，大有得；勿疑，朋盍簪。

《象》曰："由豫，大有得"，志大行也。

九四，宽裕和乐的局面由他而形成，大有收获；不要怀疑，朋友们都像用发簪扎束头发一样前来团结辅助。《小象传》说："宽裕和乐局面由他而形成，大有收获"，是因为九四的志向充分得到实现。

"盍"，聚合。"簪"，束发的发簪。"盍簪"，即聚集。九四是豫卦形成的缘由，九四又是上体震卦的主爻，是动之主，其行动刚健有为，开创了豫乐的局面，五个柔爻为之响应。九四所处的位置是近君的四爻位，本为多惧之地，上面有阴柔的六五之君，下面有初六、六三那样炫耀、巴结的亲眷和下属。所以，如何处理好上下关系，主持大局，是对九四的考验。就九四而言，阳居阴位，刚而能柔，能够"顺以动"，待人至诚不疑，上不负托，下不遗才，得到上司的信任和下属的顺从，就会将同志朋友团结聚合在一起，共图大业，从而大有所得。

九四有和顺之道，又不失阳刚正气，并且是震卦的主爻，是主动行动的带动者，得到众阴的喜悦跟从，他若能尽其至诚，汇聚天下友朋，不疑不惧，必能其志大行。

六五，贞疾，恒不死。

《象》曰：六五"贞疾"，乘刚也；"恒不死"，中未亡也。

六五，虽然一直身患疾病，却长久维持不会死去。《小象传》说：六五"一直身患疾病"，是因为他以阴柔凌乘于阳刚之上；"长久维持不会死去",是因为他居中的位置没有丧失。

六五柔居尊位,下乘九四之刚,不能为所欲为,在得到九四鼎力辅佐的同时,又感到来自九四的约束与压力。豫卦的总体局面是由九四支撑起来的。九四为大局尽心竭力,不断劝谏六五,使六五不能放纵享乐,六五虽心有不甘,但不得不忍受九四强权的逼迫,克制自己的骄奢之欲,以中道来处理与九四的关系,听从九四的劝谏,使君位得以长久保持,不致衰亡。

我们对九四与六五两爻的例解,用的是明朝张居正与万历皇帝的例子,恰能说明这两个爻的关系。

上六爻:

上六,冥豫,成有渝,无咎。
《象》曰:"冥豫"在上,何可长也?

上六,冥顽昏聩、耽于享乐,对于形成的这种恶习如果能够及时改正,就没有咎害了。《小象传》说:"冥顽昏聩、耽于享乐"达到了豫乐之极,怎么能够长久呢?

"冥",冥顽昏昧。上六居于豫之极,长期沉溺于安逸享乐的环境之中,以致心智昏昧、不思进取,耳目为声色犬马所蒙蔽,久之形成了奢靡的生活方式。这样下去,必不能长久,灾害将至。可谓"祸福无门,唯人自招"。如果上六能够有所醒悟,及时改过自新,尚可免于咎害。

上六的行为,就是豫卦自始至终所警戒的行为,这一爻是警告世人,当以冥豫为戒,切莫耽溺于享乐及奢靡浮华,否则,这种生活不可能长久,必会导致灾祸的结局。

答 疑

1.问：处于豫卦之时，容易放纵沉湎逸乐，成为取祸的根源，所以其余五爻以与九四无应无比为吉。此处不知道该怎么理解，为什么要与创造财富的九四无应无比才吉呢？

答：观察分析一个爻的吉凶悔吝时，要根据卦时、爻位来分析。处于豫卦之时，很容易放纵沉湎于逸乐之中，成为取祸的根源，所以其余五个柔爻以与九四无应无比为吉，越是安乐，越要谨慎，这是处豫之时应该注意的。也就是说，豫乐是人们所追求的，但"祸兮福之所倚，福兮祸之所伏"，有条件沾光豫乐时，却往往是取祸的苗头，最终能不能避祸而得福，这要看该爻的德行如何了。所以，看爻位时，除了乘承比应外，还要注意，要在卦时的前提下讨论吉凶。

2.问：豫卦中的六三与九四爻，符合承乘关系，都是顺的。但是在豫卦六三的解读中却对它给予否定。同样，初六也是，阴爻居阴位，算是得正当位，但在豫卦中也是否定它。那么，在解读各爻时，该如何取用承乘比应、当位得中这些关系来解读各爻呢？

答：与上一个问题类似，要参考卦时。

豫卦小结

豫卦阐释了在安逸豫乐的情况下如何自处的原则。从宏观上来看，在豫卦之时，"利建侯，行师"，应该"顺以动"，顺天、顺时、顺民心，建功立业，有所作为；从具体的事物来看，豫又是容易产生危机的时刻,舒适安逸的环境很容易使人产生懈怠和享乐的习气,正所谓"生于忧患,死于安乐"。

卦中五个柔爻以与唯一阳爻九四无应无比为吉,其含义是处豫之时,耽于逸乐的行为有失正道,应与安逸豫乐冷静地保持距离、谨慎自处。本卦通过对鸣豫、盱豫、由豫、冥豫等现象的阐述,警醒处于豫乐环境的人,应避免沉溺于享乐和放纵,居安思危,志存高远,不要在快乐中迷失,否则会乐极生悲,招致凶祸。

读卦诗词

好事近·雷地豫

寇方墀

逸乐恋红尘,酒醉浑无时节。
鸣豫矜夸豪富,惯雀台歌榭。

终来犹悔羡豪门,体贴自家明月。
耿介如石磊落,看烈风飞雪。

随卦第十七

震下兑上

导　读

豫卦是安逸豫乐之卦，按照人之常情，宽裕欢乐是人所需求的，见到有豫乐之象就会心悦而追随，所以在豫卦之后，接着是随卦。

在随卦的学习中，我们要重点体会的就是一个"时"字。时的重要性在随卦中较其他卦更为显明。

最大的时，也是最平常的时，就是自然。人生要随顺自然，在适当的时候做适当的事，比如，日出而作，日落而息。春夏生发，秋冬收藏，这是自然之时。从幼年到青年到壮年再到老年，每个阶段都有适合做的事情、应该负的责任以及应该避免的错误，随时而动，随时之宜。《周易》中的"时"，是包含时间、空间、人物、关系、信息、动态趋势等条件的总和，是主体所处之境。

在人生的每个阶段，人都要有清醒的"随"的意识。"随"不是随波逐流，盲目追随，而是要有所选择，因为，随了此就失了彼，随了坏就失了好，同样，随了好也就远离了坏。这是简单的人生道理，但在现实生活中想要清醒自觉，能够把握好，却不那么容易，因为有时很难辨别善恶、好坏、吉凶。所以，随卦又阐明了核心的原则，那就是要随善道。善道即是中正之道，既包含了正，也包含了中，心存正气，能以中道处事待人，就是善。人能诚意正心，心存正气，不自欺亦不欺人，才拥有辨别外物的尺度，才不会被纷繁的外相所迷惑。立了根本之后，中道而行、随时所宜，自然就会追随到正人君子，亦会因自身行善道而有更多人相伴相随。所以，我们给随卦起的小标题叫作："择善而从"。

下面，我们从卦象、卦德、爻象三方面来看随卦的由来。随卦震下兑上，震为雷，兑为泽，想象在自然界中，雷震动，使得泽水随之而动，所以有随之象。震为阳为动，泽为阴为悦，亦有阴随阳之义，从乾坤六子来说，震为长男，兑为少女，长男主动，少女跟随，也可以说明以阴随阳之义。但并不是只有阴随阳，有时也可以阳随阴，从爻象中，下卦一阳居于二阴爻之下，上卦二阳爻居于一阴爻之下，是以阳刚追随阴柔，所以，无论是阴随阳还是阳随阴，只要随时之宜，都符合随义。这也很好理解，如果我们从四季来看，春夏就是阴随阳，在乾之四德中是"元亨"之德；秋冬就是阳随阴，在乾之四德中是"利贞"之德。无论以阴随阳，还是以阳随阴，只要随得其时，合于自然之道，都是随而得正。

讲　解

来看卦辞：

> 随：元亨，利贞，无咎。

卦辞中有"元亨利贞"四个字的除了乾、坤两卦外，还有屯、随、临、无妄、革五个卦。在乾卦中,"元亨利贞"四个字分别解释,在《文言传》中解为乾之四德,而在其余各卦中,我们将四个字分为两个词,即"元亨""利贞",这样可以区别于乾卦。只有乾卦可以毫无条件地配"元亨利贞"四德,其余各卦有别于乾卦,同时这也是对应各卦的彖传而得出的断句方式,历代易学家的主流解读多数采用这样的断句解读。当然也有一些易学家会用"元、亨、利、贞"来解释。我们取前者。

我们对随卦卦辞的译文是,随:大为亨通,利于守正,没有咎害。

《彖》曰:随,刚来而下柔,动而说,随。大亨,贞,"无咎",而天下随时,随之时义大矣哉!

这里,有学友读出了"随之时义"和"随时之义"的不同,这两种文本方式都有版本支持。我们用的是"随之时义"(王肃本,朱熹从王肃),这样的句式突出的是随卦的时义。我们在讲豫卦时,就讲到了类似赞叹的彖辞有十二卦,多是这样的句式:"某之时义大矣哉!""随时之义"(大多数版本都采取这样的句式),重点突出的是随"时"的意义。两者都可,意思也相近,只是在侧重点上略有不同。我们对这句的翻译是:"随的卦时、卦义所揭示的随应时机的道理真是伟大啊!"这兼顾到了两者,既突出了随卦卦时的重要,也突出了随时的重要。

《彖传》的译文是:随,阳刚者前来随从于阴柔之下,主动而喜悦,随顺。大为亨通,守正,"没有咎害",于是天下万物都随应时机,随的卦时、卦义所揭示的随应时机的道理真是伟大啊!

随，既是随从，也是追随，可以是以己随人，也可以是为人所随。在随卦中，刚主动随从于柔，柔因而也随顺于刚，形成了彼此交往、动而悦的关系。这是可以亨通的，但随应是有条件的，即"利贞"，必须以贞正为前提，才能大通而无咎。所以，随的意义，不是随波逐流，同流合污，沆瀣一气，而应是和而不流，坚贞守正，择善而从，这才符合随的大义。刚来而下柔，是阳爻来至阴爻下面，指初九以贵下贱，态度主动而谦逊，获得了兑卦的好感，心生喜悦，因而彼此相随，亨通贞正而无咎，所以守正是随顺的原则。

在例解中我们举了历史上非常有名的一个典故，就是《左传·襄公九年》记载的穆姜薨于东宫的事件。穆姜卜筮得到了随卦，对于同样的卦辞，她的解释和史官的解释就完全不同，她很清醒地意识到自身德行有缺，靠侥幸必不能免罪，可以说这深得《周易》之义。《易》为君子谋，不为小人谋，更不会为罪人、恶人谋。所以，当我们读朱熹的《周易本义》时，朱子虽常言占者如何，是吉是凶，却往往是有前提的：做得正、行得端，凶可化为吉；否则，吉可变为凶。比如，朱子对随卦卦辞的解释中就有"其占为'元亨'，然必利于贞，乃得'无咎'。若所随不贞，则虽大亨而不免于有咎矣"。

我们来看《大象传》：

《象》曰：泽中有雷，随。君子以向晦入宴息。

《大象传》说：泽水中有雷声，是随应的象征。君子看到这样的卦象，于是随顺作息规律，在天黑时进入室内休息。

随卦的卦象是泽水中有雷声，泽水随着雷震而动，有随顺之象，君子看到这样的卦象，于是随顺天地自然的规律，在天黑下来时就进入室内休息。

这里的关键是强调一个"时"字，在不同的情况下，是安时处顺、以己随人，还是主动作为、感人随己，要因时而定，如同君子白天努力工作，而夜晚要安静休息，做到随顺天道，合时而合宜。

"向晦入宴息"，是非常日常化的场景，但这样简单的事情，道理简易明白，在现代人的生活中，做起来却很难。现代社会人事繁杂，昼夜难分，人们往往彻夜难眠，或加班，或娱乐，或沉浸于网络，耗精散神，透支身体，本应做到"向晦入宴息"，入夜就该休息睡觉，然而很多人做不到。

《孟子》中有一段非常著名的话："牛山之木尝美矣，以其郊于大国也，斧斤伐之，可以为美乎？是其日夜之所息，雨露之所润，非无萌蘖之生焉，牛羊又从而牧之，是以若彼濯濯也。人见其濯濯也，以为未尝有材焉，此岂山之性也哉？虽存乎人者，岂无仁义之心哉？其所以放其良心者，亦犹斧斤之于木也。旦旦而伐之，可以为美乎？其日夜之所息，平旦之气，其好恶与人相近也者几希，则其旦昼之所为，有梏亡之矣。梏之反复，则其夜气不足以存；夜气不足以存，则其违禽兽不远矣。人见其禽兽也，而以为未尝有才焉者，是岂人之情也哉？故苟得其养，无物不长；苟失其养，无物不消。孔子曰：'操则存，舍则亡；出入无时，莫知其乡。'惟心之谓与？"

孟子说："牛山的树木曾经长得很茂盛，但是由于它在大都的郊外，经常遭到人们用斧子去砍伐，还能够保持茂盛吗？当然，山上的树木日日夜夜都在生长，雨水露珠也在滋润着，并非没有清枝嫩芽长出来，但随即又有人赶着牛羊去放牧，所以就像这样光秃秃的了。人们看见它光秃秃的，便以为牛山从来不曾有过高大的树木，这难道是这山的本性吗？即使在一些人身上也是如此，难道他们没有仁义之心吗？他之所以放任良心失去，就像用斧头砍伐牛山的树木一样，天天砍伐，还可以保持茂盛吗？他日日夜夜息养之气，在天刚亮时的清明之气，这些在他们心里所产生出来的好恶与一般人相比也有那么一点点相近，可第二天的所作所为，又把它们窒息而消亡了。反复窒息的结果，便使他们夜晚的息养之气不足以存在了；夜晚的息养之气不足以存在，也就和禽兽差不多了。人们见到这些人的所作所为和禽兽差不多，还以为他们从来就没有过天生的资质，这难道是人的本性如此吗？所以，假如得到滋养，没有什么东西不生长；假如失去滋养，没有什么东西不消亡。孔子说过：'把握住就存在，放弃就失去；进出没有一定的时候，就不知道它去向何方。'这就是指人心而言的吧？"

孟子用"存夜气"来说树木的生长，比喻人的良心要有所存养，不能一直消耗，这同时也说明了人要"向晦入宴息"，使身体"存夜气"，二者是同样的道理。

来看初九爻：

初九，官有渝，贞吉。出门交有功。
《象》曰："官有渝"，从正"吉"也；"出门交有功"，不失也。

初九，思想观念有所转变，守正就会吉祥。出门与人交往必获成功。《小象传》说："思想观念有所改变"，随从正道就会"吉祥";"出门与人交往必获成功",没有过失。

"官"就是主,就一个人来说,起主导作用的是思想观念。如果是一个国家,"主"就是首脑,古代称为君主。《周易程氏传》说:"官,主守也。"孔颖达说:"人心所主谓之官。"《孟子》说:"心之官则思。""官"有官能的意思,用现代汉语来解读,就是主管人行为的是思想观念。所以,我们译作"思想观念"。

"渝",改变。初九阳爻,是震卦之主,也是随卦成卦之主。初九是阳爻,本应让阴爻前来随顺才是常理,而初九处在随之时,意识到思想观念要有所转变,不应固守旧见,要去除成见,随时之宜,应随顺时势而动,主动出门与人交往,慎始守正,这样就会吉祥。于是初九走出家门,不带偏私之见,以己随人,广泛与人交往。交正则不失,初九出门便遇到六二,彼此相随,获得成功。

这一爻给我们的启示是,每个人也许有自己看待世界的方式和固有的思想观念,但若想开阔眼界,与更多的人交往,形成彼此合作、愉快相随的关系,过丰富的人生,成就一番功业,就必须破除成见,"出门交有功"。这样并不会丧失阳刚之质,反而是谦逊合群,能够广交朋友,如此便深得随之义了。

六二,系小子,失丈夫。
《象》曰:"系小子",弗兼与也。

六二,随从依附于小子,失去阳刚的丈夫。《小象传》说:"随从依附于小子",不能同时兼顾亲随。

"小子"指初九,"丈夫"指九五。六二是柔居阴位,在随之时不能独立,必须随于阳,在其下有初九可与之相比,在其上有九五可与之相应，但二者不可兼与。在两难的选择中，六二没有静待阳刚中正的九五前来相应，而就近选择了初九。没有追随守正而应的九五，这是错误的选择。

这一爻的启示是：六二阴柔中正，善于相随，但却面临着两难的选择，既然两者不可得兼，那么就必须有所选择。孟子曰："鱼，我所欲也。熊掌，亦我所欲也。二者不可得兼，舍鱼而取熊掌者也。生，亦我所欲也。义，亦我所欲也。二者不可得兼，舍生而取义者也。"这就是在两难选择中，要选择好的。什么是好的？符合道、合于义，就是好的，是应该选择的。

历史上，在关键时刻很多人一失足，选择错误，后悔莫及。以随而言，"见小利则大事不成""小不忍则乱大谋"等都是告诫；贪近功而忘远图，贪私欲而忘大义，都是在选择时要警醒的。

六二本来中正，却在关键时刻没有做好选择。人生旅途中，选朋友、选职业、选配偶、选上司，都要以中正、长远、大道为计，给自己更为开阔的视野和胸襟，这样才能在正确的路上，与正确的人一路前行，过值得过的人生。

六三，系丈夫，失小子；随有求得，利居贞。
《象》曰："系丈夫"，志舍下也。

六三，随从依附于阳刚的丈夫，失去了在下的小子；随从于阳刚的丈夫，有求必得，利于守正。《小象传》说："随从依附于阳刚的丈夫"，就要立志舍弃在下的小子。

"丈夫"指九四，"小子"指初九。六三与六二的处境相仿，面临着两种选择。六三看到六二已依附于初九，九四地位高于自己又居于阳位，且与初九敌应，因而形单影只，自己去追随他必然会两心相悦，有求必得，于是舍弃了下面的初九而追随九四，可以说是比较明智的选择。然而在随之时，极易流于趋炎附势，在选择时必须心术纯正，择善而从，而不是偏邪媚上，有害正道。这是六三应该注意的。

从六三爻得到的启示是：六三是阴柔之爻，不能独立，需要追随阳爻，我们在学习坤卦时，六个阴爻之后有个"用六，利永贞"，就是在提醒阴柔的爻，要避免阴柔而失去原则，避免善依附趋于谄媚而丧失正道，因此，提醒"利居贞"，虽然随事随人，但要有主心骨、有原则、守正道，这是随卦六三爻应注意的。

我们接下来看九四爻：

九四，随有获，贞凶。有孚在道，以明，何咎？
《象》曰："随有获"，其义"凶"也。"有孚在道"，明功也。

九四，为众人所追随因而大有所获，如果一直按这样的态势发展下去就会有凶险。若有诚信并合乎道，立身光明坦荡，又有什么咎害呢？《小象传》说："为众人所追随因而大有所获"，这对于九四来说意味着"凶险"。"若有诚信并合乎道来立身行事"，这是九四光明坦荡的胸怀德行所显现的功效。

九四居九五之下，是近君的位置。九四处在这样一个多惧的位置，又被众人追随，获得了民心，这显示出他的威望有可能超越九五。如果九四没有意识到这一点，而继续扩大自己的威望，任此形势发展下去，固守不变，就会导致凶险。然而，在随之时，九四居于兑卦之初，说明局面有向好的方面转变的可能，九四唯有尽其诚信，无所偏私，合于正道，志在济物，心存公诚，对上恪守臣道，对下使民众悦而相随，光明坦荡，明哲处世，才可以免于过咎。

"贞凶"的"贞"字，我们在前面的卦爻中已有涉及，"贞"为固，但如果长期地固守而成为固执，不知变通，不能随时而动，就会使好的因素变成坏的因素，成为祸患的源头。幸好，九四用他的"诚信并合乎道，立身光明坦荡"化解了凶险的苗头，得以无咎。

九五，孚于嘉，吉。
《象》曰："孚于嘉，吉"，位正中也。

九五，真诚地追随善，吉祥。《小象传》说："真诚地追随善，吉祥"，是因为它处位正中。

"嘉"是美善的意思。随之道在于追随至善，从善如流。九五居尊得正，守中笃实，以诚信之德遵循善道，顺应形势，以己随人，对六二和九四的追随不猜疑、不对抗，而是尊尚贤者，给予信任和礼遇，因而获得臣民顺从，天下大治，这正是九五以正中之德追随善道而获得的吉祥。在随卦中，初九和九五阳刚却甘处于阴柔之下、随人随事皆以随"正"为原则，可谓深得处随之道。我们给随卦取的小标题"择善而从"，就是从九五爻而来。

上六，拘系之，乃从维之。王用亨于西山。
《象》曰："拘系之"，上穷也。

上六，（追随的心意牢固不破，就像是）把它拴紧在一起，从而绑定了它。君王祭祀西山之神。《小象传》传："把它拴紧在一起"，是说明上六的处境困难而居于穷极之地。

上六以柔顺居于随卦之极，表示相随的意愿牢固不破，就如同拘缚捆绑在一起，不能够冲散分解。这样的诚意能够上通于神明，就如君王祭祀西山之神一样。上六居于穷极之地，被拘系不能自由，然而处于逆境之中仍有追随者不离不弃，足见追随之心的赤诚。

王船山解释此爻说："卦皆有所随，上处卦终，更无所随，穷则将托于冥漠……非尽精诚以系属之，其能与人相感悦乎？"他的意思是，别的爻都找到了自己之所随，而唯独上六爻在卦的终极，无所追随，就将自身寄托于冥漠玄虚之道了，这是求道之人所追随的，如果不是有一颗精诚的心追随，怎么能与人相感相悦呢？王船山的话中含着一种寂寞。

答　疑

1. 问：可以解释一下初九爻辞"官有渝"的"官"是什么意思吗？

答："官"，在讲读中已解释，我们解作"思想观念"，可参看我们的详细解读。

2. 问：《杂卦传》说"随，无故也"，其中的"故"指什么？

答：我们的《全本周易导读本》在《杂卦传》中有相应的翻译："随卦，没有成见。""故"的意思指原来的、旧的，《广韵》："故，旧也。"随，无故，是说不要用过去的成见束缚了自己随时随人的行动，要"官有渝"，转变过去的思想观念，不要故步自封，也就是要去除成见、出门随人、与时偕行，这才叫作"随"。

随卦小结

随卦阐述了彼此追随、人际交往的原则。无论是上司与下属的交往，还是亲戚朋友的相处，无论是以己随人，还是为人所随，都在追求一种平衡互动的良好关系。从随卦六爻来看，破除私心、广泛交往、以刚下柔、择善而从是与人交往相随的根本。在彼此追随的过程中，要胸怀宽广，明智地选择所追随的人，动机纯正，不能贪图个人之利，防止偏私谄媚，同流合污。只有随得其道，随时而动，居贞从善，至诚守信，使众人都能心悦相随，才能亨通前行。

读卦诗词

阮郎归·泽雷随

寇方墀

泽雷随动效鸿轩，晚来入宴安。
丈夫小子辨尤难，毁成一念间。

孚在道，忘忧欢，随王享西山。
穆姜断辞历千年，穷达岂在天。

蛊卦第十八

巽下艮上

导　读

我们上一卦学习的是随卦，《序卦传》说：

以喜随人者必有事，故受之以《蛊》。

意思是说以喜悦的心去追随人，必然会有事端，所以在随卦后面是象征有弊乱之事的蛊卦。这里所说的喜悦对应随卦中的兑卦。蛊卦在今本卦序中排在豫卦和随卦之后，"豫"和"随"象征着安逸并有众人追随。安逸久了、追随的人多了，必然会产生事端。程颐说："夫喜悦以随于人者，必有事也。无事，则何喜？何随？《蛊》所以次《随》也。蛊，事也。蛊非训事，蛊乃有事也。"（《周易程氏传》）有了事端就会产生乱象，所以随卦之后是蛊卦，蛊表示有事情发生、有蛊乱之象。"蛊"的繁体字写法是"蠱"，🐛（甲骨文），🐛（小篆）。《说文解字》说："蛊，腹中虫也。《春秋传》曰：'皿虫为蛊。''晦淫之所生也。'"《通志·六书略》："造蛊之法，以百虫置皿中，俾相啖食，其存者为蛊。"（《康熙字典·虫部》）其描述的造蛊的方法是：将百种毒虫放在一个器皿中，使它们互相啖食，最后剩下的那条毒虫就称作蛊，所以蛊字的结构上面是三个"虫"，代表有很多虫，而下面是器皿的"皿"。"蛊"也表示东西生了虫子，比喻事物腐坏变质。苏轼《东坡易传》说："器久不用而虫生之，谓之蛊。人久宴溺而疾生之，谓之蛊。天下久安无为而弊生之，谓之蛊。"器物长久不用就会生虫，人长久陷溺于安乐就会生疾病，天下长久安然无事就会产生各种弊端，这些都称作蛊。

从卦象上看，蛊卦上为山下为风，风遇到山而回旋，草木都被吹乱，所以称作蛊。从卦象的另外一组象征来看：下卦是巽，为长女；上卦是艮，为少男。《左传·昭公元年》曰："女惑男，风落山。"长女下于少男，谓乱其情；风吹落山下的草木，谓乱其形。蛊卦显示的是腐坏的乱象，而卦中各爻讨论的是如何治蛊除乱。

讲　解

我们来看卦辞：

蛊：元亨，利涉大川。先甲三日，后甲三日。

蛊：大为亨通，利于涉过大河。甲前（分析考察）三日，甲后（观察监督）三日。

关于卦辞中的"元亨"，虞翻解为："泰初之上，与随旁通。刚上柔下，乾坤交，故'元亨'也。"（《周易集解纂疏》）意思是泰卦的初爻到上爻的位置上去，上爻则下来，这样互换一下位置，泰卦就变成了蛊卦，刚爻上去了，柔爻下来了，乾坤交，所以"元亨"。这是虞翻用"往来"法讲卦变以解释卦辞。

虞翻还提到了蛊卦与随卦"旁通"。我们发现，蛊和随这一对卦的关系比较特殊，蛊的综卦是随，蛊的错卦也是随。看来，随和蛊是如影随形，反正都脱不开干系。

虞翻用泰卦变蛊卦解释"元亨"，杨诚斋同样认为泰之初九上而为蛊之上九，泰之上六下而为蛊之初六，得出结论却是"蛊亦泰之坏"。杨诚斋认为："阳上而不降，阴下而不升，则上下之情两隔而不通。"(《诚斋易传》)所以，"蛊坏矣"，坏事了。

关于卦辞中的"先甲三日，后甲三日"，有一些不同的说法。对"甲"的解释一般有三种：以甲为日，以甲为申，以甲为数首、事始。

第一种解释：以"甲"为时间上的开端，"十日之首"或"造作新令之日"。世传本《子夏传》："先甲三日者，辛、壬、癸也。后甲三日者，乙、丙、丁也。"马融曰："甲为十日之首，蛊为造事之端，故举初而明事始也。"(《周易集解纂疏》)孔颖达《周易正义》引褚氏、何氏、周氏等并同郑义："以为'甲'者造作新令之日，甲前三日，取改过自新，故用辛也。甲后三日，取丁宁之义，故用丁也。"

第二种解释：王弼认为"甲者，创制之令也"，并以"甲、庚皆申命之谓"。意思是说：新创了政令，不能马上就用，在宣布政令之前，要反复申明，让民众了解；在宣令之后，要反复强调，让民众重视，如果还不听从，就加以刑罚。

第三种解释：程颐《周易程氏传》认为"甲"指"数首、事始"，意思是治蛊之始，要思虑其先后。

其实，诸家说法表达的意思相近，就是要"思前""想后"，反复申明。当然,"思前想后"要付诸行动,治蛊行动要慎重,以确保万无一失。同时也要给民众以了解和接受的过程,要避免"不令而诛",这样才能确保治蛊过程顺利,效果长久。黄寿祺《周易译注》认为"先甲""后甲"实又流露出"前车覆后车戒""殷鉴不远"的意味。所以,我们给蛊卦起的小标题是"坚决清除腐败"。

我们来看《彖传》:

《彖》曰:蛊,刚上而柔下,巽而止,蛊。"蛊:元亨",而天下治也。"利涉大川",往有事也。"先甲三日,后甲三日",终则有始,天行也。

《彖传》说:蛊,阳刚者居上,阴柔者处下,巽顺而能停止,蛊。"蛊:大为亨通",而天下得到治理。"利于涉过大河",往前走可以有所作为。"甲前三日,甲后三日",终而复始,是天道运行的规律。

蛊卦蕴含着治蛊之道,就国家社会来说,乱是治的根源,蛊是伤的前提。在蛊乱之时,要勇于涉险渡难,有所行动,运用治蛊之道,振衰除弊,拨乱反正。"甲"是天干计时的第一个符号,代表事物的开始,"先甲三日"指在治蛊创制开始之先,要分析研究导致蛊乱的原因,制订治蛊方案,预先广为布告周知,以免有人因无知而触犯禁令;"后甲三日"指在实施政令之后,要观察实效,判断趋势,以图兴利除弊,成效长久。

我们在《全本周易导读本》中所举治蛊的例子是,清朝雍正接手康熙留下的腐败摊子,进行大力反腐整顿的事例。

《象》曰：山下有风，蛊。君子以振民育德。

《大象传》说：山下面有风，是蛊乱的象征。君子看到这样的卦象，于是振作民心、培育良好的道德风尚。

在蛊乱之世，君子当从振起民心、培育民德入手，加强道德教化，最终从源头、根本上防治腐败。

下面我们来看各爻：

初六，干父之蛊，有子，考无咎，厉终吉。
《象》曰："干父之蛊"，意承考也。

初六，清除父辈留下的弊乱，有这样的儿子，故去的父亲可以没有过咎了，虽然危险，终究吉祥。《小象传》说："清除父辈留下的弊乱"，意在承担前辈的事业。

初六处于整个蛊卦之初，象征治蛊刚刚开始。初六以阴柔之质，承担治蛊之任，其处于巽体之下，说明本性柔巽，《象》中有"巽而止"之辞，巽居内卦，为治蛊之主动，初六为巽卦之主，所以，治蛊行动由初六发起。初六与上体的六四不应，说明初六涉蛊不深，是清除腐旧势力的有生力量。既然蛊卦初六就开始治理腐败，那腐败是从何时开始的呢？当是由蛊之前的豫、随之时慢慢积累而成，到蛊卦之时积弊已久，腐败之象已经显现，是需要清除积弊、大力治蛊的时候了。

干（gàn），《广雅·释诂一》曰："正也。"指清除，匡正。

考，《释名》曰："父死曰考。"段玉裁《说文解字注》："（考）老也。凡言寿考者，此字之本义也。引伸之为成也。""考"字的字形作：🗛（甲骨文）、🗛（金文）、🗛（篆文）。

从字形上来看，"考"是一个弯腰驼背拄着拐杖的老人。《礼记·曲礼》："生曰父……死曰考。"我们取"考"为"死去的父亲"之义。

腐败正是父亲那一代遗留下来的积弊，这本来是父辈的过咎，由于有初六这样的儿子开始着手清除积弊、惩治腐败，所以可以弥补和挽救父亲的过失，这样做虽然会面临危险，但结果终究是吉祥的。

关于初六爻有几个问题需要补充探讨：

1. 何谓"意承"？

王弼说："干事之首，时有损益，不可尽承，故意承而已也。"（《周易注》）也就是说，王弼认为，要有损益地继承，不能照搬。

程颐说："子干父蛊之道，意在承当于父之事也。"（《周易程氏传》）"意"指意愿，承是承担。儿子匡正父辈的过失，意在承担父辈的事业。

杨诚斋说："曰考则非存，曰意则继志。"（《诚斋易传》）"意"指志向，意承指继承志向。

苏东坡说："孝爱之深者，其迹有若不顺，其迹不顺，其意顺也。"（《东坡易传》）孝爱至深的人，做事情表面看上去不那么完全顺从，但其内含之意却是真正的孝顺。

以上各家所说，从不同角度表达了"意承"的意思。初六阴爻处下，且上无相应，涉蛊不深。事物的败坏不是一朝一夕形成的，父辈长期积累而成的腐败，到儿子辈时蛊乱已成，只有惩治腐败，才能防止败落，使事业重获生机。初六虽然才质柔巽，但还是勇敢地承担起治蛊的重任，以新生力量清除旧弊。有了治蛊的儿子，已经故去的父亲可以无咎了。

清除腐败过程中所面临的艰难和危险是不言而喻的，一定要心存危厉，戒慎小心，才会最终得吉。

2. "干"字是匡正还是继承？

其实，匡正就是继承，以匡正的方式继承，用我们现在的说法，就是"批判"地继承，用王弼的说法就是"损益"地继承，要于继承中创新，创新就是一种匡正，否则，"萧规曹随"就行了，何必"干"呢？所以，在蛊卦中，匡正和继承，是一，不是二。

3. 干蛊还是干事？

在爻辞中，"干父之蛊"，"干"是动词，"干"的对象是"蛊"，"蛊"是名词，是腐败弊乱，其必然以各种"事"来呈现。惩治和杜绝这些事，就是惩治和杜绝腐败，"事"是表，"腐"是里，表里一体。

4. 为什么在同一句话里出现"父"和"考"？

如果把"干父之蛊，有子，考无咎"中的这两个字互换一下位置，就会发现其中的差别："干考之蛊，有子，父无咎"是什么感觉？"考"是去世了的人，如何会蛊？

所以，蛊是父在世时造成的，古代是世袭制，父去世之后，子方得治蛊，使九泉之下的"考"因此而无咎。

九二，干母之蛊，不可贞。

《象》曰："干母之蛊"，得中道也。

九二，清除母辈留下来的弊乱，不可坚持太过强硬。《小象传》

说："清除母辈留下来的弊乱"，方法要刚柔适中。

九二居下卦巽体之中，阳刚居于柔位，说明有阳刚的能力而做事风格较为柔和；居于中位，说明能够持守中道；上与六五相应，说明可以用沟通的方式较为平和地治蛊。

九二刚爻与六五柔爻相应，有子母之象。九二刚爻居下卦中位，是刚中之子，而蛊坏之事由仍然健在且身居高位的母辈造成。在整饬老母所为的蛊事时，如果强行矫正，就会伤了母子之伦常大义；如果避讳迁就，又会使事态恶性发展，终受其患。这时应采取刚柔适中的方法，以至诚之心委曲周旋，以中道整治，不可过于刚直。

马振彪《周易学说》引李光曰："天下蛊坏，非得善继之子，不足以振起之。宣王承厉王，修车马，备器械，复会诸侯于东都，可谓'有子'矣。"

司马光《温公易说》："始皇得胡亥以为子，李斯以为臣，不旋踵而亡矣。天下后世之言恶者必归焉。武帝得昭帝以为子，霍光以为臣，而国家乂宁，后世称之为明君。"

关于九二爻辞有个问题需要进一步补充探讨：蛊卦到底要解决谁的问题？

结合我们对蛊卦的讨论，如果是为政者，看到此卦，就得到了惩治腐败的指导思想和方式方法（家国同理）；如果是普通个体，读到此卦，就以之修身养德、安身立命。对于身体来说，沉溺于安逸享乐或怠惰懒散就会生疾患，身中生"蛊"；对于心灵来说，长久处于顺境而缺乏反省，就容易产生贪婪、自私、嗔恨、傲慢等心理，心中生"蛊"。身心之蛊，都要勇于惩治和清除。

九三，干父之蛊，小有悔，无大咎。
《象》曰："干父之蛊"，终"无咎"也。

九三，清除父辈留下的弊乱，有些小的悔恨，没有大咎害。《小象传》说："清除父辈留下的弊乱"，终究"没有（大）咎害"。

九三居下卦之极，刚居阳位，过刚而不中，又居巽体，在《说卦传》中，巽"其究为躁卦"，巽当以"顺"为"入"，躁则难入，因此，很容易阳亢有悔。然而以阳刚之质治蛊，用刚在所难免，九三虽有刚过之嫌，但得位居正，上面又是两个阴爻，说明前行的道路没有阻碍，这两点对九三来说是有利条件。

九三以刚居阳，过刚而不中。父亲仍然健在，儿子欲整饬父亲造成的弊乱，不刚不能治乱，而过刚又会伤害父子大义，有违中道与孝道。九三不能中道处事，常因处理不当而产生一些小的悔恨，但九三当位得正，能够秉持正道治理蛊乱，同时又身在巽体之中，有巽顺之德，所以虽小有悔恨，却避免了大的咎害。

六四，裕父之蛊，往见吝。
《象》曰："裕父之蛊"，往未得也。

六四，宽纵放任父辈造成的弊乱，这样往前发展会有遗憾羞吝。《小象传》说："宽纵放任父辈造成的弊乱"，这样往前是不可能成功的。

六四柔爻居于阴位，下无所应，上无所比，又居于艮卦之下，本性无阳刚之气，缺乏行动力，在需要治蛊之时，一副柔弱保守之象。

爻辞中的"裕"字字形有：🈳（金文）、🈳（小篆）。《说文解字》曰："衣物饶也，从衣谷声。""裕"本义指富饶，财物多；亦指宽裕，有宽纵义。

关于六四"裕父之蛊"的是与非，各家的观点大体可分为两个阵营。

第一阵营的观点是：面对积弊蛊乱，六四太过保守懦弱、不作为，这样下去，腐败会更严重，弊乱的态势会积重难返，将来一定会有深深的遗憾，悔恨莫及。一句话，放任弊乱，懦弱无为是错误的。

第二阵营的观点是：六四体柔无才，阴柔无应，仅能因循守旧而已，当宽裕地处理父辈的蛊乱，否则，才弱志刚，往必见吝。一句话，不自量力，强行作为是错误的。

两个阵营的观点恰好相反，不知大家怎么看待这个问题？

我认为，在积弊已久的蛊乱之世，当采取第一阵营的态度。六四虽然能力不足，但治蛊的态度坚定而明确，正如《周易折中》所引刘弥邵的话："夫贞固足以干事，今止者怠，柔者懦，怠且懦，皆增益其蛊者也。持是以往，吝道也。安能治蛊耶？"六四居位正，就该以正干事，倡导正风，唤起新生的力量，清除积弊。

综上观之，可见"裕"与"干"正好相反，"干"是奋力去做，时不我待，主动去解决问题；"裕"是因循苟且，懈怠迁就，无所作为。六四以阴居阴，过于柔弱，毫无治蛊的阳刚之气，这种放任弊乱的作风，是在掩盖和无视腐坏的发展，久而久之，蛊将日深，积重难返，必会往见羞吝，惩治腐败将难以成功。

六五，干父之蛊，用誉。

《象》曰："干父""用誉"，承以德也。

六五，清除父辈留下的弊乱，用彰显荣誉的方法。《小象传》说："清除父辈的弊乱"，"用彰显荣誉的方法"，是为了以善德继承先辈的事业。

六五阴柔得中，居于尊位，下有九二相应，上有上九亲比，都是治蛊的有利条件，且六五已到达蛊卦第五爻位，治蛊之道已近大成。

遍寻诸解，各家解读多相似，以六五能治蛊成功从而获得好声誉作解。

这样的解释听上去顺理成章，但细思之，也有不妥处。如果"干蛊"彻底否定先辈的所有作为，虽可获得一时良好的声誉，但自身的根基也会被动摇，用现在的话说，就是政治合法性会受到质疑。从客观角度来说，父辈应是功过兼有，不可能一无是处，子辈当善"用誉"彰其功，而实"干蛊"改其过，将大政逐渐转到正轨上来。也就是要以德治蛊，继承先辈的事业。

《周易折中》引郑维岳的话："子有干蛊之名，则过归于亲。干蛊而亲不失于令名，是'用誉'以干之也，干蛊之最善者。"郑氏认为"'用誉'以干之"是最好的治蛊方法。

六五是柔中之君，下应九二刚中之臣，能够任用贤明。九三过刚，六四过柔，只有六五与九二刚柔相济，彼此相应，才能形成良好的治蛊组合，君臣互为依托，共同治蛊。六五秉承善德，善于用德誉治蛊，对于父辈的功过，不是采取全盘否定或全盘肯定的方法，而是以柔顺中道的德行，将父辈的功劳善德和荣誉等方面着力继承宣扬，扬善抑恶，整治蛊事，平稳过渡，顺转船头，从而成就治蛊大业。这是整饬弊乱最明智的方法。

上九，不事王侯，高尚其事。
《象》曰："不事王侯"，志可则也。

上九，不事奉王侯，崇尚超然物外的人生志趣。《小象传》说："不事奉王侯"，这样的志向可以效法。

上九处于蛊卦的最上爻，与九三不应，有阳刚的才质，居艮山之巅，有贤士置身俗事之外、隐居山林之象。下有六五之君以柔中亲比，说明上九的贤德为王侯所尊尚，而上九高居山巅，自适其志，不累于世俗。孔颖达："最处事上，不复以世事为心，不系累于职位，故不承事王侯，但自尊高慕，尚其清虚之事，故云'高尚其事'也。《象》曰'不事王侯，志可则也'，释不事王侯之义。身既不事王侯，志则清虚高尚可法则也。"（《周易正义》）意思是说：上九置身事外，不以世事牵挂于心，不被俗世的职位所牵系，乐得无官一身轻，不愿屈己以事奉王侯，超然物外，追慕高远，崇尚清虚，这样高尚的志趣，值得效法。写到此，不由想起诗仙李白的诗句："安能摧眉折腰事权贵，使我不得开心颜！"读来令人快意！

程颐认为，上九是贤人君子，然于蛊乱之世，生不逢时，与世道不合，不肯屈道以徇时，于是选择高洁自守，不为世事尘务所累，退隐山林，独善其身，守其志节。程颐认为选择到山中做高士的人，其原因有以下四种不同情况：（1）有才华，有抱负，但生不逢时，不愿同流合污，于是选择高洁自守。（2）自我有所体悟，自觉天性自足，不愿被世俗破坏了自然天性，于是退隐以自保其性。（3）自知没有才华能力，于是安于本分，不做妄求。（4）清高狷介，不屑于俗事，独洁其身。无论哪种情况，都是出自"高尚其事"，进退合道，其志值得效法。

《周易》六十四卦中，将上九喻为德行高尚之贤者的卦有：大有（"自天祐之，吉无不利"）、蛊（"不事王侯，高尚其事"）、大畜（"何天之衢，亨"）、遁（"肥遁，无不利"）、渐（"鸿渐于陆，其羽可用为仪，吉"），这五个卦的上九爻均体现了君子、高士对于超越世俗的精神世界的追求，有着高洁的志趣，另有贲卦上九"白贲，无咎"，推崇返璞归真的素朴之美。可见，《周易》既倡导积极投入世间，经世致用，又崇尚高洁志趣，为出世者留出了广阔的天地。

蛊卦到了六五，治蛊之事已经完成，上九处于蛊之终极，是上体艮卦的主爻，其德为静止。上九选择退隐山野，不事王侯，过一种超然物外的生活，追求精神的自由，洁身自守，以尽天年。这种高尚的志趣合乎随时进退之义，是值得效法的。

中国传统文人的精神世界，是丰富的、立体的，有理有情，真淳洒然。

欧阳修是北宋大文学家，更是易学家，其易学著作有《易童子问》。另一位大诗人杨万里著有《诚斋易传》，名列"六宗"。大文豪苏东坡作《东坡易传》。我们熟知的象数易学大家邵雍，著有《伊川击壤集》，有诗三千余首。他们以诗词文章留名于世，寓真情于诗文间，他们更是思想深邃的易学大家，言理则深邃，寓情则率真。拥有这样的精神世界，他们可以在入世和出世之间自在悠游：天下有道则见，无道则隐；穷则独善其身，达则兼济天下；用舍行藏，自得于心。外在的环境优劣于否，不能动其心，不能移其志。所以，苏东坡一生被贬数次，依然词风豪放，洒脱自在，多少人读其诗文，忧烦苦闷欣然冰释；王阳明处绝地而逢生，仍能立学垂范，建功立业，其思想惠及后世。

学者当效先贤，仅有敏锐的思想不够，还要有坚韧的品格、开阔的胸襟、慈悲的心肠、高远的志向。

"人能弘道，非道弘人"，志士当以弘道为己任。纵时乖运舛，不能有为于世，尚可追慕清虚玄远，寄情于山水，"白发渔樵江渚上，笑看秋月春风"，亦得人生真趣。

答 疑

1. 问：关于"蛊"字到底是指"腐坏"还是指"有事"？

答：尚秉和《周易尚氏学》说："荀爽谓蛊为事。朱子盖以为不安。又曰坏极而有事。夫卦名皆由卦象而生。诂蛊为事、为惑，皆正训不误。而此则义为败坏，亦卦象所命也。彖曰巽而止蛊，亦以败坏为说。"

综上可知，"蛊"确指"败坏"，因败坏而产生事端，由事端而导致乱象。

2. 问：既然是蛊，那么为什么卦辞还会有"元亨"呢？

答：《左传·昭公四年》曾说："齐有仲孙之难而获桓公，至今赖之。晋有里、丕之难而获文公，是以为盟主。"杨诚斋也举了这两个例子："桓以无知兴，文以里丕霸，故乱为治根，蛊为饬源。"一个是齐国的例子，齐国因为有公孙无知之乱，才有了齐桓公归国兴齐的大治；另一个是晋国的例子，晋国先有里克、丕郑之乱，而后有晋文公对晋国的大治，并成为诸侯盟主。这两个事例有些多难兴邦的意思。也就是说，正是因为蛊乱，才有治蛊之机和治蛊之后的大治，齐桓公、晋文公都是在蛊乱中崛起的。

正因为"腐败"不好，所以惩治"腐败"就会大有利处，利国利民。民间有句俗话叫作："和珅跌倒，嘉庆吃饱。"意思就是惩治腐败贪官可以充实国库，于国于民都有利。所以，卦辞说要"利涉大川"，不要被腐败吓倒，要敢于涉险渡难，去争取胜利。

《周易》中很多卦体现着这种辩证关系，比如坎卦为险，遇险当然不好，但如果会用"险"，"险"就会成为堡垒和屏障。比如明夷卦为晦，指光明被损伤、被遮蔽，这当然不好，但如果会用"晦"，就会"用晦而明"，"晦"就成为一种治国修身的智慧。所以，蛊卦之时虽为败坏，但蕴含着"元亨"之义，这就是《周易》的妙处。

关于卦辞、象传及《大象传》部分，有几个问题需要补充探讨：

（1）"蛊"字之"义"。

以甲骨文、小篆的字形以及《说文解字》的解释，"蛊"字本义当为事物生虫，无论是人腹生虫，还是器皿中生虫，都有生病、腐坏之义，后来逐渐延伸到其他事物，词性发生变化，就有了"蛊蚕"（毒虫）、"蛊疾（心志惑乱的疾病）"，乃至"蛊祝"（用邪术诅咒害人）、"蛊伪"（蛊惑诈伪）等词出现，加之历史上不少巫蛊事件，使"蛊"字更加神秘，但仍不失其本来的生虫腐坏之义。

（2）"蛊卦"是腐败还是惩治腐败？

蛊卦卦时为"蛊"，是腐败。卦义为"治蛊"，是惩治腐败。

蛊卦的卦象是☶☴，"风落山"，有蛊乱、腐败之象，而蛊卦的卦辞、爻辞讨论的是如何"治蛊",是在指导如何惩治弊乱腐坏。这种现象在六十四卦中很普遍,比如水山蹇,卦时是蹇难,而卦辞和爻辞阐述的是如何出蹇;困卦卦时是困顿,卦辞和爻辞讨论的是如何脱困;坎卦的卦时是险难,卦辞和爻辞讨论的是如何出险。再比如讼卦,卦象"天与水违行",卦时为争讼,卦辞和爻辞讨论的却是如何能够免于争讼……卦时和爻辞的这种结构方式体现着时和用的关系。

(3)上下交还是不交?

上述虞翻和杨诚斋关于蛊卦由泰卦变化而来,提出了不同意见。虞翻认为上下相交,而杨诚斋认为上下不交。那么,究竟上下交还是不交?今试做分析如下:泰卦初九刚爻上升到上爻的位置,同时上六柔爻下来到初爻位置,对于由泰卦变蛊卦这个"往来"的过程,杨诚斋和虞翻持相同意见,但其结论却相反。虞翻认为这就是交,阳上去了,阴下来了,这就是上下相交;而杨诚斋却认为,阳上去了就停在了上面,阴下来了就处在了下面,于是形成了蛊卦,在蛊卦中阴上不去(因为阴气下行),阳下不来(因为阳气上行),上下不交,不交而成"蛊"。我们认为杨诚斋的说法更有道理,他是就蛊卦而言的,而不是就由泰而蛊的演变过程而言的,也就是说,虞翻的说法还没有切换到蛊卦的卦时中来,他把由泰到蛊的过程当蛊卦讨论了。

(4)上下不交又何以"元亨"?

结合刚才讨论的第二个问题,此问题就会迎刃而解。上下不交是"蛊"的卦时,卦时是蛊乱、腐坏。卦辞、爻辞讨论的是如何"治蛊",如何消除腐败,如何将"不交"打通。治蛊的效果是"元亨",要达到这种效果,就必须敢于涉险渡难,因此治蛊要"利涉大川",这是态度和决心问题,"先甲三日,后甲三日"是治蛊的方法。

(5)"三日"之"三"是虚指还是实指？

《周易》中用"三"的地方不少,有的可实指,有的可虚指,比如"有不速之客三人来""田获三品""昼日三接""入于幽谷,三岁不觌"等。"先甲三日,后甲三日",这个"三",如果实解为三,就会太过拘泥,况且根据不同的情况,宣布和实施政令的时间可长可短；如果限定为三日,无异于胶柱鼓瑟；但如果解为"多",又有些模糊且弱化了"三"的概念。因此,翻译和解释的时候就以"三"解,在理解和运用的时候要明白这个"三"既可以是"三",又包含了"多"。

(6)辨析"女惑男"。

《左传·昭公元年》记载,晋侯患病请秦国一个名叫和的医生来看病,医和看过晋侯之后曰:"疾不可为也。是谓'近女室,疾如蛊。非鬼非食,惑以丧志。良臣将死,天命不佑'。"接着向晋侯阐述了"天有六气,降生五味,发为五色,征为五声,淫生六疾"的道理,认为晋侯是由于近女室"不节不时",所以罹患蛊疾。所谓蛊疾,是精神错乱昏迷的病。医和解释"蛊"字的含义,食器里生虫子叫作蛊,庄稼生了飞虫也叫作蛊,又援引《周易》中的蛊卦,说道"在《周易》,女惑男,风落山,谓之蛊"。医和认为,晋侯得病的原因是"近女室,疾如蛊",言下之意,提醒晋侯要想治病就必须修身修德,对欲望要自我节制。这是一个很有名的典故,经常被引用,几乎成了蛊卦的"广告词"。

那么,蛊卦就是要探讨"女惑男"的话题吗？

我们知道,《周易》是一部经过漫长的历史时期、由历代的圣人逐步写就，有"四圣一揆"之说，是古圣先贤智慧的结晶，"四圣"所具有的胸怀气度和治理天下之大道蕴含其中。《左传》记载医和为晋侯看病的鲁昭公元年，已经到了春秋末期，礼崩乐坏、王道衰微，那些用卜筮来说事的卜官未必能体悟"四圣"之道，有知其道者，面对那些耽溺于淫乐的诸侯、公卿时，说起《周易》也常作权宜而言之，更有些引用就是借《周易》说话，和那时常借《诗》说话一样，与原文意思不相关的例子比比皆是，引用只是为了引起对方的重视，使表达更为婉转而有力度，比如上面说的"女惑男"这句话的出处。晋侯耽溺于享乐，得了病，医生一看就知道病是他自己生活腐朽淫靡造成的，但又不能直说，就借蛊卦来说事，说是"女惑男"，其实是提醒晋侯生活要检点。当大臣赵孟问："何谓蛊？"医生说："淫溺惑乱之所生也。"晋侯自作自受罢了。

蛊卦《大象传》说："山下有风，蛊。君子以振民育德。"这句才应该是蛊卦当之无愧的"广告词"。

蛊卦小结

蛊卦阐述了清除腐败、治蛊除恶的原则和方法。在蛊乱之世，有才德的贤士应及时奋起，施展抱负，清恶除奸，使社会重现清明之风。在治蛊的过程中，要充分认识到其中的困难与危险，提前做好周密安排，做到"临事而惧，好谋而成"，先计而后行，将眼光放长远，致力于未来的规划，行动实施后要观察核实，使成效扎实长久。

整治腐败要因时制宜，既不能姑息迁就，也不能过于刚直，应针对不同的对象和问题采取相应的措施，任用贤能，上下呼应，刚柔相济，恩威并施，以兴利除弊，使整治腐败的大计获得成功。

读卦诗词

浪淘沙·山风蛊

寇方墀

风啸谷山间，恣意回旋，草石摇落奈何天。
独上高楼抬望眼，风雨如磐。

蛊乱已经年，澄澈尤难，宁教元亨利涉川。
古往今来多少事，犹在人间。

临卦第十九

兑下坤上

导 读

上一卦我们学习的是蛊卦，大家应该还记得我们给蛊卦起的小标题叫作"坚决清除腐败"，整个卦在讲如何清除积弊，重现清明之风。在进行整治的时候，采取事前要分析考察，事后要观察监督等措施，整治过程中还要把握好恰当的分寸，既不能姑息纵容，也不能过于急迫，可以用阳刚的手段，同时要配合以彰显荣誉的方式，清除腐败的根本还在注重提振民心、培育民德，这样才可以使整治的成果得以稳固和长久。所以，整个蛊卦就是在集中精力办一件大事，这件事办好了，局面会大为改观，重新呈现出上升的气息与活力。接下来就到了临卦。

《序卦传》说：

蛊者，事也。有事而后可大，故受之以《临》。

我们的译文是：蛊含有整治事务的意思。有了拯治弊乱之事的过程然后事业可以进一步扩大，所以在蛊卦的后面是临卦。

为什么《序卦传》说"有事而后可大"呢？韩康伯曾说："可

大之业，是由事而生。"意思是说，要想成就大事业，就必须做事，做大事，才能成大业，所以我们才会把"事"和"业"放在一起，称为"事业"，没"事"，哪会有"事业"呢？那么怎么样来做事呢？临人，组织治理人，临事，规划治理事，都是将事业做大的必由之路。所以说，"有事而后可大"。做事的过程中，以位临人，以德化人，以悦感人，循地之道，顺人之情，这是蕴含在卦中的含义。所以，我们给临卦起的小标题是"领导的艺术"。

接下来我们看一下这个"临"字，𦣝（金文），一个人站在那里低着头向下看，下面是一排并列的东西，象征众多事物，发展为小篆时，字形就成为𦣝（小篆），仍然可以看到原来的样子，只不过组合的结构稍有变化，下面的一排东西就成了"品"字，代表事物众多，"臣"和"品"也成了这个字的声旁，成为形声字，整个字形表现为人俯视器物的样子。所以，"临"字本义就是从高处往低处察看，由上看下，居高面低，引申为监临、面临，更进一步引申为统治、治理。现在我们常用"感谢光临"这样的谦辞，形容对方是从高处来到低处，有以上对下、以尊对卑的意思。历史剧里会说"君临天下"这个词，"临"就是治理、管理、统治的意思。

我们来看临卦的卦象，上卦为坤为地，下卦为兑为泽，地在泽上，岸与水相接，是以地临泽，泽为地所临之象，所以称作临卦。同时，我们看到这个卦中二阳爻居下，四阴爻居上，按照《周易》各卦是由下而上发展的规律，临卦的两个阳爻在下，是阳刚之气渐次上升而逐渐强盛的象征，以阳刚临于阴柔，所以称作临。而这种临近相接的关系，既是一种彼此的沟通，又有凌逼的态势，预示着阴阳势力的消长。所以，临是真的到达，临人、临事、临物，都是最切近地去临，比如我们常说"身临其境"，身到达了这里，心也要到达此处，才是真的临，做最切实的考察、最到位的治理。这个道理用在学习、工作、生活当中，亦是如此，真的临于此，最为切近，才能真正有所体会，做事才能真正见到实效。

接着我们又要思考一个问题，既然临是讲以上临下，居高面低，那在临卦里阳爻居于下，阴爻居于上，到底是谁临谁呢？

回顾一下我们已经学过的泰卦，就能够明白其中的道理。以阳临阴，这是从外在的地位秩序来看的，然而阳刚者必须能够以谦卑处下，为民众服务，才能成就泰和盛世，这又是临民治事的大道之所在，否则阳居上而阴居下，就会成为否卦。临卦是两个阳爻居于下，表明阳刚治理者的态度和实现良好治理所应该居处的位置，这是很重要的一个理念。其实，临就是给予，而不是压迫和索取。比如，官员临民治理，为政一方，要看能给当地带来什么好的变化，能给百姓提供哪些服务，俯身操劳为百姓做哪些事情，解决百姓的忧愁，让百姓过上好日子。再比如，长辈到小辈那里，顾客到商店那里，被称为光临，但你得明白，这个光临，是要真正有光，临到那里，才不会给人家添麻烦。作为老师，临于学生，就是要俯首甘为孺子牛。这就是为什么在临卦里面，临民治事的两个阳爻会居于下面，而阴爻却居于上面的道理。这也是《杂卦传》里说"《临》《观》之义，或与或求"，将临卦解为"与"的原因。

讲　解

接下来我们看卦辞：

临：元亨，利贞。至于八月有凶。

我们的译文是，临：大为亨通，利于守正。到了八月将有凶险。

临卦上体兑为悦，下体坤为顺，愉悦而又顺从，大为亨通。这种亨通以守正为利，守正才会亨通。临卦以大临小，以刚临柔，君子道长，小人道消，本是亨通之时，然而阳刚之气接近盛极时，极容易产生骄气，放肆而无所顾忌，如不警惕，不久将会向反面转化。刚浸而长之势发展到八月，就会出现凶险。所以，无论临民、临事，要于阳刚兴盛时就思虑衰退的危机，在安乐的环境中警惕危难的发生，并提前有所戒备和行动。

对于"至于八月有凶"该如何解释？

我们来看十二消息卦的卦图就会看得更为清楚，临卦是十二辟卦中的一卦，地支值丑时，在农历十二个月中是第十二月，而泰卦是正月，代表着春天到来，就是我们常说的三阳开泰。沿着十二辟卦图，从临卦开始顺时针数过八个月，就到达了位于八月的观卦，观卦的阴气已经上升到第四爻位，如果阴气继续上升，上面的两个阳爻就面临着被剥蚀的危险。卦辞用这个将来要发生的状态来提醒，当下临人、临事要时刻怀有危机意识，不要在阳刚渐盛的时候忘乎所以，而应提前做好准备。

图 19-1 十二辟卦消息图

什么。

因为,"思"这个字,在古代常会用作语气词,无意义。用于语首,无实义,如《诗经·鲁颂·泮水》:"思乐泮水,薄采其芹。"用于句中,无意义,如《诗经·小雅·桑扈》:"兕觥其觩,旨酒思柔。"用在句尾,语气词,如《诗经·小雅·采薇》:"昔我往矣,杨柳依依。今我来思,雨雪霏霏。"因此,此处的"思"也是语气词,不必翻译成实指意义。

下面来看六爻:

初九,咸临,贞吉。
《象》曰:"咸临,贞吉",志行正也。

初九,感应而临民,守正吉祥。《小象传》说:"感应而临民,守正吉祥",是因为初九的志向行为是端正的。

"咸",为感。初九阳居阳位,当位得正,其志向和行为感动了近君大臣六四,阴柔守正的六四以和悦的态度与初九相应。由于双方都当位得正,所以彼此的感应是吉祥的。作为卦中两阳爻中的下爻初九,阳刚向上、志行方正,以刚健守正的品格感应柔顺的六四,志向得以推行,因此获吉。

"咸",我们解释为"感应",咸是无心之感,就是说不是刻意用心装出来的,不是强迫自己做出来的,而是发于至诚而然的,以至诚去感应对方,对方是会感受到的。我们往往能信得过自己,但未必能让别人也信得过自己,想要获得信任,不应采用各种手段方法,造作表现,这反而会失去信任的可能。只有将自身做好了,心地光明,志行正道,至诚无伪,就自然会得到对方的信任。这就是

"咸临"——无心之感的要义。

《论语·为政》中孔子曰:"临之以庄则敬,孝慈则忠,举善而教不能则劝。"讲的就是如何与人交往感应的问题,有感才有应,有至诚相感,必得真心相应。

九二,咸临,吉,无不利。
《象》曰:"咸临,吉,无不利",未顺命也。

我们的译文是:九二,以感应之心临民治事,吉祥,无所不利。《小象传》说:"以感应之心临民治事,吉祥,无所不利",并非由于对君主之命无原则地顺从。

九二与六五相应,情形与初九和六四相似,互为感应,也称为"咸临"。两者的不同之处在于:初九、六四居正却不得中位,九二、六五居中却不得正位,因此,行为必然有所不同。九二阳刚居于大臣的位置,辅佐六五之君时,六五常有柔弱不足之处,缺少刚健决断的魄力。在这样的情况下,九二就应以阳刚去弥补六五刚决不足的缺陷,而不应无原则地顺从君上。九二阳刚耿直,勇于表明不同见解,行为中道,以真诚与六五沟通相应;六五亦守中道,给予九二充分的信任,这样交相感应的关系自然吉无不利。

九二爻里面有个"未顺命",指的是什么"命"呢?

我们将它解释为"君主之命",是说九二不能无原则地顺从君命。不"顺命",反而是在负责任地帮助君主,这样可以避免六五之君柔弱有余,阳刚不足的缺陷,成为良好的君臣组合。

也有人解释为:"未顺命,对八月有凶言也,兑说坤顺,疑于顺也,圣人之意深矣。"(晏斯盛),即不能委顺于命运让凶险到来,要能够立命，李光地、晏斯盛持此意见。说到立命，大家会想到张载所说的"为天地立心，为生民立命"，这里面讲的是担当意识。但我们考虑到，九二爻要放在爻位之间来观察和解释，具体的担当，就是要辅助六五，"未顺命"，就是立命。

六三，甘临，无攸利。既忧之，无咎。
《象》曰："甘临"，位不当也。"既忧之"，咎不长也。

我们的译文是：六三，以花言巧语的欺瞒方式临民治众，没有益处。如果已经忧惧后悔这样的过失，就没有咎害。《小象传》说："以花言巧语的欺瞒方式临民治众"，这样做是因为居位不当；"已经忧惧后悔这样的过失"，所造成的咎害就不会久长了。

六三居于下卦兑卦的最上爻，兑为口为悦，既善于言说，又能取悦于人，所以说是"甘临"。甘是人所喜欢的，但甘得过度就是苦了。临民治事的方式是以花言巧语去取悦于人，有失德行之正，这不是正道，也不可能长久。

王船山《周易内传》说："六三与二阳相比，不知己之已即乎消，而居非其位，恋而不舍，徒以阴柔成乎容悦，幸阳之我容，岂能久乎？故'无攸利'。其能自知忧惧，敛而就退，以听阳之临，可以免咎。"王船山说到了六三的处境，之所以用甜言蜜语、花言巧语来取悦，是因为以柔爻居阳位，不中不正，且凌乘于二阳爻之上，与上六柔爻又无应，在如此不良处境下，六三欲自保临人，就采取了巧言令色的媚态取悦欺骗于人。这样的作为，失德悖理，最终将对其不利。如果六三处艰知忧，知忧能改，则可以无咎。

六四，至临，无咎。

《象》曰："至临，无咎"，位当也。

我们的译文是：六四，亲临民众中间，没有咎害。《小象传》说："亲临民众中间，没有咎害"，是因为居位正当。

"至"是抵达、到达、亲临其境，以至诚之心亲自到达，毫无伪饰，踏实到位，念兹在兹，心无旁骛，称为至临。《孟子·滕文公上》说："放勋曰：'劳之来之，匡之直之，辅之翼之，使自得之，又从而振德之。'圣人之忧民如此……为天下得人者谓之仁……为天下得人难。"尧治天下，以忧国忧民忧天下的至诚之心，起用贤能之人，全心全意，不辞劳苦，辅助带领民众，实现天下大治，堪称"至临"。

处临之时，六四为近君的大臣，与最下位的初九相应，如同直接下临于最基层的民众，位虽高而能与下民沟通相应，这种临民的态度堪称"至临"。六四柔居阴位，下与初九刚爻得正而应，位正当，没有咎害。

六五，知临，大君之宜，吉。

《象》曰："大君之宜"，行中之谓也。

六五，用智慧临民治众，伟大的君主就是具备这样的素质，吉。《小象传》说："伟大的君主就是具备这样的素质"，是指君主行为中道大度。

"知"，智慧。智慧是最高领导人所应具备的品质，所以是"大君之宜"。六五以中道与九二刚中之臣相应，知人善任，充分举用在下的贤者，是智慧君主奉行中道的表现。

六五柔顺而居于尊位，其智慧在于他不是矜持于自己的能力，用自己有限的力量去治理，而是能够充分发现和任用人才，知人善任，使贤能之士人尽其才，物尽其用。王弼说六五："处于尊位，履得其中，能纳刚以礼，用建其正，不忌刚长，而能任之。委物以能，而不犯焉，则聪明者竭其视听，知力者尽其谋能；不为而成，不行而至矣！"智慧的领导者，能够充分鼓舞天下的力量，以天下之聪明，用天下之能力，以天下人治天下，而自身却可以不为而成，不行而至，这就可以称作"大君之临"。

上六，敦临，吉，无咎。
《象》曰："敦临"之吉，志在内也。

我们的译文是：上六，敦厚临民，吉祥，没有咎害。《小象传》说："敦厚临民"的吉祥，是因为其志在于向内取善。

上六位于上卦坤体的极点，品质柔顺，且又在临卦的最上，是最敦于临道的象征。在临卦阳气浸长、阴气渐消的情况下，上六希望能够向内随从于阳刚，因此以质柔居正的柔顺之心，怀抱尊贤取善之志，积德向善，厚德载物，堪称"敦临"。以这样的淳厚之德临民治事，吉祥无咎。

马振彪《周易学说》："贞下起元，惟在敦其根本。上居坤顺之极，安土敦乎仁也。惟其敦临于内，根本盛大，所以知临于外，国土广大，无不顺从。敦之量无穷，知之量亦无穷也，所谓积厚而流光也。"

这一爻的例解我们用的是汉文帝治天下的例子。汉文帝克己为民、为政以德、笃实敦厚，开启了文景之治，堪称敦临。

我们已经把临卦的所有内容梳理完毕，接下来稍做阐发：

临，是阳刚之气渐长，以阳刚进取的精神，悦以顺的态度，临民治事，体现的是力量与担当，两阳爻在下，担负起四阴爻，有阳刚逐渐上升之势，已有化阴为阳，将要形成泰卦的趋势。

无论是临人、临物还是临事，要有临的原则，在临卦中已从各个层面进行了分析和解读。我们平时常用的一些话，往往习焉不察，如果仔细考虑一下，也可以给我们以启发，比如《菜根谭》中有一句话叫作"每临大事有静气"，是说每当遇到大事急事的时候，能够不浮躁、不畏惧、不急切，做到方寸不乱，清澈明达，这体现的是道家式的沉稳与开阔。在《论语·泰伯》中曾子说"临大节而不可夺也"，面临生死存亡的紧急关头而不会动摇心志，这体现的是儒家式的刚健与担当。同样是临，将这两句话放到一起，体现的就是中国人传统品格中儒道互补的为人处事的态度与方式。

答　疑

1.问：为何四德之卦还"八月有凶"，有的卦没有四德，好像比这卦还好？

答：《周易》卦爻辞有一个特点，"吉卦多凶辞，凶卦多吉辞"，在顺境中要有忧患意识，在逆境中要有进取的信心和坚韧不拔之志。这就是为什么在临卦中会有这样的凶辞。

2.问：这个"八月"是虚指还是实指？

答：解释的时候可以实指来解释，但运用的时候是虚指，因为

观卦第二十

坤下巽上

导　读

上一卦我们学习的是临卦，《序卦传》说从蛊卦到临卦是因为"有事而后可大，故受之以《临》"。临卦象征着事业盛大，那么，事业盛大之后呢？《序卦传》接着说：

物大然后可观，故受之以《观》。

意思是说："事物盛大之后就可以为人们所观瞻，所以在临卦之后是观卦。"这几个卦的排序是按照事物发展的规律，向前层层递进的关系。那么，现在我们就进入观卦的卦时。

《说文》解释"观"字曰："观，谛视也。"是指很专注、很仔细地看。如此仔细地观察，一方面说明观察者很用心，另一方面说明被观察物值得这样仔细地看。观卦探讨的就是如何可观和如何观的问题。

观卦坤下巽上，卦象为地在下，风在上，如同风吹行在大地之上，与万物普遍接触，广为观视。"观"有两层意思：在上位者视察、观示下情，是谓观；在下位者仰视、观瞻上情，也是观。以卦德而言，巽为风为入，风由上而下，入于土地，如同上级的号令入于民心；坤为地为顺，如同下级的宽厚接纳与安然顺从。从爻象来看，二阳爻在上，君子居于上位，是下属民众所观瞻的对象，而居上位的二阳爻也同时向下视察民情，形成上下互为观视的关系。

　　《周易》中的一些卦，整体的卦形是一种物象，以之来进行象征和发挥。观卦的卦形总体看上去，很像一座高高的门楼，《周易折中》引冯椅的话说："卦叠艮之画，有门阙重复之象，故取象于《观》。"意思说是，整个卦很像一个大的艮卦，而艮卦在《说卦传》里有"为门阙"之象。门阙，在古代也称为观，《说文》云："阙，门观也。"徐锴曰："以其阙然为道，谓之阙；以其上可远观，谓之观。"以其下面阙然可以作道路来说，称作阙；从其高高在上，可以远观来说，称作观。《尔雅·释宫》郭璞注："孙炎曰：'宫门双阙，旧章悬焉，使民观之，因谓之观。'"不但人站在门阙上面可以向远观、向下观，同时因门阙高耸，天子、诸侯在宫门外张示法令，悬挂匾额，使百姓仰视、观瞻，所以称作观。这样，我们就知道"观"有两个读音：一声 guān 和四声 guàn。一声"观"，是动词，观察、观示、观瞻等。四声"观"是名词，是建筑物名称，相当于门阙，而这个名称正是由其动词衍生而来。

　　在我们的生活中，可称得上"观"的事物往往是盛大或者值得多加观察的事物，我们常用奇观、大观、观止、壮观等来形容它们。同时，由于我们对于事物进行"观"并接受一些"观"的教化之后，通过观，会形成观点和观念，比如我们常说的"三观"——人生观、世界观、价值观，这些都是之前观的结果，也是之后观的根据。若仔细分析，观既有以上观下、以下观上，也有向内观和向外观的区别。以上观下，或以下观上，都是向外观，是对客观事物的观察认识，君观民，民观君，观天道、世情、风物、历史，观宇宙精神、山河气象，而最终是要对内心起作用。天道人心，内外契合，一派透彻，通达和谐，便是观的最高境界。

观卦综合了这几种观，我们结合卦爻辞，从王道化民的角度来解读观卦，通过观，以期达到上下沟通、人文化成的作用。我们给这个卦起的小标题叫作"视察与瞻仰"。

我们来看卦辞：

观：盥而不荐，有孚颙若。

观：（观看了）以香酒灌洒在地面上以迎接神明，还没有（观看）向神奉献祭品时，内心已经充满了诚敬肃穆。

观卦卦辞讲的是祭祀的仪式，盥和荐是祭祀仪式中的不同环节。盥更为诚敬庄严，荐就差了一些，所以说"盥而不荐"，突出的是内心的诚敬肃穆，这种诚敬肃穆，类似于一种宗教情感，虔诚、洁净。

讲　解

来看彖辞的解释：

《彖》曰：大观在上，顺而巽，中正以观天下。"观：盥而不荐，有孚颙若"，下观而化也。观天之神道，而四时不忒。圣人以神道设教，而天下服矣。

《彖传》说：宏大壮观者在上面赫赫矗立，既柔顺和巽，又能以中和刚正之德纵观天下。卦辞说"观：（观看了）以香酒灌洒在地面上以迎接神明，还没有（观看）向神奉献祭品时，内心已经充满了诚敬肃穆"，是说下面观礼者受到了感化。人们观察自然的神妙运行之道，可以看到四季交替运转没有差错。圣人效法自然以神妙之道设教化民，从而天下顺服。

有学友注意到《全本周易导读本》在译"神道设教"时用的是"圣人效法自然以神妙之道设教化民"，避免用宗教的词语来解读，将"神"解作了"神妙"，"圣人效法自然"则类似于"道法自然"，不是我们现在所说的自然界，而是彖辞前面所说的"天之神道"，天之神道能够自妙其化，四季交替而没有差错，大化流行而万物森然，所以圣人以这样的神妙之道来教化民众，用庄严的祭祀仪式唤起民众内心庄严崇敬的情感。

《周易》中的"神"，不是现代人所认为的人格化的神。《易传》中"神"字多次出现，有学者统计有34次之多，关于《易传》之"神"，传统的解释多把"知变化之道者，其知神之所为乎""神无方而易无体""阴阳不测之谓神""神也者妙万物而为言者也"这几句经典的文本语句进行贯通性的诠释，总体上把"神"看作既超越万物又内在于万物，且贯通于万物的存在，神妙而不可测知，但又无处不在，因此称之为"神"。而《易传》提到易之"神"的时候，最终会落脚于对人心的作用。如《系辞传》中孔子曰："夫《易》，何为者也？夫《易》，开物成务，冒天下之道，如斯而已者也。""圣人以此洗心，退藏于密，吉凶与民同患。神以知来，知以藏往，其孰能与于此哉？……圣人以此斋戒，以神明其德夫。"圣人兴神物，是为了"以前民用"，同时，圣人也以此来进行斋戒，使自身有神明之德。那么观卦里的祭祀斋戒所起到的就是"洗心"和"神明其德"的作用，圣人通过"易"来斋戒洗心，使其心通达神明化境，"德"就是圣人的心性境界。所以，圣人神道设教，既是斋戒洗心，自明明德，又是以身垂范，新民化民之举。举行隆重的祭祀，其庄严肃穆的仪式，是斋戒洗心的途径，感应的是至诚至敬之心。在祭祀的过程中，最为虔诚和庄严的时刻是称作"盥"的降神礼。

王弼曰："王道之可观者，莫盛乎宗庙。宗庙之可观者，莫盛乎盥也。至荐简略，不足复观，故'观，盥而不荐'也。"王道最为可观的，就是宗庙之礼，而宗庙之礼最为可观的，就是盥礼。

马融曰："进爵灌地以降神也。卦巽为白茅，茅在地上，坤水沃之，缩酒之象也。灌地降神，其诚敬之心，孚于神明，颙，敬也。及至荐牲则礼简略。"

祭祀宗庙初始时，盥为降神礼，是最为庄敬肃穆的时刻，崇高圣洁，庄严可观。此时的行礼者和观礼者内心充满了诚敬肃穆之情。其后是献飨礼，相比之下已不足观了。居上位的人是民众的表率，为天下民众所观瞻，言语举动当"如履如临"，像祭祀宗庙进行盥礼时那样诚敬庄严，如此庄敬至诚的举止态度，对民众是一种不言之教。

这里面结合生活我们应注意一点，即生命中的仪式感。其实，我们现代人在日常工作生活中，有些重要场合也需要仪式感，对于服饰、环境、行为都应有所重视。仪式感是内心庄重崇敬对待事物的表现，因此，不能活得太粗疏。仪式是内心诚敬的外在显现，对于接受仪式者则是一种礼遇，一种尊重的表达，用仪式表达内心，更是文明的一种象征。

我们接着来看《大象传》：

《象》曰：风行地上，观。先王以省方观民设教。

《大象传》说：风吹行在大地上，象征着上和下之间的俯察和仰观。先祖君王看到这样的卦象，巡视各方，观察民情，施行教化。

观卦的卦象是风吹行在大地上，无所不至，可以俯察万物之情，而万物也得以仰观和接纳风带来的讯息，因此有上观和下观之象。先王看到这样的卦象，明白了观的道理，于是广泛地省察民情，巡视各方，并施行教化，使天下得其观仰，民风淳厚。

"省方"，就是巡视四方，观察民情。"设教"是设立并施行教化。设教是通过省方来实现的，就像风吹在大地上一样，说明在省方的过程中，已经在教化了，这种教化是体察民情后做出的，是观的成果。当然，在观民的过程中，也使民观到了王道之风，这是至为顺畅的互动、互观，因此有春风化雨之致。

接下来看六爻的解释：

初六，童观，小人无咎，君子吝。
《象》曰：初六"童观"，小人道也。

初六，像小孩子一样观看，小人没有咎害，君子则会羞吝。《小象传》说：初六"像小孩子一样观看"，这是小人浅薄的做法。

初六在观卦的最下方，距阳爻最远，目光浅近，又才质柔弱，就像一个不谙世事的孩童。初六象征那些处于社会基层的平民百姓，对国家的治国之道并不能深刻理解，所知所见幼稚浅陋。对于平民百姓来说，这不是什么过错，但那些有文化有教养的君子，如果也这样头脑简单、见识短浅，就应该感到羞吝了。

我们在《全本周易导读本》中用的例解是郑国的子罕对待民众编歌谣的故事，他不以自身的荣辱毁誉来决定行为，而是将国家的安危治乱作为自己所应该考虑的事，所以他亲自去惩罚那些夸赞他的人，以使国家不产生内乱。站在不同的高度，会有不同的意识和观点。最底层的民众往往视野短浅，这是客观现实及教育环境所造成的，因此，没有远见卓识是很正常的现象。对于普通民众，这没有什么可责怪，但是作为读书的君子，则应该有更高远的眼光和见解。任何人都会囿于自己成长的环境、交往的人群及接受的片面信息的影响，因此从某种意义上来说，每个人都有"童观"的一面。意识到这一点，就应该常常做自省的功夫，以向外观接触和学习，通晓万物之理，同时要能够内观，向心性中寻找理之本然。前者是格物致知之路，后者是明心见性之路，也就《周易》所说的"穷理尽性以至于命"和"成性存存，道义之门"这两条途径。那么，即便是身为社会普通民众之一员，也可由此两条途径通达大道。这就是初六爻辞中所强调的君子应该做的事情。

我们来看六二爻：

六二，窥观，利女贞。
《象》曰："窥观""女贞"，亦可丑也。

六二，窥视观看，利于女子守正。《小象传》说："窥视观看""女子守正"，（在大观之世）也是可羞丑的事。

《说文》曰:"窥,闪也。"即从门内向外窥视偷看。六二阴爻,见识不广,虽与九五正应,但对君主阳刚中正的治国之道并不能看清楚,只能窥其一二。但六二居中得正,有柔顺之德,能够顺应九五,还是有利的。在大观之世,不能大观广鉴,对于一般居于内庭的女子来说,利于内敛守正,而对于要在外做一番事业的男子来说,视野太狭窄,门缝里看世事,就是可羞丑的事了。

"窥观"这个象,很容易让人想象到在门缝里向外看的场景,也容易联系想到垂帘听政的景象。六二是阴爻,又在坤卦二爻位,所以爻辞提到了"利女贞",女子可以这样,言外之意就是男子则不能如此,所以《小象传》说"亦可丑也",是说君子亦可丑也,与初六爻的意思一样,仍然是在强调和督促君子要有更为开阔的眼界和眼光。

我们接着来看六三爻:

六三,观我生,进退。
《象》曰:"观我生,进退",未失道也。

六三,反观自身的作为,谨慎地选择进退。《小象传》说:"反观自身的作为,谨慎地选择进退",没有丧失正道。

"观我生"就是反观由自身所生发出来的言谈举止、行为做派。六三阴居阳位,多凶之地,需要对自身的行为有所反观和深省,用舍行藏,进退取舍都必须谨慎。六三与初六、六二的地位不同,已由仰观于上而进入自观于内的层次,上可与上九相应,有进的可能,但因所居不正,还是要衡量客观情势,观九五之君的政令,以不失正道为准则来决定进退。

《论语·公冶长》中孔子说："今吾于人也，听其言而观其行。"

《吕氏春秋》提出的一套鉴定人行为和心理的方法叫作"八观六验"。《吕氏春秋·论人》曰："凡论人，通则观其所礼，贵则观其所进，富则观其所养，听则观其所行，止则观其所好，习则观其所言，穷则观其所不受，贱则观其所不为，喜之以验其守，乐之以验其僻，怒之以验其节，惧之以验其特，哀之以验其人，苦之以验其志，八观六验，此贤主之所以论人也。"系统地提出鉴定人的心理的两种基本方法。"八观"属观察法，"六验"则带有实验法的性质。

这是君主在用人时对属下的观验方法，作为个人来说，更要在这些时候反观自身，以求经得住观的考验。当然这不是表现上的伪装，而是通过对自身的反观和深省，使自身内外相符，德才俱进，进退合宜，成为真正可观之人。

我们再看六四爻：

六四，观国之光，利用宾于王。
《象》曰："观国之光"，尚宾也。

六四，仰观国家的政德光辉，利于宾助君王治国理政。《小象传》说："仰观国家的政德光辉"，这是个尚宾用贤的时代。

六四以巽顺之质处近君之位，可以亲眼看到国家的政德光辉。国家之治，光华盛美，一派盛世景象，六四生逢其时，理应为国效力，上辅于君，宾助国政，为国家民众效力，施泽于天下。古代的贤士入朝为官，君主以上宾礼遇之。《诗经》云："我有嘉宾，德音孔昭。"六四有才德，守正位，切近于九五，能够观到国家盛大华美的气象,得到了九五的礼遇和器重,形成了良好的君臣关系。

王船山说:"三修身以俟时,四则可决于进矣。"意思是说三爻还在修身等待的阶段,而四爻已经到了可以入仕发挥才华的时候。

六四爻辞中有"观国之光,利用宾于王"的语句,在《春秋左传》中有相关的占例,发生在庄公二十二年,是周史为陈侯占筮,遇观之否,于是说:"是谓'观国之光,利用宾于王'。此其代陈有国乎。"最终,田氏代齐应验了这次占筮,大家可以参考《全本周易精读本》对此的论述。

我们来看第五爻:

九五,观我生,君子无咎。
《象》曰:"观我生",观民也。

九五,反观省察自身的治政效果,君子这样做没有咎害。《小象传》说:"反观省察自身的治政效果",观察民风就可以知道了。

九五身居君位,下有四阴爻仰观瞻望,如同天下臣民百姓皆仰观其政,九五作为君主,应以阳刚中正之德教化民众,如"草上之风",使民风淳厚。而民俗的美恶、时事的治乱,皆系于九五,亦出于九五。九五将欲自观得失,就要先观于民。如果民风淳朴,天下风俗合于君子之道,则说明施行的是君子之道;如果民风浇薄,所治未善,那么自己就难辞其咎了。民风是政治的晴雨表,所以,九五"'观我生',观民也"。

这一爻已是君位,爻辞对于居君位者,仍然是提醒其反观自身。民众的善恶、风俗的美恶,都在于王道的教化,所以,当君主意识到问题的根结在己,那么就应该从自身做起,从修明政治的角度来淳化民风、教化天下，就能解决问题，君子无咎。

最后一爻：

> 上九，观其生，君子无咎。
> 《象》曰："观其生"，志未平也。

上九，观察他的所作所为，君子没有咎害。《小象传》说："观察他的所作所为"，心志没有安逸放松。

上九以阳刚居上位，是一位贤士君子，没有承担具体事务的政治责任，却也阳刚在上，是四阴爻仰观的对象，所以对自己的言行格外在意。上九和九五站在一起，以九五之忧为己忧，省身察己，自觉维护"大观在上"的整体局面。他既观察九五是否有失当之处，也注重自身的行为是否合乎民望。这就如同一位虽已不在朝堂做官，但仍将国家治乱牵系于心的贤者，满怀着忧患意识，心志没有安逸放松。君子如能一直保持这样的忧患意识和自省意识，便可无咎。

答　疑

问：《杂卦传》里说"《临》《观》之义，或与或求"，"求"怎么解？

答：《杂卦传》："《临》《观》之义，或与或求。"临、观两卦，一个说施与，一个说营求。

《临卦·象》："泽上有地，临。"孔颖达疏："欲见地临于泽，在上临下之义。"《观卦·象》："风行地上，观。先王以省方观民设教。"孔颖达疏："'风行地上'者，风主号令，行于地上，犹如先王设教在于民上，故云'风行地上观'也。以阳之浸长，其德壮大，可以监临于下，故曰'临'也。"由此可明显看出临观之义。以上临下者，"与"；风行地上，"观"，是下观上者，"求"。

临卦是"与"，上次我们已经讲过，临民就是要造福于民，是为人民服务，以美政与于民。而观卦之"求"亦是求于民，通过宗庙祭祀，蔚然可观的庄重教化，求得民众的瞻仰和支持。庄严的祭祀，内在的是以德配天之志，至诚为民之心，这便是王者之所求。临与观是一件事情的两方面，有所与必有所求，有所求才能够有所与，它们是互补相济的关系，形成生生不已的良性循环。

也有人解"求"为"求神"，或解为以下观上者求于上。

观卦小结

观卦阐述了社会中以下观上和自上观下的原则。通过"童观""窥观""观我生""观国之光""观其生"等不同的角度，阐明了视察和瞻仰之道：居于基层的民众要仰观政教，接受教化；居于上位的领导要俯察民风，施行教化。在四个阴爻中，爻位自下而上，离九五越近越好，越近越能看清国家政治局面，了解大政方针。初六身居底层懵懂无知，无须责怪；六二居于大臣之位却视野狭窄，眼光短浅，需要开阔思路，努力学习；六三位置渐升，需要反观自省，进退取舍要谨慎选择；六四能够目睹国家大政的光辉，就应竭诚辅助君王共襄盛世；九五君王通过观民来反观自己为政的效果，这样可以适时地发现并改正过失；上九是贤能之士，以国家大事为重，常怀忧患意识，注意观察九五的得失和百姓的需求，适时提出建议，以辅佑国家的长治久安。整个观卦充满着光明与沟通的气氛。

观卦《彖传》中提到"神道设教"，《象传》中讲"省方观民设教"，均提到了教化的问题。"神道设教"是培养虔诚肃敬之心，"省方观民设教"是强调以民为本，设立政教，作用于民众，以淳化民风。"观"在其中起到了非常重要的作用。

读卦诗词

齐天乐·风地观

寇方墀

盥而不荐观天下，颙若有孚深远。
地上风行，观民设教，众仰大观圣典。
童观窥眼，叹井底观天，屋隅门畔。
君子反观，知时进退德风渐。

士人卿相众贤，遇清平盛世，才思何限？
利用宾王，百官美富，大政光辉尽览。
北辰星灿，须政教自观，以民为鉴。
允执厥中，畏天则浩瀚。

噬嗑卦第二十一

震下离上

导 读

在读观卦时，我们已经学习到，观卦的卦时，讲事物盛大而可观，因此探讨了可观之时的诸种情况，卦辞突出庄严肃穆的祭祀仪式，以此唤起君民对于天之神道的虔诚景仰之心、诚敬肃穆之情，以此洗心，能起到"神明其德"的作用。爻辞更进一步讨论了如何观的问题，我们在讲读中，也谈及以上观下与以下观上的不同角度，以及向外观与向内观的辩证关系，提出对客观事物的观察认识，最终是要起到向内观的作用。内外契合，通达化境，而后再由内而外，指导和运用于外界事物，施行教化，修政治世，这是观卦的总纲领。

在观卦之后，接着就来到了噬嗑卦的卦时，《序卦传》说：

> 可观而后有所合，故受之以《噬嗑》。嗑者，合也。

我们的译文是：事物可以供人观仰而后上下就会有所沟通融合，所以在观卦之后是噬嗑卦。嗑是啮合的意思。

噬嗑卦第二十一

程颐在解释《序卦传》的时候说，事物既然可观，就会有与之相合者前来，跟前面我们学到的豫必有所随的意思相近，富裕了，就会有人前来追随。但从观到噬嗑，与从豫到随还是有所不同。从观卦的作用来说，观起到的作用是唤起上下彼此价值理念和内在情感的认同，这样就有了沟通融合的基础，但从价值理念到社会现实之间还有很大的距离，其中难免会有各种阻隔，遇到阻隔的时候怎么办？只有清除阻碍，才能和合，噬嗑卦就是讲如何清除阻隔而实现和合的目的，这也是噬嗑卦排序在观卦后面的原因。

我们为这个卦起的小标题叫作"清除拦路虎"。

关于卦名中"嗑"字的读音，《汉语大词典》《王力古汉语词典》《康熙字典》以及《说文解字》都有相应的解释，"嗑"读"合"的音，就是指闭合的意思。

噬嗑卦是一个象形卦，是一张嘴的形象：上和下两个阳爻，如同人的上下嘴唇，中间有三个阴爻如两排牙齿，阴爻中间还横亘着一个阳爻，如同口中梗着一件硬物，使嘴巴不能合拢，需要用力咬断硬物才能闭合。社会生活中处理大小事务时，常会遇到这样的问题，有小人从中作梗、有逸佞间隔等，使事物上下不能和谐顺畅，必须将其咬断、清除，才能实现和合。咬断清除的办法，小则用刑罚，大则用诛戮，这就是噬嗑。从卦象来看，下卦为震为雷，上卦为离为火，雷电交加之象，是要强力冲破郁结、清除阻碍，使天地阴阳之气畅通之象。从卦德来看，下卦有雷震之威，上卦有明断之明，是声威震于内而光明察于外，运用于社会中，有利用刑狱之象。

前面我们已经学习了二十个卦，乾、坤、屯、蒙、需、讼、师、比、小畜、履、泰、否、同人、大有、谦、豫、随、蛊、临、观，讲如何奋斗，如何厚德，如何创业，如何进行教育，等等。即便是像讼卦讲争讼，师卦讲战争以及蛊卦讲治理弊乱，其立足点基本上也是侧重于在特定的处境下该如何调整和规范自身的行为，以达到解决问题或防患于未然的目的。然而噬嗑卦却提出用刑罚甚至用刑狱去调整、规范、惩罚他人，如果说前面的卦中我们看到了儒家式的担当进取、道家式的谦柔豁达以及兵家式的克敌制胜的策略，那么，噬嗑卦就颇具法家式的以严刑峻法削除奸宄的意味。噬嗑卦用于政治领域，象征着施用刑罚清除坚硬难断的阻隔。即便是在我们日常生活中，也难免会有一些障碍险阻横亘咽喉，不咬不畅，不吞不快，说明仅仅靠柔弱不能解决问题，必须先噬，而后才能嗑。《杂卦传》说："噬嗑，食也。"咬断它，吃掉它，嘴巴才能合得上，借助这个生动的比喻，噬嗑卦讲了如何做到噬而后嗑的道理和方法。细琢磨这里的用辞也很有意思，"噬嗑，食也"，是咬断，吃掉，消化，而不是把它吐掉，吐掉就相当于把拦路虎释放了，没有经过彻底的惩罚和改造，日后还会生乱，所以噬嗑是咬断嚼碎吃掉，而不是吐掉。《周易》的用辞真是让人越琢磨越觉精妙传神。

　　噬嗑卦的上卦是离，代表着明察，对事物的外在及内里的情况看得很清楚，能够辨得清忠奸善恶，知道造成阻碍的关节在哪里；噬嗑卦的下卦是震，代表着有威力，有主动性，能够动用威力去处理掉关节点，打通上下的阻隔。若只有明，没有威，无法采取措施，最终会失去主动权；只有威，没有明，就可能会滥施刑罚，造成冤假错案，反而会激化矛盾，使事态变得更坏。只有"明"加上"威"，才能达到噬嗑的目的。

讲 解

我们来看卦辞：

噬嗑：亨，利用狱。

卦辞说得很明白，想要达到亨通，需要利用刑狱。刑和狱，亦有所不同。狱，有讼狱、刑狱的含义，《说文》："狱，确也。"指在狱案中判定有罪。董仲舒《春秋繁露》曰："教，政之本也；狱，政之末也。"从判案到用刑，都属于狱。"刑"指惩罚，《孟子·梁惠王上》："从而刑之。"《韩非子·二柄》说："杀戮之谓刑。"刑专指执行刑狱的阶段。之所以卦辞是"利用狱"，是因为上卦为离，下卦为震，包括了从判案定罪到施行刑罚的过程。

来看一下《彖传》的解释：

《彖》曰：颐中有物，曰噬嗑。噬嗑而亨，刚柔分，动而明，雷电合而章。柔得中而上行，虽不当位，"利用狱"也。

《彖传》说：口中有物，称作噬嗑。因为只有咬断合拢才能亨通，卦中刚柔上下两分，下卦震动而上卦明察，雷电交加而天理昭彰。柔顺者因行中道而得以上行，虽然以阴柔居于阳位显得位置不当，但利于使用刑罚。

我们来看《大象传》：

《象》曰：雷电，噬嗑。先王以明罚敕法。

《大象传》说：雷电交加，有噬嗑之象。先祖君王看到这样的卦象，于是严明刑法、饬正法令。

在雷雨天气时，火即为闪电，因此噬嗑卦的卦象是雷电交加，雷有威震之象，电有照亮明察之象，电明而雷威，雷电合在一起，威明相兼而有噬合之功。离卦象征着明罚，震卦象征着敕法，先王看到这样的卦象，明白了世间有威明并施的噬嗑之道，于是严明刑法、饬正法令，使正义得以昭彰，而邪恶梗阻被啮断清除。

这里有一个文本上的细节，在六十四卦的《大象传》中，其他卦都是由上而下说卦象，比如"水雷屯""山水蒙"，按此体例，噬嗑卦当为电雷噬嗑，据中溪李氏记载，蔡邕石经本，作"电雷"。朱熹的《周易本义》说："当作电雷。"

观卦之时，圣人以神道设教，以礼乐化成天下，然而在社会现实中，总会有冥顽不化、强硬作梗的人从中作祟，所以就需要以刑罚来惩治，这是用来辅助教化的手段，并不代表要崇尚刑罚暴力。执政者严明刑法、饬正法令，无非是要让受刑者痛改其恶，使蒙昧者知所畏惧而不敢犯罪，以此来保证绝大多数人的安全，维持社会的正常秩序。

下面，我们来看六爻的分析解读：

初九，屦校灭趾，无咎。
《象》曰："屦校灭趾"，不行也。

初九，脚上的刑具伤灭了脚趾，没有咎害。《小象传》说："脚上的刑具伤灭了脚趾"，不能继续行走。

"屦"，鞋。"校"，指施用刑法的器械。"屦校灭趾"是指脚上戴的刑具伤灭了脚趾，因而不能行走，以此对初九所犯的罪过进行惩罚。

关于爻辞中的"灭"字，有的注家解释为执行刑罚砍掉了受刑者的脚趾或者砍掉了脚，有的则认为是刑具遮住了脚趾，我们用伤灭脚趾来解释。中国古代有此类专门损伤受刑人肌体的刑罚，比如《尚书·吕刑》中就记载了古代的五刑制度，包括墨、劓、剕、宫、大辟，其中剕刑就是斩脚趾的刑罚，这些肉刑直到西汉文帝时期才废除，但景帝时期及以后的朝代又间或有所启用。所以，用伤灭了脚趾来解释，应该比较符合古代对于受刑人的惩罚形式。《小象传》说"脚上的刑具伤灭了脚趾"，不能继续行走。这既是描述受刑者因为砍了脚趾而无法行走的状态，也象征着使他从此不敢再有犯法的行为。

这里，将初九看作一个受刑的人。噬嗑卦阐述的是如何利用刑狱的问题，初九居于最底层，是受刑之人，初位又象征着罪过尚轻，可给予较轻的惩罚，以使其悔过自新，不再犯罪。

《系辞下传》曰："小人不耻不仁，不畏不义，不见利则不劝，不威不惩，小惩而大诫，此小人之福也。"意思是说道德低下的小人做不仁的事并不以为耻辱，做不义的事也不会感到畏惧，不见到利益就不会努力劳作，不加以惩罚就不会知道天理国法的威严，所以要在他犯小错误时就给予惩罚，以小的惩罚让他得到大的告诫，从而不敢犯大错，这是小人的福分。

六二，噬肤灭鼻，无咎。
《象》曰："噬肤灭鼻"，乘刚也。

六二，咬噬皮肤而伤灭了鼻子，没有咎害。《小象传》说："咬噬皮肤而伤灭了鼻子"，是因为乘刚的缘故。

"噬肤"，咬噬柔脆的皮肤，象征施用刑罚时很顺利。"灭鼻"，伤灭了鼻子，象征用刑要触及受刑者的痛处，才能起到警戒作用。六二居中得正，是利用刑罚的用刑者。因为六二居于乘刚的位置，要对桀骜不驯的初九进行惩罚，所以用刑时必使其感到疼痛，才能警其改过。在刑罚加于皮肤时伤灭鼻子，这是六二依据罪行轻重而采取的方式。六二用心中正，这样做没有过错。量刑适当，是防止其继续犯罪的有效方法。

《淮南子·泰族训》云："利赏而劝善，畏刑而不为非，法令正于上而百姓服于下。"意思是对于善行要用利益奖赏进行勉励，对于恶行要用刑罚进行严惩，以使其畏惧而不敢再为非作歹，法令在上方彰显正义有着严正不可侵犯的权威，那么下面的百姓就会甘心顺服、遵纪守法。

六三，噬腊肉，遇毒，小吝，无咎。
《象》曰："遇毒"，位不当也。

六三，咬噬腊肉，遇到了毒物，小有羞吝，没有大咎害。《小象传》说："遇到毒物"，是因为居位不当。

"腊"，干肉。咬干硬的腊肉时，遇到了腐败的毒味。这是因为六三阴居阳位，所居不正，自处不当，在用刑时遇到了怨气和愤怒，强梗难服。但是在大力清除阻隔，必须用刑的噬嗑之时，六三的作为是顺应形势，同时上承于九四，并没有乘刚之失，所以虽有小的羞吝，但没有大的咎害。

九四，噬干胏，得金矢。利艰贞，吉。
《象》曰："利艰贞，吉"，未光也。

九四，咬噬带骨头的干肉，得用铜箭头那样刚直的牙齿去咬断。利于在艰难中守正，吉祥。《小象传》说："利于在艰难中守正，吉祥"，因为噬嗑之道还没有得到光大。

九四居于近君之位，是担当噬嗑重任的人，四爻位已经由下体震卦上升到上体离卦，这期间噬嗑的难度越来越大，用刑也越来越深。"干胏"是带骨头的干肉，咬噬带骨头的干肉，坚硬难断，可见梗塞更大，清除更为艰难。九四本性刚直，又已进入离体，善于明察，质刚用柔，刚柔相济，面对"干胏"难断、光明得不到彰显的情况，九四坚守刚德，"牙齿"像铜箭头那样刚直有力，在艰难面前坚守正义，最终获吉。

六五，噬干肉，得黄金，贞厉，无咎。
《象》曰："贞厉，无咎"，得当也。

六五，咬噬干肉，得用黄金那样的柔中德行去完成，否则坚持下去会有危险，但没有咎害。《小象传》说："坚持下去会有危险，但没有咎害"，是因为刚柔得当。

六五是治狱之主，居于君位，柔而守中。断狱时，六五比九四更有权威，相比之下，"干肉"比"干胏"更易咬断，"黄金"即代表六五的柔中之德。在社会正义受到挑战，社会发展受到阻挠，必须噬嗑的情况下，六五要敢于清除拦路虎，整饬法纪，同时必须时刻意识到其中的危险；面对冥顽强硬的对手，要常存戒惧之心，防止恶虎伤人。持守中道而使用刑法，公正决断，处刑得当，才能达到目的，如此不会有咎害。

上九，何校灭耳，凶。
《象》曰："何校灭耳"，聪不明也。

上九，扛着沉重的刑具木枷以致伤灭了耳朵，凶险。《小象传》说："扛着沉重的刑具木枷以致伤灭了耳朵"，是因为积恶太久已经昏聩不明了。

"何"通"荷"，背负，承载。"校"，木制刑具。"灭"，伤灭。上九无位，居噬嗑之极，是受刑者，他积恶太久已经暴露无遗，罪过太大已经不可饶恕，是被处以重刑的对象。上九肩上扛着刑枷，由于刑重枷大，伤灭了耳朵。获致这样的重刑，是因为他不听劝告，冥顽不悟，积恶不改而导致的。

《系辞下传》："善不积，不足以成名。恶不积，不足以灭身。小人以小善为无益而弗为也，以小恶为无伤而弗去也，故恶积而不可掩，罪大而不可解。《易》曰：'何校灭耳，凶。'"善行不积累不足以成就善名，恶行不积累不足以毁灭其身。道德低下的小人以小的善行对自身没有益处而不去做，以小的恶行对自身没有伤害而不避免，所以最终积恶太久而掩盖不住，罪过太大而不可饶恕。这就是《周易》说的"何校灭耳，凶"。

答　疑

1. 问：彖辞中的"刚柔分"是什么意思？

答：历来有不同的解读。噬嗑卦是三阴三阳的卦，有注家认为"刚爻与柔爻相间，刚柔分而不相杂，为明辨之象"（程颐）；有的则用卦变来解释，认为初六分而上成为六五，九五分而下成为初九（张载）；我们的解读是"刚柔上下两分"，指上卦离卦为中女，为阴卦，为柔，下卦震卦为长男，为阳卦，为刚，内含刚柔并济之意，而不是一味地用刚，如此才能做到"动而明"。

"柔得中而上行"是指六五。我们的解释是：凡事不能亨通，其间必有阻塞。"噬嗑"而后可以亨通，六五得中而居君位，虽不当位，但利用治狱之道，刚柔并济，不会柔于怯懦，也不会刚于严暴。在治狱明罚的时候，震动而明察，啮合而彰显天道，上有离电，彻照无所隐藏；下有震雷，威严莫敢不畏，既明察秋毫，又威而能断，以此来清除邪佞，使事物冲破阻碍，顺利畅通。

2. 问：为什么初九是受刑之人？

答：程颐《伊川易传》认为："九居初，最下无位者也，下民之象，为受刑之人。"并且进一步解释说："初与上无位，为受刑之人，余四爻皆为用刑之人。初居最下，无位者也。上处尊位之上，过于尊位亦无位者也。"程颐认为，初爻和上爻无位，其余四爻都是有位的人，所以是施用刑罚的人。

3. 问：初爻和上爻到底是有位还是无位？

答：王弼《周易注》认为："居无位之地，以处刑初，受刑而非治刑者也。"

王弼和程颐都认为初爻和上爻无位，但两个人的看法却有所不同。王弼认为初爻和上爻不论阴阳定位，也就是说，初上两爻不言当位不当位，因此，初爻代表事物初始，上爻代表事物终结。程颐认为初、上爻无位之"位"指爵位，初爻尚未进入有位，而上爻已从位上退下来。程颐《伊川易传》强调："王弼以为无阴阳之位，阴阳系于奇偶，岂容无也？然诸卦初上不言当位不当位者，盖初终之义为大。临之初九，则以位为正。若需上六云不当位，乾上九云无位。爵位之位，非阴阳之位也。"

噬嗑卦小结

本卦阐述了如何运用断狱、刑罚的原则：自古圣王为治，设刑罚以齐其众，明教化以善其俗，刑罚立而后教化行。刑罚的公正严明是遏制罪恶滋生、确保社会安定的必需手段。噬嗑卦中所阐述的具体治狱原则是：罪恶一经发现，马上惩治，防止罪恶蔓延，达到小惩而大诫的目的；量刑要恰当，断狱必须公正；治狱者须刚直不阿，同时在方式上要注意刚柔相济的原则，防止"老虎"反扑和社会矛盾激化；对于怙恶不悛的极恶之人，要处以重刑，以伸张正义。可见，清除拦路虎的原则可归结为两个字，那就是"明"和"威"。

读卦诗词

琐窗寒·火雷噬嗑

寇方墀

有物颐中,合而后畅,噬嗑清阻。
朝行暮宿,偏有恶石当路。
必除之,明罚敕法,人间察恶方用狱。
小惩而大诫,灭鼻灭趾,小人之福。

相顾,忧危处。正整饬艰难,噬嗑遇毒。
直顽交割,善恶谁为刀俎?
看古今,天道周流,逆时逞恶劫不复。
存道心,一片慈悲,并刚柔以渡。

贲卦第二十二

离下艮上

导　读

　　上一卦我们学的是噬嗑卦，噬嗑卦讲的是噬断阻碍使上下彼此得以相合，在噬嗑的过程中，我们看到用强硬的刑狱、刑罚的方式来清除拦路虎，达到和合的目的。这种方式，可以说是用刑罚、武力解决问题，相对来说简单粗暴。对于人类社会的发展来说，这个过程就是在不断地去除武力而以文明的方式解决问题，这是人类走向文明的标志，人类追求的不是简单粗暴的合，而是光彩和美、顺畅和谐、充满了文明的光辉的合。所以，《序卦传》说：

　　嗑者，合也。物不可以苟合而已，故受之以《贲》。贲者，饰也。

　　噬嗑卦的目的是合，然而，事物不是随便简单地扭合在一起就可以了，而是要有相应的条理和文饰。"贲"的意思就是文饰。
　　如果说，噬嗑是武治的话，那么，贲卦就是文治。武治不可或缺，但却是用来惩治那些顽劣不化、强梗难服、为害社会的人的；正常的社会秩序中，对广泛的人群，需要的是文治，是文明的教化。这样的教化可以化育人心，减少恶人的出现，淳化社会风气，使人类更加文明。

"贲"的意思是文饰，贲卦就是探讨文治之卦。个人修养需要以言辞、行为、服饰、礼仪来文饰自身，社会治理需要以等级名分和礼仪制度来进行文饰和规范，以文明礼仪的教化和节制来实现社会的有序和谐，这些都是必不可少的文饰。

对于个人的修养来说，注重文饰可以体现一个人的素养和文明程度。如果认为只要内在素质高就可以了，而不需要外在的文饰来体现，就会有所偏颇。比如在《论语》里面，棘成子认为人只要有内在的品质就可以了，不需要外在的文，子贡反驳说，虎豹和犬羊如果剥去了皮，就根本没有什么区别，能够让人一眼识别出它们之不同的，正是虎豹之文与犬羊之文的不同，虎豹的皮毛文采华美绚丽，犬羊的皮毛则普通和黯淡得多，所以，文饰是体现本质的，去掉文饰，本质又如何体现呢？个人的言谈举止、行为做派，如果没有文明的节制、礼仪的文饰，那就说明本身缺乏相应的教养。这个道理，用在社会治理上是相通的。

从最根本的意义上来说，人之所以为人而不同于动物，就在于人能够有意识地进行文饰，有立规矩、守礼仪、知教育、懂装扮、爱艺术等体现人文精神的文饰。而贲卦就是探讨如何进行恰当、适度的文饰，从而达至文明之境、形成文明之治。

从贲卦的卦象看，艮为山，离为火，山下的火光照亮了山上的山石草木，万物披上了光彩，有贲饰之象。从卦德看，艮卦笃实，离卦亮丽，离下艮上，代表笃实本质与亮丽外表的完美结合，文明以止，有文之象。卦爻结构也显示出了刚柔结合、互为文饰的特征。

如果细致地观察贲卦的六个爻，结合我们当下的时代，可以得到更为具体的启示：初九爻以阳刚处于初位、底层，不要急于得到文饰，而应修其内在之质，把基础打坚实，努力像乾卦初九潜龙那样，有"确乎其不可拔"的志向，立志高远，又脚踏实地，不急着坐上车子前行，要一步一个脚印，奠定坚实的基础，求质而不求文。六二爻有一定的成就，就可以有相应的文饰了，但是这文饰要名副其实，就像胡须要跟着口唇而动一样，没有口唇，胡须无所附着，胡须之动体现的是口唇之动，这就是以本质来带动文饰，是非常自然而切实的，文不虚行。九三爻时，文明已达到鼎盛，如果对此没有警惕，过度追求文饰，就可能出现一种文明病。文明是人类所追求的，然而我们也一定要意识到，文明病所带来的种种隐患，比如人类文明对于自然的破坏、对于环境的污染、对于资源的攫取，以及人类文明的泡沫对人类淳朴本性的扭曲和异化。这些可怕的文明之病，人类应有所警醒。对于我们每个个体来说，如果对于文饰的追求已经掩盖、异化了我们纯然天真、质朴可爱的本性，就会使人变得虚伪，面目可憎。对于人生的追求变成了舍本逐末的对于虚名之争，是文明对个体的异化，可怕而又可悲。所以，九三爻辞提醒说"永贞吉"，就是让人永远记住：文不离质，体刚而履正，方不至于异化而由美变恶。到了六四爻时，开始了由贲返素的转变，"贲如皤如"，"如"表示不确实的态度，就是在说可以文饰的就文饰，不可以文饰的时候就还它以本色，而不应强制地以"一刀切"的态度进行文饰。这里面给个性和本色留下了空间，可以对文明病有所消减。中国道家的思想对此有着清醒的认识，因此不停地提出警告，比如老子说"天下皆知美之为美，斯恶已；皆知善之为善，斯不善已"。贲卦六四爻辞"白马翰如"，就是讲事物纯洁无伪的底色，有其本然之美。六五爻"贲于丘园，束帛戋戋，吝，终吉"，如果我们把人生当作自己的丘园，那么我们该如何去文饰这座丘园呢？爻辞说，不如褪去那些额外的文饰，以诚以俭，活出本真，与其文有余而诚不足，不如尚诚尚俭，朴素自然地生活，这样虽然看上去"吝"，不够豪华，但是却可以得"终吉"，这是因其具有了真和善，因而是内在而笃实的美。上九的"白贲，无咎"，是反归于本色，洗尽铅华，贲极而复归于无色，寻回本真，也可以将此爻看作善补过之爻，因而无咎。

讲　解

来看卦辞：

> 贲：亨，小利有攸往。
> 《彖》曰：贲，亨，柔来而文刚，故亨。分刚上而文柔，故"小利有攸往"。刚柔交错，天文也。文明以止，人文也。观乎天文，以察时变；观乎人文，以化成天下。

《彖传》说：贲，亨通，阴柔来文饰阳刚，所以亨通。同时分出阳刚在上而文饰阴柔，所以"利于小有所往（不可过度文饰）"。天地万物阳刚与阴柔交错而成文采，这是天文；人类社会既有光辉灿烂的文明又有止于至善的价值目标，这是人文。观察天文，可以知晓四时的变化；观察人文，可以教化百姓成就天下良好的礼俗。

贲卦预示着可以亨通，因为在卦中，阴柔来文饰阳刚，同时阳刚也文饰阴柔。卦中下体的离卦为文明，上体的艮卦为知止，文明以止，这就是人文。"人文"一词最早就出现在这里。人类在发展过程中逐步由质朴走向文明，逐渐有了礼乐教化。贲卦讲文饰，文饰的根本是要有质。离为文，艮为质，质而有文饰，才可以亨通。文虽美，但不可太盛，只能"小利有攸往"，否则，文胜于质会忽略了根本，而有虚饰之嫌。

我们来看《大象传》：

《象》曰：山下有火，贲。君子以明庶政，无敢折狱。

《大象传》说：山下有火，有光彩文饰之象。君子看到这样的卦象，明察多项政务，而不敢以文饰判断讼狱。

山由草木百物山石聚集而成，草木繁茂，而火的映照象征着百物都受到光明的照耀，这是对它们的文饰，是美化和温暖。君子看到贲卦这样的卦象，于是将重点用于修明庶政而慎用折狱。社会人文的修明与建设能够从根本上化成天下，使政治清明、社会文明，使争讼、折狱的事件逐渐减少。

初九，贲其趾，舍车而徒。
《象》曰："舍车而徒"，义弗乘也。

初九，文饰其脚趾，舍弃坐车而选择徒步前行。《小象传》说："舍弃坐车而选择徒步前行"，是遵循大义而不愿乘车。

我们看到爻辞里用的是"舍车而徒"，具有主动性，而且这种主动性是"义弗乘"，是正确的、符合大义的，因而是爻辞所鼓励的。初九以刚爻居于离体之初，是一位刚明守正的君子，虽然没有地位，但能脚踏实地从基层做起。初九在一卦最下层，在"柔来而文刚"的亨通之世，修明德行的初九有两种选择：一是就近上承于六二，接受六二之柔的文饰，很快就能乘上六二的车子前行，然而初九与六二是逆比，不合乎正理；二是徒步前行去追求远方的六四，彼此结成刚柔正应。初九毅然舍弃了坐车而选择徒步前行，可见初九是一位志向高洁、持守正义的君子。

六二，贲其须。
《象》曰："贲其须"，与上兴也。

六二，文饰其美须。《小象传》说："文饰其美须"，与上面合在一起呈现出来的样子。

贲卦主要探讨文明的意义，六二爻是下体象征文采明丽的离卦主爻。要进行文饰，当然要有被文饰的主体，六二作为一个居中守柔的阴爻，没有主动力，与六五爻无应，于是上承于九三，以其阴柔来文饰阳刚的九三。九三阳刚居正，与上九爻也无应，于是欣然接受了六二的亲比。由于九三与六四、六五、上九爻组成了口唇的模样，而六二就如同下唇九三之下的胡须一样，对九三起到了文饰的作用，所以称六二为"贲其须"。须的作用就是文饰，唇动则须动，唇止则须止，可见事物的善恶美丑取决于它的主体本质。

其实说到底，胡须再美，也要依附于口唇和下巴，因此，文是对质的文，皮之不存，毛将焉附，这就是文不虚行的道理。

九三，贲如濡如，永贞吉。

《象》曰:"永贞"之"吉",终莫之陵也。

九三,文饰的样子是那样和合润泽,永远守正吉祥。《小象传》说:"永远守正"的"吉祥",做到这样最终也不会受人欺凌。

九三居于离卦之极,有文明盛美之象,又居阳得正,上下各有四和二两个阴爻文饰于它,可谓上下交贲,所以有"贲如"之叹。"濡如",是指贲饰的文采润泽充盈,文质相得益彰,美好和洽。《周易》提到"某如"时,隐含犹疑不定之意,这里是担心文饰过盛,而掩盖或伤害到本质,所以后面强调了"永贞吉",只有永久坚守正道,不沉溺于华美的文饰,才会永葆吉祥,不会受到欺凌。

关于九三爻中的"陵"字,诸家解释多为"凌",一个人自身能够做到阳刚守正,且"贲如濡如",这样的人怎么会受别人的欺凌呢?别人只是泛指,泛指所有的人,不是特指某个人。

六四,贲如皤如,白马翰如,匪寇婚媾。
《象》曰:六四,当位疑也。"匪寇婚媾",终无尤也。

六四,文饰的样子那样素洁唯美,纯白干净的骏马奔驰而来,不是强盗可得佳偶。《小象传》说:六四当位得正,但内心有所疑虑。"不是强盗可得佳偶",说明最终会无所怨尤。

对于"翰"的解释大体有四种:(1)白色(陆绩、郑玄、李道平、马其昶、刘沅、黄寿祺、金景芳、余敦康);(2)疾驰(朱熹、程颐、杨诚斋、王夫之、尚秉和);(3)飞翔(李光);(4)徘徊等待之貌(楼宇烈)。

我们在这里取"白色"为解,以突出马的素洁纯美,象征六四贲极返素的回归。马的疾驰状则是由六四与初九阴阳正应的关系得来，而非直译爻辞。我们在解释中将其描述为一个动态过程：骑着洁白的马，先是犹豫不定（"如"字后缀本身就有犹疑不定的意味），然后快马疾驰去迎接初九，终会无所怨尤。

六四当位得正，已进入上体艮卦，开始了贲极返素的转变。六四本与初九正应，初九已放弃乘坐六二的车子而愿徒步前来相应，互为贲饰，但中间隔着九三刚爻，相应的道路不能畅通，是贲是素，六四有些犹疑不决。由于六四本质素朴，又当位得正，终于穿了洁白的衣服，骑上白色骏马，前去迎接初九。虽然遇到九三阻隔，但是发现九三是一位文采飞扬的君子，并非强寇，于是六四与初九终于可以走到一起，最终没有怨尤。六四的美是贲极返素的回归，是弃华尚素的纯美，与舍弃车子而甘愿徒步走的初九可谓志趣相合，彼此是难得的佳偶。

六五，贲于丘园，束帛戋戋，吝，终吉。
《象》曰：六五之吉，有喜也。

六五，以朴素自然的山丘园林为文饰（贤人居于山林），手持着一束简约微薄的丝帛，显得有些吝啬，终获吉祥。《小象传》说：六五的吉祥，是因为有喜事啊。

"戋戋"，浅小微薄的意思。六五柔中而处君位，居于上卦艮止的中位。在贲卦中，下体离卦是以阴饰阳，而上体艮卦是以阳饰阴。如果从以文治天下的角度来看，六五居于君位，以阴柔之质有赖于阳刚的文饰，而阳刚也需阴柔之君的礼贤下士，对于贤士的崇尚，以贤者为师，使野无遗贤，是文治之世的象征。上九是艮卦主爻，有居于山林的贤士之象，六五顺承于上九形成正比，比喻具有柔中之德的君王接受上九贤人的文饰。在求贤的过程中，六五只准备了一束丝帛，以浅小微薄的见面礼来敦请贤人，表面上显得吝啬，但其诚恳中道的简朴品质却打动了上九，愿与六五结成亲比文饰的关系，相得益彰，终获吉祥，这当然是六五的喜事。

上九，白贲，无咎。
《象》曰："白贲，无咎"，上得志也。

上九，素白无华的文饰，没有咎害。《小象传》说："素白无华的文饰，没有咎害"，是居于上极而贲饰之志得以实现。

"白贲"，是洗尽铅华后的素颜之美。贲卦自六四爻始，由华丽转向质朴，文饰太盛会掩盖甚至伤害到本质，如同社会文饰太盛会造成浮夸成风和形式主义，礼仪制度亦不可太烦琐和铺张。上九位于贲卦的终极，上体艮卦之终，是"文明以止"到达的最后阶段，文饰极盛而回归本真。华丽之后仍能够坚守朴素的本质，使以质朴为本、止于至善的贲饰之志得以体现，就达到了贲道的目的，这样才不会有咎害和过错。

答　疑

问：如何理解"柔来而文刚""分刚上而文柔"？
答：关于"柔来而文刚""分刚上而文柔"，有不同的解释，有的用卦变来解，有的认为下卦的离卦是坤来到乾中，以柔来文刚，而上卦的艮卦是乾来到坤之上，以刚来文柔，而我们就直观地从卦象来看，是刚爻与柔爻交错互为贲饰之象。而这种交相文饰的情况，在天地间自然存在。因为天地就是阴阳互为推荡、互为作用而成大化，万物彬彬然；在人类社会中也是刚柔交相作用，彼此相辅相成，而构成人文之景观。

贲卦小结

贲卦阐述了文与质，即礼仪修饰与素朴本质的关系。有文采、懂礼仪是人类文明的外在表现，而其素朴真诚的内在本质是与文采相辉映的基础与核心。在社会行为中，礼仪和修饰都应该合于时宜，适当修饰，不可过分，一切文饰都应当是为实质服务的。在贲卦中，由初爻到三爻，从"贲其趾"到"贲其须"，再到"贲如濡如"，文饰由轻微到华丽，直至文饰的鼎盛；然后由四爻到六爻，从"白马翰如"到"束帛戋戋"，再到"白贲，无咎"，文饰由华丽复归于质朴，最终以无色为贲。贲卦研究的是文饰，但最终强调的却是本质，可见文与质的关系是相反相成的，正如《论语》所言："质胜文则野，文胜质则史，文质彬彬，然后君子。"

读卦诗词

烛影摇红·山火贲

寇方墀

离火摇红，映山赋色青林暖。
柔来泽润与阳刚，石立清流浅。
早有夫子占验，贲无华、方为文冠。
昼明夜暗，交错刚柔，天文可辨。

宜作人文，化成天下文明衍。
君子徒步舍车行，惟义天涯远。
濡润光泽充满，登丘园、浮华尽敛。
天然雕饰，出水芙蓉，风轻云淡。

剥卦第二十三

坤下艮上

导　读

　　上一卦我们学习的是贲卦。贲卦讲文饰，天地之间，人、事、万物有恰当的文饰是正常的，但如果过度文饰，过分注重外表，对形式的追求大于内容，且逐步掩盖了内容，那么就如同我们在讲贲卦时所言，过分地追求文饰，会成为一种文明之病。一个追求形式主义的时代，则会走向实质的虚无，人心之中缺少了笃实刚正之气，缺少了本质，所有的繁华热闹就只是一袭华丽而空虚的袍子，没有灵魂，只剩下躯壳。虚脱了的空壳必不能长久，这就意味着剥落之世的到来。

　　《序卦传》曰：

　　　　贲者，饰也。致饰然后亨则尽矣，故受之以《剥》。剥者，剥也。

　　《序卦传》说：贲是文饰。文饰太过以至于虚饰之风大行其道则亨通的局面就要耗尽了，所以接着是象征剥落的剥卦。剥是"剥落穷尽"的意思。

我们来看一下卦名这个"剥"字。"剥"字有三个读音：

剥（bō）：《说文》释为"裂也。从刀从录。录，刻割也"。表示裂、撕裂；削；刻割；脱落、侵蚀。

剥（bāo）：去掉外面的皮或其他东西，如剥皮，剥花生。

剥（pū）：通"扑"，击，打。《诗·豳风·七月》："八月剥枣，十月获稻。"

《周易正义》孔颖达疏："剥者，剥落也。"《杂卦传》："剥，烂也。"阴侵蚀、撕裂阳而至于将尽，所以剥为烂、为落、为将尽。尚秉和《周易尚氏学》曰："盖阴消阳，柔变刚，皆以渐而及，非猝然为之，有似于树木老皮之剥落。《归藏》作仆，'仆'与'扑'通。《庄子·人间世》：'蚤虱仆缘'，仆缘即扑缘。"

总之，剥是用刀或其他工具进行切割刮削，或去皮，或击打，或迫害削蚀，或剥落革除，而其过程是渐次进行，并不是突然间就全部剥落。

文饰过度就会走向虚饰，虚饰的东西终将剥落，因而随之而来的是剥卦。剥卦是由坤下艮上组成。从卦爻看，剥卦五阴爻自下而上形成了很强的气势，顶端仅存一阳爻，有众阴剥阳之象；从卦象看，坤为地，艮为山，山原本高耸于地，现在却颓附于地表，有土石剥落之象；从卦德看，内坤外艮，内柔顺而外静止，如同在群阴当道、小人得势的时候，君子顺应时势，不强争，静以待时，保存实力，这就是处剥之道。

剥是一步一步进行的，阴气从地下发出，先剥蚀主体的根基，再悄然向上，逐步剥蚀到主干，剥蚀到身体，到剥蚀掉首脑，最终只剩一缕微阳，高悬枝头。我们给这个卦取的小标题就叫作"硕果不食"。

讲　解

下面，我们就需要把卦时切换到剥卦中来了。先来看卦辞：

剥：不利有攸往。

卦辞表述得简短而又明确：在剥之时，不利于有所前往。是谁不利于有所前往？当然是指君子。因为这是一个众阴剥落阳、众柔扭转刚的时代，象征着众小人在剥丧君子，这时的君子正陷于攻击和盘剥之中，整体环境既凶且危，如果在此时有所行为，就会为对方编造谎言进行攻击提供借口和机会。《易》为君子谋，提醒君子此时不利有所往，而应看清时势，在阴气盛长之时，当谨慎韬晦，与时消息，以避祸患，不做无谓的牺牲。

所以，剥卦象辞讲：

《象》曰：剥，剥也，柔变刚也。"不利有攸往"，小人长也。顺而止之，观象也。君子尚消息盈虚，天行也。

《象传》说：剥，就是剥落，是阴柔侵蚀改变阳刚。"不利于有所前往"，是因为小人的势力主宰了时局。要顺着时势去抑止剥落，观看卦象就可以知道该如何做。君子崇尚消亡生息、盈满亏虚互相转化的道理，这是天道的运行规律。

象辞里提到了"消息盈虚"这个词，我们可以稍细致地讲解一下：

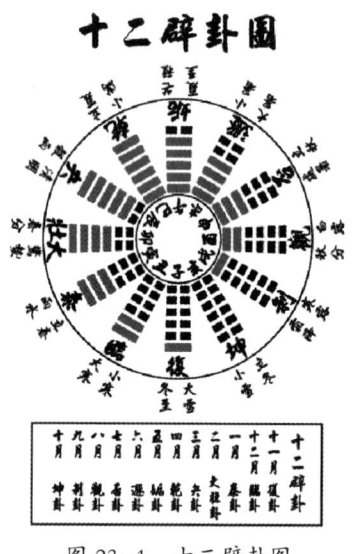

图 23-1 十二辟卦图

　　剥卦在十二消息卦中值阴历九月，是霜降的节气，秋将尽，冬欲来，植物在这个月里，自下而上受阴气侵蚀，枝叶由绿变黄变枯，渐次脱落，直到变得光秃秃的，只剩下高高的枝头上已经成熟的果实没有被侵蚀掉。这枚果实的意义在于其中蕴藏着的种子，它将生命的一缕生机阳气保存起来，在沉寂中度过严冬，孕育等待一阳来复。

　　自然中的天道运行，有阴阳刚柔的变化。刚柔者，昼夜之象。柔变刚，是指夜越来越长而日越来越短，就像黑夜在一点一点不断地吞噬白天一样。二分二至，阴阳二气彼此推荡，阳长则阴消，阴长则阳消，在此消彼长中，天地日月盈虚周流，这就是天行，是天道自然的运行。天地之间阴阳势力互为消长，盈满和亏虚不断运行转变，君子懂得事物转化的客观规律，随顺天道，动静行藏顺时而行。这道理运用到社会人事中，身逢晦暗不明之世，小人当道之时，处于阴剥阳的情况下，衰世不足以有为，不利于君子有所作为，而应收束身心，保存实力，依赖民众，打好基础，静待时机。处剥之道不以刚止剥，而是效法坤与艮之德，顺着时势去抑止剥的势力，致力于厚下安宅，则虽危而犹存。这是处于剥之时的最为理性的处事态度。知道事物剥极必复的道理，因此守正待时，无所怨尤。

《象》曰：山附于地，剥。上以厚下安宅。

《大象传》说：山附着在地上，有剥落之象。居于上位的人看到这样的卦象，于是培厚根基、安固宅屋。

剥卦的卦象是高山委顿附落在地上，有剥落之象。高山会剥落于地，是因为根基被剥蚀，因此，固本安基是防止剥落的根本方法。用于社会人事中，凡剥落之事，多因根基不稳而被逐渐剥落，比如屋宅，只有打好地基，使其坚固厚重，房屋才会稳固而不会剥落坍塌。因此，居于上位的人看到这样的卦象，明白了本固邦宁的道理，于是致力于培厚根基、厚待下民，以此来安固居身之所，防止剥落。

王船山《周易内传》曰："此全取山、地之象，而不依卦名立义者也……一阳孤立，仅有高位，保固图存，则用此象为得也。'厚下'，取坤之载物，养欲给求以固结人心。'安宅'，取艮之安止，自奠其位也。"

意思是说：这是从整体的卦象来说，剥卦严重阴阳不平衡，阴盛而阳衰，仅一个阳爻孤立在高处，有整体将倾废之象，若要救危图存，就必须注重培固根基，这是居于上位的人应该警醒并应该着手去做的事情。卦辞里说君子不利有攸往，是因为君子没有居于高位，而且值小人之世，难以有所作为。但是，居于上位的人却不能坐以待毙，而应该努力抚育民众，团结民心，远离小人，采取拯救措施，就像否卦九五爻辞所说"其亡其亡，系于苞桑"。或可以扭转局面，转危为安。时虽同，位不同，担负的责任、运用的权力不同，也就有不同的方式方法和行为原则。

下面来看六爻的分析：

初六，剥床以足，蔑贞凶。
《象》曰："剥床以足"，以灭下也。

初六，剥蚀床脚，蚀灭正道显现凶险之象。《小象传》说："剥蚀床脚"，阴气先从下面蚀灭破坏根基。

剥卦由五阴爻与在上的一阳爻组成，其形状有床之象。《说文》曰："床，安身之几坐也。"床是古代用以安身的坐具。焦循《易通释》以"床"与"壮"同声，认为"床"是"壮"的假借。"剥床"就是"剥壮"，意思是已经将最下面的阳爻剥掉，而变成了阴爻。我们仍然以床这个实物形象来解，阴剥阳由下而上，小人的势力也是由下到上，由弱到强，逐渐上升，要剥落君子的安身之所，先从根基的床脚开始。初六在剥卦最下层，阴气从床脚开始侵蚀。"以"是及，"蔑"是消灭。剥落之势到达床脚，消灭了正道，形势呈现出凶象。如同小人势力在下层排斥、迫害正人君子，使基础开始动摇。

《周易费氏学》引任启运曰："国之有民，犹床之有足也，而剥民以自奉者不知。"这是顺着《大象传》的角度，从反向思维进行提醒：剥者，或许正是居上者举措失误而不自知呢。

再来看第二爻：

六二，剥床以辨，蔑贞凶。
《象》曰："剥床以辨"，未有与也。

六二，剥蚀床板，蚀灭正道非常凶险。《小象传》："剥蚀床板"，因为没有人扶持帮助。

"辨"为床板，阴剥落阳的势力已经由床脚上升到床板。床板是床的主干，是支撑床的中坚力量。在国家大局中，六二是大臣之位，阴气侵剥君子，陷害大臣，并以小人势力占据了大臣之位，而在阳气剥落之世，大臣上无所援，得不到阳刚势力的支持，小人势力渐强剥灭正道，形势更为凶险。

六三，剥之，无咎。
《象》曰："剥之，无咎"，失上下也。

六三，剥落之时，没有过咎。《小象传》说："剥落之时，没有过咎"，因为离开了上下相邻的朋类。

《周易尚氏学》认为这个爻辞中的"之"是衍文，而帛书《易》作"剥无咎"，《释文》中也是"剥无咎"。但王弼及其他的版本都是"剥之无咎"。我们仍取通行本的"剥之无咎"，并译作"剥落之时，没有过咎"。

在众阴剥阳而小人控制局面的剥落之世，小人的群体力量并非阴冷坚固的铁板一块。在众阴之中，六三以阴柔之质居于刚位，并独与唯一的阳爻上九相应，是一位柔中有刚、志向从正、愿扶助阳刚上九的君子。身在小人的群体里，六三并不与上下各阴爻同流合污，是剥落之世难得的一份拨乱反正的内在正义力量，应予以充分的重视、团结和起用。同时也要看到，六三虽然与上九正应，有阳刚的支援，但处在群阴包围之中，非常艰难，需要时刻小心。

我们的例解用的是春秋时期"崔杼弑其君"的例子。在众人都避凶危之时，大夫晏婴却不畏惧小人，坚守正义，并在平息内乱之后复出为相。晏婴是剥落之世仍能坚守正道的历史典范人物。

六四，剥床以肤，凶。
《象》曰："剥床以肤"，切近灾也。

六四，剥蚀床体已经侵蚀到肌肤，凶。《小象传》说："剥蚀床体已经侵蚀到肌肤"，是说灾害已经切近肌肤了。

阴的势力逐渐上升，从剥落床脚到剥落床板，现在已经侵蚀到人身，祸害危险已经切近肌肤。六四是近君之位，而周围上下既无比也无应，又是阴居阴位，非常阴险，说明这个位置已经被小人剥夺，下一步就到威逼君位六五，而后去剥掉唯一的上九了，这是非常切近的灾难了。所以，这个爻直言其凶。

我们的例解用的是明朝末期宦官魏忠贤的事例，来说明小人已经占据高位，积重难返。如果用来说明人体逐渐被疾病所侵蚀的状况，很容易让人联想到《韩非子》中扁鹊见蔡桓公的故事。蔡桓公的病在肌肤的时候，他感觉不到，病在肠胃的时候仍感觉不到，病到骨髓的时候还没有感觉到，因此对于扁鹊的警告充耳不闻，当他感受到体痛的时候，已经无药可救，而那时扁鹊早就逃到秦国去了，桓侯遂死。

六五，贯鱼，以宫人宠，无不利。
《象》曰："以宫人宠"，终无尤也。

六五，鱼贯而入，引领着众宫女请求宠信，没有什么不利。《小象传》说："引领着众宫女请求宠信"，最终没有过失。

"贯鱼"，鱼贯而入。鱼属阴物，宫人亦属阴。六五为群阴之主，能使群阴按顺序，如鱼贯然而入。六五率领四个阴爻，就像一个柔弱的君主率领着一班宫女嫔妃，一起去寻求上九的帮助拯救，这个卦象没有什么不利。坤卦的上六爻辞是"龙战于野，其血玄黄"，是因为全部都是阴爻，上六带领所有的阴爻，形成了阴的绝对势力，上无阳爻，于是自拟为龙，才有了"龙战于野"的冲突。而剥卦上爻是阳刚的上九，六五带领着众阴爻亲比于上九，以中道之德，柔顺以止，宽容群阴，并引导他们不再进一步去剥落仅存的阳刚上九，给剥极必复的形势转换创造了条件，最终没有过尤。

上九，硕果不食，君子得舆，小人剥庐。
《象》曰："君子得舆"，民所载也。"小人剥庐"，终不可用也。

上九，硕大的果实没有被吞食，君子得以乘坐大车，小人却还在妄想剥掉屋宇。《小象传》说："君子得以乘坐大车"，这是因为受到民众拥戴而负载前行。"小人却还在妄想剥掉屋宇"，这最终是不可能得逞的。

上九是唯一未被阴剥落的阳爻，可以说是硕果仅存，没有被小人吃掉，这仅存的一脉阳刚之气，却蕴含着扭转局面、星火燎原的力量，促成了剥极必复的大局。在整个宇宙中，阴阳消长，相成相反，互为其根，阳永远不会被剥尽，阴也永远不会被消灭，阴阳不断激荡，循环往复，万物生生不息。社会人事也是如此，盛衰治乱，天道循环，自古如此。剥卦上九已经出现了剥极必复的转机，在这样的态势下，君子受到民众的拥戴，如同坐上了车子，抓住良机快行向前，而小人却仍做最后的挣扎，妄想把屋顶的一阳爻剥掉，这样的想法是不可能实现的。

答　疑

问："剥床以辨"的"辨"指什么？

答：关于这个"辨"字：

刘沅说："辨，床之面，即平也。古平、辨字通用，《尚书》平章、平秩，《史记》作'便'，《索隐》曰：今文《尚书》作'辨'。（《周易恒解》）

马其昶："辨有片音，与遍、牖、蹁皆通用。"

李士鉁："辨，足之上，近膝之下，犹床干也。"

"辨"字，如果用来表述床的部位，就是床板；如果用来表述人的身体，就是人的腿骨；如果用在国家官僚体系中，就是指股肱之臣：他们都是用来作主体支撑的。侵蚀到这个部位，就说明危险已经临近，越来越严重了。

剥卦小结

剥卦重点阐述了在小人当道的乱世如何处世的原则：阴剥阳从下层根基处开始，剥蚀了基层的阳刚力量，然后阴的势力进一步占据了大臣的位置，并逐步向核心进逼，君子在这时候，要能够顺时处世，谨慎地保存实力，不要以阳刚强逆；同时，要注意在小人的群体里发现有志于正道的君子，接纳、信任并联合运用这股力量，共谋大计；身处剥落之世的柔弱之主，虽已被阴柔所制，但要及时寻找阳刚的力量，以顺势而抑止的策略带领群阴亲附于阳刚，依靠阳刚的力量使局面出现转机；到达剥落之极时，阳刚之士要出来主持大局，拨乱反正，促使剥极必复的局面早日实现。

读卦诗词

谒金门·山地剥

寇方墀

暮秋至，凄雨寒霜消息。
秋叶凋零秋风起，落花何处觅。

步步风霜迫急，切近肃杀寒意。
阴气欲凌犹不及，一阳枝头立。

复卦第二十四

震下坤上

导　读

我们上一卦学习的是剥卦。剥是五阴剥一阳，阴的势力不断侵蚀，阳的势力渐次消退，最后阴将阳几乎要剥落殆尽了，然而宇宙大化，天道周流，万物生生不息，阴气剥到最后终余一阳，硕果不食，阳气留存，这一缕阳气凝聚沉淀而成为生命更新的火种，蓄势萌芽重生。因此，《序卦传》说：

物不可以终尽，剥穷上反下，故受之以《复》。

《序卦传》说：事物不可以一直剥落到剥尽，剥落困穷于上就会返归于下，所以接着是复卦。"上"是指剥卦的上爻，"下"是指复卦的下爻，也可以理解为阳气在外被剥落而敛藏归蓄于内，就如同天气进入最寒冷的季节，地表以上阳气消遁而归藏于地下，这一缕微阳开始孕育恢复生机，此即剥极必复的道理。

《周易》六十四卦中，有一些卦比较重要，因为蕴含了《周易》中重要的思想和价值理念，它们的分量比其他卦重要得多，比如乾坤、泰否、剥复、损益、既济未济等。复卦就是其中之一。《杂卦传》说："复，反也。"指返归，复返。在《系辞传》中，"三陈九卦"，三次阐述九个卦的功能含义，复是其中一卦，称复为"德之本也"，并且"复小而辨于物""复以自知"，可见复卦在《易》中的重要性，以及作《易》者给予复卦的高度重视。冯友兰先生认为复卦体现了天地运行的规律，他提出《周易》六十四卦的排列至少包含三点意义："（1）宇宙中发生的一切，包括自然和人生，构成一种连绵不断的自然顺序锁链。（2）在这样的演化过程中，每一事物都处于和自我否定的运动之中。（3）在这样的演化过程中，事物永无穷尽。"（《中国哲学简史》）

我们进行一下稍细致的分析，先来看看卦名这个"复"字：

图 24-1 "复"的甲骨文、金文、小篆字形

"复"，是一个形声字。小篆字形，下面的意符"夂"，是甲骨文"止"字的变形，表示与脚或行走有关。上面是声符"畐"（fú）的省形，有"腹满"义，在字中亦兼有表义作用。后来繁化，加义符"彳"（chì），表示行走，现在又简化为"复"。"复"的本义为返回、回来。

"复"的意思，大体可包含三个层面：

1."复"的本义是去而复返，复还，回来，引申为恢复（回返），是指原本就有，消失之后又回来。《说文》曰："复，往来也。"是指去了的又回来了。比如我们说文化复兴，是指原本兴盛，经历了衰退期，沉寂了一段时期，现在又重新开始恢复，呈现上升的趋势，叫作复兴。在复卦中，其表现形式是阳气复归，一阳发于初爻，称作一阳来复。

2."复"也内含了一种必然性和周期性，比如我们常用的一个词"循环往复"，先是要往，而后再复，形成一个循环。分步骤而言，这里面含有事物向其反面转化的一种趋势，如老子《道德经》所言："有物混成，先天地生。寂兮寥兮，独立而不改，周行而不殆，可以为天下母。吾不知其名，字之曰道，强为之名曰大。大曰逝，逝曰远，远曰反。"事物运行的趋势是离开原点向外越行越远，这本身是一个与自身反向的运动，但当到达行程顶点的时候，就会从那个顶点再反方向运行。泰卦九三爻《小象传》说"无平不陂，无往不复"，也是说达到极处必然会返回来，最终完成一个周期，而其运动的内在动力就称作"反者，道之动"。从运动的状态而言，从远处回来，叫作复返，是返还其初、复归其本。由自身再次出发，叫作复兴，是终而又始。宇宙万物如此循环往复，没有穷尽。这本是天道运行的自然规律，人的能动性和主动性在于把握和运用这种规律，在社会人事中持守中道，根据实际情况进行调节，使吉凶循环的周期延长或缩短。

3."复"亦有重复、繁复之义，但并不是机械地简单重复，而是表示持续恒久，绵延不绝，比如说"山重水复疑无路"，"水复"并不是指反复渡过同一条河流，而是指不断地有河流出现。就如同每年的四季是循环往复的，但我们要经历的明年的春天却已不再是今年的春天。事物在往复循环的时间中，日日更新；人类历史也在兴衰起落的循环往复中，不断前行。

复卦第二十四

　　事物没有剥尽的道理，所以剥极则复，阴极而阳生。复卦正是由剥卦运行转化而来。天地间的阴阳之气此消彼长，在众阴剥阳、阴气极盛之时，仅存的一个阳爻保留了微弱的阳气，阳气穷上反下，产生了复卦。复卦在二十四节气中对应的是阴历十一月的冬至。这时大地一片寒冷，冬至日是一年中白昼最短的一天，然而就在这一天的深夜子时，一股阳气从地下复生。从卦象来看，震下坤上，一阳在五阴之下，阳气上升，有着化阴为阳的趋势，进入了君子道长、小人道消的局面。从卦德看，震动于下，坤顺于上，阳动阴顺，生机复苏。

　　我们将复卦对应于一年中的阴历十一月，对应的节气为冬至，复卦是十二辟卦（或十二消息卦）中的一卦。辟卦指君卦，主卦。

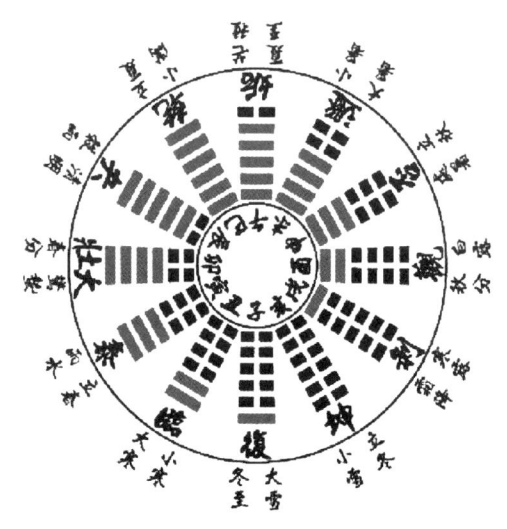

图 24-2　十二辟卦

清代黄宗羲《答范国雯问喻春山律历》："按复、临、泰、大壮、夬、乾、姤、遁、否、观、剥、坤十二卦，名为辟卦，以配十二月，始于汉之京房，然未尝以之言律吕也。"意思是说，以十二个卦配十二个月，始于汉代易学家京房。到今天为止，这十二个辟卦中，我们已经学习了乾、坤、泰、否、临、观、剥、复八个卦。其实，看卦图就可以很直观地看到阴阳的消长。

讲 解

接下来看卦辞：

复：亨。出入无疾，朋来无咎。反复其道，七日来复，利有攸往。

复：亨通。出入没有疾患，朋友到来没有咎害。返归回复到运行的道路，七天一个往来的周期，利于有所前往。

卦辞一开始就说，"复：亨通"。这是因为，从剥卦阳气殆尽的情况下来到了复卦卦时，一阳复生于下，不再是阴盛阳衰的态势，而是有了阴阳调和的基础，这就预示着亨通。"出"是指生发施与，"入"是指归藏内敛，无论是出还是入，都没有咎害、疾患。为什么呢？因为，一阳初生，其态势是出，是生机萌发，预示着阴阳调和畅通，而当下的状态是入于地中，是阳气的深蓄厚养，"反复其道"，是指返归到了它运行的道路上。

有学友问，"反复其道"这个"其"是指谁？如果以我们对于"复"字的解释来看，万事万物即便偶尔偏离其轨道，也必有复归其道之时。如果到复卦的语境中，结合整体卦象来看，这里的主语就应该是复卦中唯一的阳爻初九。如果从修身的角度来看，结合每一爻的处境讲价值意义，那么复卦中的每一个爻，以及我们每一个人都应该"反复其道"，回归于善道上来，这是复卦的劝诫义，也就是"复，德之本也"，随时回复到德之本。

当然，仅就卦辞、卦象而言，"出入无疾，朋来无咎。反复其道，七日来复，利有攸往"指的都是阳。历代注家多以阳气来解，因为复卦从剥卦而来，剥极必复，体现最为明显的就是阴阳的消长变化。

我们来看看《彖传》的解释：

> 《彖》曰：复，亨，刚反，动而以顺行，是以"出入无疾，朋来无咎"。"反复其道，七日来复"，天行也。"利有攸往"，刚长也。复，其见天地之心乎？

《彖传》说：回复，亨通，阳刚返回，健动而顺势前行，所以"出入没有疾患，朋友到来没有咎害"。"返归回复到运行的道路，七天一个往来的周期"，这是天道运行的法则。"利于有所前往"，说明阳刚日益盛长。复，由此可见天地运行生生不息、化生万物的用心。

很明显"刚反"是说阳刚返归，指复卦一阳来复，"动以顺行"，动是下卦震卦的卦德，顺是上卦坤卦的卦德，是说阳刚的行动是顺应天道而运行，所以"出入无疾"。那么，"朋来无咎"的"朋"指的是谁呢？一般来说，"朋"是指同类，初九的同类应为阳爻，然而本卦只有一个阳爻，那么，"朋"就是君子道长、阳气渐生之后的阳爻了，程颐说："若君子之道，既消而复，岂能便胜于小人？必待其朋类渐盛，则能协力以胜之也。"(《周易程氏传》)意思是说，必然要等待朋类逐渐多起来，就会胜过小人了。

《周易折中》引林希元的话说："天下事非一人所能独办。君子有为于天下，必与其类同心共济。故《复》重'朋来'，而《泰》重'汇征'。"君子独自办不了大事，要有同类协同共进才行，所以，复卦重视朋友前来相助，泰卦重视汇聚共同前进，"拔茅茹，以其汇"。

也有注家认为，"朋"不是指阳爻，而是指阴爻，因为，程颐和林希元的观点说的是"一般将来时"（用英语时态来打比方），而不是"现在进行时"，但当下复卦卦时中的初九没有同类，因而王船山说："'朋'，谓五阴相连而为党也。'来'，下相接也。阴犹极盛，疑有咎焉，而阳震起于下，以受阴而入与为主，则朋阴之来，非以相难，而以相就，固无咎也。"意思是说，朋是复卦中的五个阴爻结成的朋党，他们看到有阳爻阳刚震起于下，有必然亨通的势头，就如同找到了主心骨，一起结伴前来归附，所以"朋来无咎"。

以上观点各有道理，总之，复卦之时，阳气虽尚弱且居于下，但一阳来复的良好势头已经具备，其"出入无疾，朋来无咎"了。我们在《全本周易导读本》中取的是前一种说法，因为在坤卦中"西南得朋，东北丧朋"，"朋"指的是同类，阴爻与阴爻为朋，所以，此处也应是阳爻与阳爻为朋。

接着就又出现了一个问题，就是关于"七日来复"如何解释。历史上对于"七日来复"的解释非常多，自汉代以来，就有卦气说、辟卦说、卦变说、日之数十过半说等说法。其实无论是哪种说法，所要表达的都是事物运行动态循环的一个周期。比如我们每周有七天，这就是一个循环，在这个循环周期里工作和休息是有规律的：不能一直工作而不休息，那样会累死的；也不能一直休息而不工作，那样会闲死的；最好的状态是，动静各得其时，符合天道运行的规律，七日来复。这个七日并不专指七天，而是代表周期，是指性质大小功用不同的事物，会各有其规模不同的运行周期。剥极必复，阳气复生，入于大地之下，具备了上升的势头，阳刚之气不会孤单，在一阳复生的形势下，即将有阳刚的朋友前来，不会有咎害。阴阳的转换是一个循环往复的过程，周期一到，阴极阳生，阳极阴生，这是天地运行的规律，也是万物变化的准则。宇宙大化，运行不息，天地本无心，这生生不息、化育万物的动力就是天地之心。复卦阳气始生，孕育生机，是阳气将要亨通的时候了。

大家也许注意到了，在《全本周易导读本》中我们把"复，其见天地之心乎"的"天地之心"解释为"生生不息、化育万物的动力"。先秦两汉的儒者大多认为"心"是人身的主宰，具有"思"的能力，是形体的根本，用"天地之心"来做拟人化的比喻，就是指天地之根本。

那么，天地的根本是什么呢？

我们在例解中引用了北宋易学家邵雍的《冬至吟》："冬至子之半，天心无改移。一阳初起处，万物未生时。"描述的是冬至夜半子时，天地之间一缕阳气即将来复之时。"天心无改移"，是极静而欲动的那一刻，一阳初起，万物未生。道家会把这一刻着落于静和无的当下时刻，是清澈静观、无物无我、道通天地之时，而儒家更注重于阳气之动，以仁心、善道的回复来进行解释，认为"动之端，乃天地之心"（程颐），"天地之心，无一息而不动，无一息而非复，不怙其已然，不听其自然。故其于人也，为不忍之心"（王船山）。张载说："剥之与复，不可容线，须臾不复，则乾坤之道息也。故适尽则生……昼夜相继，元无断续之时也……地雷见天地之心者，天地之心惟是生物，天地之大德曰生也。"

接下来看《大象传》：

《象》曰：雷在地中，复。先王以至日闭关，商旅不行，后不省方。

《大象传》说：震雷埋藏在地中，有阳气复苏之象。先王见到这样的卦象，于是在冬至之时封闭关卡，商贾客旅停止市贸通行，君主也不再到各地巡视。

虽然一阳已来复，但这一点初生的阳气，埋藏于地下，还很微弱，需要静养，就如同冬至这一天，日短夜长，不适宜出门多做事。而夜间的子时，正是万物熟睡休养的时刻，应安宁静养。先王看到复卦的卦象，顺应天道，于冬至时节下令闭门守关，停止商贸活动，并且不在这个时候去各地省察巡视，防止扰民，使民众休养生息，静待阳气上升和春天到来。

一阳来复，就社会人事而言，象征着社会重现生机；就修身而言，是仁德的回复；就身体而言，象征着病体出现恢复健康的希望。

下面来看六个爻的解释：

初九，不远复，无祗悔，元吉。
《象》曰："不远"之"复"，以修身也。

初九，走出不远就回复正道，没有大的悔恨，至为吉祥。《小象传》说："走不远就回复正道"，说明初九善于修身改过。

有学友对这个爻辞中的"祇"字提出过疑惑，历代对这个字解释不一，有解释为"祇（zhī）"（程颐），意思是至，是不至于悔；也有解释认为应为"祇（zhǐ）"，意思是灾患（尚秉和、黄寿祺），还有认为是"祇（qí）"，是大的意思，指没有大的悔恨（孔颖达）。我们取孔颖达的解释。

祇（通假为"祇"，qí），意思是大。孔颖达疏："既能速复，是无大悔。"初九处于复卦初始，是下体震卦主爻，也是全卦唯一的阳爻，具有阳刚的品质，是阳气生发的动力和生机之所在。初九可以看作一位具有刚健进取之德的君子，在主动前行的道路上，偶有偏离会迅速回归正道，这是善于修身的表现，免除了大的悔恨，因此至为吉祥。

我们的例解用的是颜回的例子。颜回是孔子最看重的弟子，孔子称赞他能够做到"不迁怒，不贰过"，从不迁怒于人，有错误就改正，不会再犯第二次。《系辞下传》就以颜回为例对复卦初九爻辞进行了专门的阐释："子曰：颜氏之子，其殆庶几乎？有不善，未尝不知；知之，未尝复行也。"孔子说："颜回这位贤弟子，他的道德大概接近完美了吧！一有不善的苗头，没有不自知的；一旦知道，没有重犯的。"颜回被后世称为复圣。

六二，休复，吉。
《象》曰："休复"之"吉"，以下仁也。

六二，美善的回复，吉祥。《小象传》说："美善回复"的"吉祥",是因为六二能够俯就于仁人。

"休",喜庆,美善,福禄。六二柔居阴位,中正柔顺,在君子道长的复卦中,懂得顺时应人,能够修美自己的德行,虚心向下,亲比于有仁德的初九,成为初九的辅仁之友。六二虽有逆比之嫌,但在阳弱阴盛的复兴初期,这种礼贤下士、尊道辅仁的行为是美善的表现,所以称其为"休复",自然吉祥。

我们的例解中用的仍然是颜回。颜回问孔子什么是仁,孔子回答说:"克己复礼为仁。"意思是说人往往为了个人的利益和欲望而背离正道,无视社会规则和群体利益,这就是不仁。如果能够克服这些不良的倾向,回复到正道上来,立身行事遵循礼的精神和规范,这就是美善的回归,就可以称得上是具备仁德了。

所以,无论是初爻还是二爻,都是在探讨如何回复于仁道、善道,复卦是一个重视修身的卦。

六三,频复,厉无咎。
《象》曰:"频复"之"厉",义"无咎"也。

六三,频繁地失去又回复,虽然危险但没有咎害。《小象传》说:"频繁失去又回复"的"危险",因其大义是回复善的本心,从而"没有咎害"。

我们把"频"解释为频繁,也有注家解释为"颦蹙",皱着眉,愁眉苦脸的样子,说明是勉强而行之,人家初爻是安而行之,二爻是利而行之,三爻却是愁眉苦脸勉强而行之。

六三以阴居阳位,不能履正,本已经有过失,又居震体之极,性情浮躁,不能以中道处事,屡次犯错。在复卦君子道长的风气下，六三有改过自新的愿望，然而屡犯屡改，屡改屡犯，可谓"频复"。因此，六三这样下去是有危险的。可见要摒除恶习，回复仁善的本心，归于正道，是需要坚定的意志和决心的。六三与自己的不良品性反复较量，努力迁善改过，所行合于义，因而没有咎害。

六四，中行独复。
《象》曰："中行独复"，以从道也。

六四，行于中道独能回复。《小象传》说："行于中道独能回复"，说明能够归从正道。

六四柔居阴位，当位得正，在复卦五阴爻中居于正中的位置，行于中道，并且六四是唯一与阳刚初九正应的一爻，呼应并辅助阳刚君子，彼此倾慕鼓励。初九居于下位，力量微弱，本不能有所援济，而六四坚持从于正道，不计较地位高低和个人得失，其品格值得钦佩。

六五，敦复，无悔。
《象》曰："敦复，无悔"，中以自考也。

六五，敦厚笃实地回复，没有悔恨。《小象传》说："敦厚笃实地回复，没有悔恨"，是因为内心能够自我省察。

"敦"，敦厚。六五居于阳气复兴时的君主之位，正是扶正抑邪、利有所往的大好时机，如能运筹帷幄，任用贤才，可以使大业复兴。然而，六五柔居坤顺之中，有顺德而缺少阳刚之气，与全卦唯一的阳爻初九又远不能相应，没有得力辅佐的大臣，自身又仅能柔顺敦厚以成中道，不能大有作为于天下。从另一方面看，在阳刚渐长的初期，阳的力量还很薄弱，六五能敦复于中道，最终无悔，已属难得。

上六，迷复，凶，有灾眚。用行师，终有大败，以其国，君凶，至于十年不克征。

《象》曰："迷复"之"凶"，反君道也。

上六，迷失了道路不能回复，凶，有灾祸。用于行军打仗，终会大败，用以治理国家，国君获凶，以至于十年都难以恢复。《小象传》说："迷失道路"的"凶险"，违反了为君之道。

上六以柔爻居阴位，在上体坤顺之极，坤卦中有"先迷后得主"之辞，是说上六居于坤极，迷失了道路不能回复到正道，这是凶险的。上六之凶与其品行有关，居于位之极却没有谦虚向下而从于正道的意识，与阳刚初九最远，失去了迁善改过的机会，阴柔至极又无支撑大局的气度和能力，最终迷失在错误的道路上而不能复归于正道，可谓灾祸自招。如此迷失正道之人，用兵必会大败，用来治理国家，将祸及国家，贻害无穷，一旦丧失元气，十年都难再恢复。

我们用的例解是《左传·襄公二十八年》的记载。郑国的游吉到楚国去访问，因所见所闻而认为楚康王有贪而又骄、恃强凌弱的恶德，从而断言他活不长久了。游吉认为楚康王的愿望是做诸侯的盟主，而所作所为却是行恶政，这就好比向前行路时迷失了正道而抛弃了根本，凶险已是必然。《左传》此处引用的一段话就是复卦的上六爻辞："楚子将死矣！不修其政德，而贪昧于诸侯，以逞其愿，欲久，得乎？《周易》有之，在《复》之《颐》，曰：'迷复，凶。'其楚子之谓乎？欲复其愿，而弃其本，复归无所，是谓迷复。能无凶乎？"楚康王本来是个有作为的君主，但到晚年"迷复"，丧失了正道。就在游吉做出以上论述后不久，楚康王就去世了。

答 疑

1.问："中行独复"中的"独"是指初爻吗？

答：我们的导读中就以四爻居于众阴爻之中来解释"独"，而虞翻认为："中谓初，震为行，初一阳爻，故称'独'。四得正应初，故曰'中行独复，以从道也'。"《周易集解纂疏》还引用了董仲舒《春秋繁露》的一段话来解释，其依据是"中者，天地之太极"，这里的"中"不是指中间，而是"建中立极"的"中"，并且还用了"震足为行""震初一阳故称独"来进行解释。虽然这样也可以讲得通，但这里面的主语却在转换，"中行"和"独"都是指初九，"复"就是指六四了，终究还是六四能够回复，而其过程巧为解说，很绕，没有必要。所以，我们不取此说。

2.问：上六的"反君道也"，"反"是返回还是违反？

答：在本卦讲读的最前面部分，我们已经对"复"字进行了较为细致的分析，复是一个往而复返的过程，其中就有反向，也有返归。

来看一下这个"反"字：

"反"是一个象形字，本义是手心翻转。《说文》："反，覆也。"指颠覆或反复。比如《孟子·公孙丑上》："以齐王，由反手也。"表示未能遵守，违背。比如《诗·卫风·氓》："不思其反。"

又如《左传》:"天反时为灾,地反物为妖,民反德为乱。"

古代字少,常常一字多义、多用。"反",通"返",返回;回归。所谓的通假,就是原来没有返归这个"返"字,就用"反"来表示这个意思,比如《论语·微子》:"使子路反见之。"就是返回的意思。加了走之旁的"返"字是后来文字细化后,发展出来专门表达"返回"之意的字,它出现得比"反"字晚。

结合上六爻的《小象传》来看,"《象》曰:'迷复'之'凶',反君道也"会有迷复这样的凶险。这是因为违反了为君之道而凶,不可能是返归于为君之道而凶。可见,对古籍进行解释时,我们应遵循两条原则:"执之有故,言之成理。"

复卦小结

复卦通过对"不远复""休复""频复""独复""敦复""迷复"等一系列情况的分析,阐述了在剥落之世后阳气重新回复时应遵循的处世原则:社会正义的力量被压抑很久之后,阳刚正气得不到伸张。在阳气开始回复时,一切从头开始,即便是阳刚君子在做事时也难免会犯错误,只要能够及时改正,本于正道,不再重犯,就不会导致悔恨;阳气来复的时期,社会中的志士仁人应顺应时代,扶持帮助社会的正义力量回复元气,休美人间正道。即便遇到不利和危险,也应坚定信心,敦实中道,为阳刚之气的上升创造条件,力争清明正义之世早日到来。而那些贪骄不厌、迷失而不知悔改的顽固小人,不知"世界潮流,浩浩荡荡,顺者昌,逆之者亡"的道理,执迷不悟,结局必定会很悲惨。

读卦诗词

鹧鸪天·地雷复

寇方墀

冬至子时夜半分,一阳初动见天心。
地中雷蛰凭阳复,天下春耕待气新。

归善道,静修身。中行独复正为君。
不堪迷复失行远,敦复得一天地根。

无妄卦第二十五

震下乾上

导 读

我们上一卦学习的是复卦。复卦是一阳来复，阳气虽微弱，但已经有了回复的生机，就好像是人在大病一场后进入养护康复的阶段，只要不胡乱扰动、不妄动折腾，身体就会得到存养而逐步恢复健康。按照复卦所铺设的道路，接下来就是顺自然而无妄作的阶段了。《序卦传》说：

> 复则不妄矣，故受之以《无妄》。

既然复卦已经回复于正道，那么顺应天道自然就可以了，不可轻举妄动，更不宜躐等求进。所以，在复卦之后是无妄卦。

《说文》解释"妄"字："妄，乱也。"指胡乱，荒诞不合理。《管子·山至数》说"不通于轻重，谓之妄言"，是指言行没有边界、法度。引申为虚妄、不真实。《广韵》："妄，虚妄。"

"无妄"，就是指真实、没有虚妄，所以，我们给本卦取的小标题叫作"真实不虚"。这个真实不虚在无妄卦里既是指卦时，也是对处于此卦时下的人们的言行要求。在无妄之时，只有做无妄之人，才能免除祸咎。

也有人把"无妄"解释为"无望"，比如马融、郑玄、王肃以及朱熹等，意思是心中本无所期望、无所希望但事情却不期而有，但这样的解释有说不通的地方。爻辞中有"无妄之灾"的说法，按这样解释就是无所期望于灾祸而灾祸却到来，世上应该不会有人期望灾祸降临于自身，所以，无所期望这样的解释不是很融通。我们仍以真实不虚、没有虚妄来进行解读，没有虚妄也就包含了客观的真实合理与主观的诚实、正当、不妄求。

《周易折中》引邱富国的话说："唯其无妄，所以无望也……若真实无妄之人，则纯乎正理，祸福一付之天，而无苟得幸免之心也。"只要自身真实无妄，仰不愧于天，俯不怍于地，不贪图苟求于福，也不惦记幸免于祸，只要内正自身，洒脱豁达，便是君子坦荡荡的境界。

我们的解释为："妄"，虚假，虚妄。"无妄"是没有虚妄，真实而合理。经过复卦归于正道以后，事物的运行出现了真实、正当、合理的局面，是谓无妄。无妄卦从卦象看，震雷响于乾天之下，阴阳之气冲和，万物惊醒，天理昭然，没有虚妄。从卦德看，震为雷为动，乾为天为健，象征着行动遵天道刚健不息，至诚无伪，没有虚妄，因而称无妄。

无妄卦的卦时，乾和震相配合，象征着天道立于上，人道动于下，昭示着人要顺天道而行。就乾坤六子来说，是父亲与长子配合之卦，上下都代表着阳刚的力量，长子执行父亲之命，无所隐藏和虚饰。卦时既然是无妄，且没有丝毫虚伪和活动的余地，那么处于无妄卦时下的人，就需要严格恪守无妄的原则，不可妄动，否则，动则得咎。

无妄卦的内涵比较复杂，但最根本的原则就是我们的小标题所说的"真实不虚"。历代的解释中，常将此卦与《礼记·中庸》相对应，认为《中庸》所阐发的就是无妄卦的卦义。读过《中庸》的学友应该知道，《中庸》强调一个"诚"字，"诚"这个观念在儒家思想中有非常特殊的价值和意义，它是通达"天人合一"的枢纽性概念。通过"诚者，天之道也；诚之者，人之道也"以及"自诚明，谓之性；自明诚，谓之教。诚则明矣，明则诚矣"这样的上下打通，《中庸》建构了一个影响深远的"天人合一"模式，从"天命之谓性"到"诚者，天之道"，为人的存在寻找到了形而上的本体依据，借助对"至诚"精神的阐发，把人与天归并在"诚"的意义之下。至诚而感通，感通而能化，能化而生生，生生而有万物，整个过程至诚无息，无所虚妄。无妄就是诚，诚则正，诚则实。《中庸》曰："不诚无物。"

清代易学家李士鉁说："复，尽性之道；无妄，致命之道。"《说卦传》第一章曰："昔者圣人之作《易》也，幽赞于神明而生蓍，参天两地而倚数，观变于阴阳而立卦，发挥于刚柔而生爻，和顺于道德而理于义，穷理尽性以至于命。"（可参看《全本周易导读本》对于《说卦传》第一章的解释）李士鉁认为，复卦和无妄卦讲的正是如何尽性致命之道。

讲　解

下面来看无妄卦的卦辞和《彖传》：

无妄：元亨，利贞。其匪正有眚，不利有攸往。

我们的译文是，无妄：大为亨通，利于守正。背离正道就会有灾祸，不利于有所前往。

有学友提问说"其匪正有眚"是指谁？回答是，在无妄之时，所有不正者都会有灾祸。这里更突出无妄之时不能妄动的重要性，其他的卦中，当然也倡导正，但不像无妄卦这么严格，有的卦中，只要得中，就可能化解不正的过失，而在无妄中则尤其强调正，这是卦时所规定的。

为什么卦辞里说到了"不利于有所前往"呢？

因为，无妄之时即无妄之世，是一切合理妥当、没有虚妄的时候，人只要一动用心思，一旦凭己意前行，就是妄，此时不宜妄想快马加鞭，不应痴心妄想、见异思迁，而应诚敬笃信，守住正位，循顺正道，自然顺应，这才是避免无妄之灾的最佳方式。

当然，"不利有所前往"并不是说什么都不要做了。无妄卦下卦是震，表示着阳刚而动，整个卦象是天下雷行，是说震雷之动，是顺时而动。在四季轮转中，春分时节，万物应时而出；秋分时节，万物顺时而入，一派自然。其中也有不按时令出入的，那些提前发芽的植物可能遭遇春寒而夭折，就像社会生活中那些过度培养的天才少年，很少能够持久成长而拥有完满笃实的一生；同样，那些到了秋天不按时节成熟的植物，就会错失天地之气而早凋或腐坏。对应人事，也是同样的道理。顺天道而动，才是生命自然而健康的本来面目。

我们来看《象传》的解释：

《象》曰：无妄，刚自外来，而为主于内。动而健，刚中而应，大亨以正，天之命也。"其匪正有眚，不利有攸往"，无妄之往，何之矣？天命不祐，行矣哉？

我们的译文是，《象传》说：无妄，阳刚从外面来，进而主宰了内部。震动而又刚健，阳刚居中又彼此相应，遵循正道而大为亨通，这是上天的法则。"背离正道就会有灾祸，不利于有所前往"，在没有虚妄之时背离正道前行，又能走到哪里去呢？上天的法则不予祐助，又怎么行得通呢？

无妄的形势大为亨通，利于守正，如果不正就会有祸患，将不利于有所前行。一刚爻自外而来，在内体中形成震卦，震雷的行动，是以上体的天道为准则，因此天道亨通，万物各正性命。在天下无妄的时候，任何失正或不合理的行为都会招致祸患，因此要谨言慎行。

象辞里提出了"天命不祐，行矣哉？"这样的反问，无妄卦强调的就是天命，震雷虽然有主动力，但如果没有天命的护祐，是怎么走都走不通的。在魏晋之前，儒家学者以运数来解天命，我们看《杂卦传》里对无妄卦的解释是："无妄，灾也。"平时，我们常说"天灾人祸"，"灾"是指天灾，上天降下的大火，叫作灾，非人力所为，天命有正数、有变数，落到人身上，就是运数。《周易》通晓正变之数，通过象数理占揭示给人们，劝告人们：那些能够以人力去干预和改变的就去采取措施，以图趋吉避凶，而那些不可以人力去干预和改变的就安心顺任天命运数，免得妄动妄为，反而逆天悖时而亡身，于事无补，反增其乱。这就是《周易》"参赞天地之化育"的功能。老子《道德经》里也说："生之徒，十有三；死之徒，十有三；人之生生，动之于死地，亦十有三。"那些妄动妄为的人，自己把自己从生途带入了死地，这样的人在人群中占有十分之三的比例。所以，无妄卦的《象传》说："无妄之往，何之矣？天命不祐，行矣哉？"在无妄之时胡乱前往，你往哪里去？上天不护祐你，你行得通吗？这里面其实包含着人对自身有限性的承认，是对所有的外在条件的综合认知，看似被动，其实也可以说是主动，庄子所言"知不可奈何而安之若命"，选择顺受不为、安之若素，也是一种为。

我们的例解用的是《孟子·尽心上》的例子。孟子说："莫非命也，顺受其正。"

我们接下来看《大象传》：

> 《象》曰：天下雷行，物与无妄。先王以茂对时，育万物。

《大象传》说：天下震雷威动，象征万物随之振发而没有差妄。先祖君王看到这样的卦象，便充分地配合时令，养育万物。

有学友提出"茂"字该如何理解的问题。对于"茂"字有不同的解释，有的认为应训作"勉"，劝勉的意思，先王自我劝勉并带动民众配合时令养育万物；有人认为就是指茂盛（王弼）。我们取后者，可以将其看作使动用法，使之茂，即先王看到天下震动，阳气顺天而行，天道要唤醒万物，于是充分配合这样的时令，养育万物，使之茂盛。这两种解释也可以看作相通的。

无妄卦的卦象是雷行于天下，下体震雷振兴万物，赋予万物力量，上体乾卦运行使万物"各正性命，保合太和，乃利贞"。不违天时，没有差错，真实不虚，一切合于天理，正当无误。在社会中，看到这样的卦象，就应该遵循自然运行的天道法则，顺应天时，养育万物，使事物各得其宜，茂盛成长。

下面，我们来看六爻的解读：

初九，无妄，往吉。
《象》曰："无妄"之"往"，得志也。

初九，切实无妄，前往吉祥。《小象传》说："切实无妄"地"前行"，符合守正进取的心志。

前面的卦辞中说了"不利有攸往"，初九的爻辞里却又有了"往吉"之辞，这是因为卦辞说的是卦时，是体，是大原则，而爻辞说的是用，是对每一个具体的爻提出的启示和告诫，是具体方法。处于不同位阶、具备不同素质的爻会有不同的处事方式，是在大的卦时之下具体而微的调整，"无妄，往吉"是专对初九爻而言的。初九以刚爻居阳位，是"刚自外来，而为主于内"的主爻，阳刚处下，是一位阳刚而谦逊的君子，与九四无应；在无妄之时，象征着他无所牵系、真实不虚、至诚无伪，其至诚阳刚符合无妄之世的行为准则；他又是震体的主爻，震德为动，阳气振发，理当由初九循天道而行。初九这样脚踏实地的行动，符合守正进取之志，所以，前行吉祥。

六二，不耕获，不菑畬，则利有攸往。
《象》曰："不耕获"，未富也。

六二，不耕种而有收获，不开垦而有熟田，那么这是利于有所前往的。《小象传》说："不耕种而有收获"，没有富裕的名声。

"菑"是指初耕的田地，《尔雅·释地》："田一岁曰菑。"亦泛指农田。"畬"，开垦过三年的田地，熟田。

六二说的是出现"无妄之福"这样的情况，就好比春天不耕种秋天却有收获，没有开垦过荒田却得到了肥沃的熟田，竟然有这样不劳而获的幸运，对于六二来说真是"无妄之福"了。世上本没有这样的道理，哪有不耕种就有收获的？无妄之福就是好像什么都没做，天上就掉下了馅饼来。

其实，这只是表面的显现，是已经出现的结果，它内在的原因只是不外显，不为人所知罢了。仔细分析就知道六二的收获顺理成章，因为他善处无妄之世。初九居震体初爻，已经开垦了荒田，既然春天已经播种，那么接下来一切按季节成长，就是正当合理的，只要善加保护，顺其自然就可以了。六二居震体二爻，居中得正，承接初九的事业，不妄加干预，顺应事物的成长规律，到了秋天自然有收获。可见，六二懂得在无妄之世守中顺应，目的在于把事情做好、做长远，不宣扬个人的政绩，不做面子工程，不虚妄贪名，名虽未富，其实已经富了。

我们在《全本周易导读本》中用的例解是"萧规曹随"的典故，说的就是在六二这样的处境下应采取的处事原则。卦中有上下的配合，也有前后的配合，继任者如何更好地接续前任的工作，有时需要拨乱反正，有时需要萧规曹随，这都是要因时因地制宜，即《系辞下传》所说的："不可为典要，唯变所适。"

关于六二爻，诸家多解释为去除妄求之心，意思是不为了获而耕，不为了畬而菑，去除功利心，重点放在耕和菑上，相当于我们常说的"只问耕耘，不问收获"。按照自然规律，该有的自会有，不该有的莫强求，这是教人先事而后得，先难而后获的道理。这样的解读从修身的角度讲也很有道理。

我们再来看六三爻：

> 六三，无妄之灾，或系之牛，行人之得，邑人之灾。
> 《象》曰："行人得牛"，"邑人灾"也。

六三，没有妄为却招致灾祸，有人拴了一头牛，行路的人将牛牵走了，邑中的人却遭了殃。《小象传》说："行路的人将牛牵走了"，却成了"邑人的灾殃"。

这个爻是说有人将牛拴在村口，被行人顺手牵走，却牵连到村子里的人。对于村民来说，这真是很冤枉的无妄之灾。六三不如六二幸运，得到的不是"无妄之福"而是"无妄之灾"。按爻象来分析，六三所居不中不正，又上应于上九，是有所欲的。这种不正当的私欲违背了无妄的原则，所以六三爻会出现这样的爻象。现实社会中，总会有许多意想不到的事情发生，毫无缘由地偶然降临，这种不合理与荒谬随处可见。所以，我们会听到用"城门失火，殃及池鱼""鲁酒薄而邯郸围""躺着也中枪"等句子来形象地形容这种情况。人生难免会遇到这样的情况，不然那些谚语和成语又是怎么产生的呢？既然不是自己造成的，又没有办法避免，那就只好接受，不必因此惊慌愤懑，更没必要哭天抢地，如果能补救则补救，不能补救接受就好了。岂能尽如人意，但求无愧于心。

有学友问，无妄之灾是对所有邑人说的吗？包含那个六三拴牛的人吗？我们的回答是肯定的，整个村邑里的人，都成了嫌疑对象，包括那个六三拴牛的人。这就叫作"无妄之灾"。

九四，可贞，无咎。

《象》曰："可贞，无咎"，固有之也。

九四，能够守正，没有咎害。《小象传》说："能够守正，没有咎害"，固守才会拥有无咎。

九四居于上体乾卦，在卦中没有系应，又是阳刚之质居于柔位，说明是刚而无私，实实在在，没有妄想妄求。在无妄之世，居近君之位而贞固守静，符合无妄的原则，不会有咎害。

这个爻没有什么可以多说的，内刚外柔，没有系应，按他的才能，是有能力有所作为的，但在无妄之世，是不当为之时，固守其位，安分守己干好自己的工作，不妄求，是正确的选择。我们的例解用的是司马光埋头十五年编纂《资治通鉴》的史实，历史上有很多类似的典故，体现的还是如何根据时和位选择自身行为的问题。

九五，无妄之疾，勿药有喜。

《象》曰："无妄"之药，不可试也。

九五，健康不虚妄的身体偶染小疾，不用吃药就会痊愈。《小象传》说："健康不虚妄"情况下的药，不能随便尝试服用。

药物是用来攻治疾病的，健康的身体有时也会偶感风寒、小有不适，这时只需保证休息，稍做调养，不需用药，自可痊愈而喜。如果小题大做，滥用药物，就是在伤害自己的身体，反受其毒。九五是阳刚中正的君主，上下安宁，政治安定，偶尔出现些小的问题，不会破坏无妄的大局，小问题自然会化解掉。如果因小事就兴师动众，小题大做，大加折腾，在无妄之世大行有妄之事，只能是自取其害。因此，无妄之疾，药不可轻试，否则小则伤身，大则害国。

这个道理，其实非常有现实意义。人本身有自愈功能，只要注意顺应规律，不去妄作、耗损、戕害，身体就能够自我保护，就算是小有微恙，身体也能自我修复，切不可妄施药物，尤其不应滥用抗生素、激素之类的药物，这样反而是一种"妄"了。修身、齐家、治国、平天下，是一样的道理。

我们的例解用的是《道德经》里的话："治大国若烹小鲜。"在稳定的大局势下，出现一些小状况，会由社会机制和时间自动化解和消除，不会动摇根本。若是轻举妄动，反而会伤及自身。

上九，无妄，行有眚，无攸利。
《象》曰："无妄"之行，穷之灾也。

上九，没有虚妄的情况下，妄动就会有灾祸，无所利。《小象传》说："没有虚妄的情况下逆时妄动"，穷极而有灾祸。

我们的解释是：上九处于无妄的极端，如卦辞中所说"其匪正有眚"，上九所履不正，又到了穷极的地步，与有"无妄之灾"的六三相应，存私履邪，轻举妄动，结果自招祸患，不但无所利，更是到了有穷之灾的地步。在无妄之世，应以顺应自然规律、不存私欲、安时处顺、维护无妄的大局为善，而上九却逆时而动、盲目冒进、破坏正道，其穷极而致灾的结果也就难免了。

我们可以更进一步来分析一下这个爻。如果不从上九所履不正的角度去解读，按说到了无妄之极，应该是没有一点儿虚妄了。然而，如果客观条件无妄到极致，那就是没有一丝一毫的活动余地，运用到社会中，就好比法律法规严厉细密到严苛的地步，那么，对于完全达不到神人或上帝位格的肉身凡胎的人来说，就会动则得咎，只要一动，就触犯天条，就是无妄之行，就是穷途末路之灾了。如果从主观的角度来说，为人至诚是好的，然而当处于穷极的时候还不知变通，在现实中就会出现与意愿相反的结局。比如尾生抱柱，等候约会的女子，水涨潮了还抱着桥柱子不走，最后被淹死，这恐怕也不是那个女子想看到的结果。又比如《论语》中孔子所批评的："岂若匹夫匹妇之为谅也，自经于沟渎而莫之知也。"难道管仲会像那些平庸的男女，为了守小节，在小山沟里上吊自杀，而不被人所知道吗？这就是对于守小节而忘大节，处极处而不变通的批评。将来我们还会学到中孚卦，中孚卦本是讲信修睦的卦，到了上九之极时，也是不知变通而贞凶。

答 疑

1. 问：初九与九四无应（一般有应则吉，无应则凶），可是本爻的导读说辞反而偏向吉，那么怎样判断某爻的吉凶呢？

答：判断一个爻的吉凶，要卦时和爻位综合来看，卦时是第一位的，因为每一个卦中所有的爻都在这个卦时下进行讨论，在卦时已经确定的前提下，再来看爻的性质、位置以及和其他爻的关系，以这些来综合判断此爻的吉凶悔吝。无妄卦是讲没有虚妄，也就是真实不虚，不做他求，没有多余的妄想和牵系，那么用什么来表示这种关系呢？就用无应来表示。这样的卦在六十四卦中并不少见，以后我们还会遇到。

2. 问：为什么六个爻要长短相同？为什么不能有长有短？并且给予长短一定的含义？

答：如果从发生学的角度看，八卦应该起源于图画文字，文字的前身是图画和刻符（可参看《全本周易精读本》中关于"象与数"的论述），它是从具象到抽象的过程。复杂的、具体的、形象的图画，逐渐演变成了简约的、抽象的、象征的符号。

越是简约、抽象，其所代表的范围就越广泛；越是具体，其所代表的范围就越狭窄。八卦符号，用最简约、凝练的符号，代表宇宙中的自然和社会中的万事万物，单从结构上来说，阴阳、三才、时间、空间，就已经全都具备了，如果再加上长短、色彩，不但不会使它更丰富，反而会使它变得具体而狭隘，只能是弄巧成拙。

用一个当下大家比较熟悉的例子来说明一下。大家都知道苹果公司的图标是一个被咬了一口的苹果，但它其实经历了一个由繁入简的过程：

1976　　　　1977　　　　1998

2001　　　　2007　　　　2015

图 25-1　苹果公司图标的演变

第一个图标设计于1976年，是一幅很具体的图画，画中牛顿坐在树下被苹果砸到，但这个图就没有任何想象的空间了，它的意义被固定了，不能再有代表其他事物的可能。第二幅变成了一个彩色的被咬了一口的苹果，这个苹果就有了更大的想象空间，就不专指牛顿了，我们可能会联想到是亚当、夏娃在伊甸园里咬了一口的智慧果，从此拥有了智慧，也可能象征着其他的意义，比如世上没有完美的人，人是有缺陷的，人来到世上时就像是被咬了一口的苹果，等等。这里是谁咬了苹果一口，就有了很多可以想象的空间。但彩色苹果的色彩还是让它有了人为设计的痕迹，后来有了立体高光效果的苹果，但乔布斯的理念是简单、整洁、明确。于是2015年，图标完全回归简单的平面标志，常常以黑色、白色与灰色的样貌呈现。

老子也说过"少则得，多则惑"，用现在流行的话来说就是：Less is more.

其实，如果学友想要对六爻进行改造，你可以试着想一想，在表达它现在能表达的一切的前提下，能不能使它更简，而不是更繁。

无妄卦小结

无妄卦阐述了在真实、正当、没有虚妄的条件下自处的原则：初九是无妄之动，居震得位，又是无妄之初，不存私欲，履正而行，所以往而得吉；六二是无妄之获，由于中正而往，故不耕而获；六三是无妄之灾，所居不正需谨慎，应安时处顺；九四是无妄之守，贞固方可无咎；九五是无妄之疾，宜刚正守中，不轻举妄动，勿药而有喜；上九是无妄之行，因失位冒进，由无妄变为有妄，结果"行有眚"。可见，在无妄之时应因时顺应，存无妄之心，不苟得，不妄求，当行则行，当止则止，不可轻举妄动。

读卦诗词

念奴娇·天雷无妄

寇方墀

雷行天下，望浩荡万里，不掩毫迹。
正道朗然无虚处，匪正又何之矣！
人世沧桑，祸福来去，安得平安策？
历来倾废，几多孤行私意。

亦有无妄往吉，顺时行履，刚健逍遥客。
知命穷达皆受正，不作岩墙下立。
无耕而畬，丧牛于易，天道云何意？
去疾无眚，莫非中正贞吉。

大畜卦第二十六

乾下艮上

导　读

我们学习的上一卦是无妄卦。无妄卦的卦时是真实不虚、无所虚妄，代表着一切已经走上正轨，正当、合理、不虚妄，一切循天而动，创造了"大亨以正"的局面。既然没有差池和虚妄，那么在这样的情况下就可以蓄积正气和力量了，因此，无妄后面是大畜卦。

《序卦传》说：

有无妄然后可畜，故受之以《大畜》。

意思是："有了不虚妄的局面然后就可以进行大力蓄积了，所以接着就是我们现在要学的大畜卦。"

"大畜"，顾名思义是大有蓄积、大力地蓄积，蓄积者大。总之，是要蓄力，而且要大蓄。

大畜卦由乾卦和艮卦组成，乾在下，艮在上，从卦象看，天在山之中，这山可以把天包住，胸怀足够大，以艮畜乾，所畜广大，所以称作"大畜"。从卦德看，乾刚为艮止所蓄，阳刚为大，所称"大畜"。艮卦代表着安静笃实，乾卦代有着阳刚进取，如果用来形容人的品格，这样的德行是一位修德为学的君子形象，行为举止安静笃实沉稳，内在有刚健的才学道德充积于内。这样的品行不断积累，日益淳厚，亦是得"大蓄"之义。这样的卦象运用在社会中，如同刚健有为的人才被国家储备于人才库中，积蓄能量，以备国家大用，也是"大蓄"的意思。

《周易》中有两个"畜"卦，"小畜"和"大畜"，我们应将这两个卦对比着来学习。之前我们讲到第九卦时，讲的是小畜卦，小畜卦是乾下巽上，乾为天，巽为风，风行天上，象征着天在风下积蓄力量，风以阴柔蓄止天的刚健，而天既然居于风之下，那就是接受了风的蓄止，以风蓄天，只能是"小畜"，不可能长久地蓄止，所以称作"小畜"。

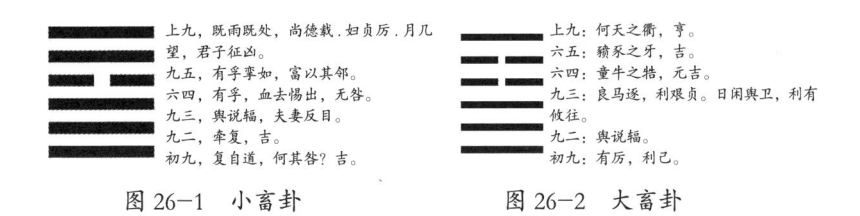

上九，既雨既处，尚德载，妇贞厉，月几望，君子征凶。
九五，有孚挛如，富以其邻。
六四，有孚，血去惕出，无咎。
九三，舆说辐，夫妻反目。
九二，牵复，吉。
初九，复自道，何其咎？吉。

图 26-1 小畜卦

上九，何天之衢，亨。
六五，豮豕之牙，吉。
六四，童牛之牿，元吉。
九三，良马逐，利艰贞。日闲舆卫，利有攸往。
九二，舆说輹。
初九，有厉，利己。

图 26-2 大畜卦

小畜：亨。密云不雨，自我西郊。
大畜：利贞。不家食，吉，利涉大川。

从这两个卦的卦辞、爻辞的对比来看，小畜卦"密云不雨"，隐含着时机尚未成熟，需要继续蓄积，更多的是等待，含着柔气；大畜卦则为"利涉大川"，是阳刚的力量，强力蓄止，充满刚气。小畜卦的各个爻辞在一点一点地积累蓄积，出现了"血""惕"等词语，可见六四作为蓄止力量的主要施行者，小心翼翼却充满危险，最后到达上九时，就警告要及时收手，蓄得差不多就可以了，免得力量不足而导致阴阳两方面的冲突，最后两败俱伤。大畜卦的各个爻辞却直爽痛快得多，当止则止，止极则行，有目的，有方法，有双方面的努力，最后到达上九时，蓄极而通，无远弗届，实现了大蓄的目标。所以，大畜是充满阳刚之气和壮丽希望的一个卦。

我们在小畜卦中就曾经讲过，蓄就需要有所止，正如同蓄水池必然是止水池，有所止才能够有所蓄。

如小畜卦一样，大畜卦的"畜"既有"蓄"义，也有"止"义。通过"止"和"蓄"，也就有了"养"的作用，止才能蓄，蓄才能养，小畜卦和大畜卦在这方面的表达是一致的。小畜卦与大畜卦的下卦都是乾卦，区别只是上卦的不同，因而"蓄"的方式也就有所不同：小畜卦的上卦是巽，是以巽柔来止乾刚，其方式是以柔克刚，以小蓄大，只能是小心翼翼、竭其诚信、避免冲突，所以称作小畜。大畜卦的上卦是艮，艮卦和乾卦都是阳刚之卦，是以刚对刚，以强力止动，以止蓄健，笃实有力，使健进不已的人被迫安止于本位、接受蓄止、进行积累，所以称作大畜。

从修身的层面来看大畜卦，人的身体、志向、学问、品行，都需要有一番积累蓄养的功夫，如孟子所说："必先苦其心志，劳其筋骨，饿其体肤，空乏其身，行拂乱其所为。"经过一番艰苦的蓄养，才能承受大忧患，担负大责任，成就大事业。这种蓄养分为主动地"蓄"和被动地"蓄"两种情况。年轻时，经受过这种磨炼的人，在一生中往往可以面对各种困境而不会气馁，具备了顽强的抗打击能力。对于每个人来说，可能都要或大或小地经历这样的过程才能得到成长。如果没有经历过挫折与磨炼，没有接受过蓄止的考验，就不能够"动心忍性，增益其所不能"，就很难去除轻浮傲慢之气，很难实现品格、德业的蓄积。而被动接受"蓄止"可能是痛苦的，但却是有益的，比如父母对子女的管束，上司对员工的考验，臣属对君主的直言劝谏，德厚者对德薄者的教导训诫，以及在不同境遇遇到的挫折与困扰。只有经历了这样的抑止和蓄养，才能真正成为大畜之人，蓄积深厚如《中庸》所言的气象："肫肫其仁，渊渊其渊，浩浩其天。"才会有"溥博渊泉，而时出之"的从容与气魄。

我曾送给学友四个字：静、实、化、养。说的就是一个深蓄厚养的过程——沉静、笃实、内化、涵养，加以坚持的恒心和毅力，日久必有所得。转眼我们《周易》上经三十卦的讲读也接近尾声，愿大家继续蓄积德行学问，不急进，不停顿，我们一路携手同行。

大畜卦的卦义运用在社会层面则为养贤之卦，道理是一样的，只不过接受蓄止的是贤人，而实施蓄养的主体是国家。历代解易者颇为注重大畜卦的养贤之义，大畜卦的《象传》里就直接指明了"刚健笃实辉光，日新其德……'不家食吉'，养贤也"的卦之大义，所以，历来主流解易者将大畜卦看作一个探讨如何蓄养贤士英才之卦。

讲 解

下面，我们来具体地解读卦象：

大畜卦由下乾上艮组成，从卦象看，乾天在艮山之中，以艮蓄乾，所蓄广大，称作大畜。《周易集解》引向秀言："止莫若山，大莫若天，天在山中，大畜之象。"程颐也说："天为至大而在山之中，所畜至大之象。"

"天在山中"，现实并中没有这样的实象，这也正是《周易》不拘于自然具象的高明之处。六十四卦蕴含阴阳推荡配合的辩证关系，有其内在的价值理念，不会被自然具象所拘囿。我们前面学过泰卦，卦象是"地在天上"，自然中原无此具象，它所要表达的是阴阳交流畅通之义，不会拘泥于自然界能够看到的现象，即便是具象，也是要表达抽象的概念和意义，"天在山中"的大畜卦表达就是所畜广大之义。

我们来看卦辞：

大畜：利贞，不家食，吉，利涉大川。

大畜：利于守正，不在家赋闲，吉祥，利于涉过大河。

历代对于"不家食"的含义，一般从两方面解释：

一方面，王者不私食，而与贤者共之。意思是为政者不独断专行，会蓄养并选拔人才来共治天下，使贤者能够得到重用，发挥才干。如郑康成："不家食吉而养贤。"马振彪："王者不私食以为家。"（《周易学说》）

另一方面，贤人不赋闲在家而能够享受国家俸禄，为国效力，代表着国家能够养贤用贤。如朱熹："谓食禄于朝，不食于家也。"胡炳文："不家食，是贤者不畜于家而畜于朝。"

实际上，这两方面缺一不可，双方配合才能共同完成大蓄养贤的局面。为政者重用贤士，贤士才有得以进用的阶梯；贤士不满足于独善其身，而愿将一身的才德光辉见用于世，这是大畜之世真正充实的本质。其外在的表现就是：真正的贤人志士能够食国家俸禄、为国家效力。我们给大畜卦取的小标题是"不赋闲在家"，这也正是王者养贤、野无遗贤的大畜之世的具体体现。

我们来看《彖传》的解释：

《彖》曰：大畜，刚健笃实辉光，日新其德。刚上而尚贤，能止健，大正也。"不家食，吉"，养贤也。"利涉大川"，应乎天也。

《彖传》说：大畜，品质阳刚健进、行为稳健笃实，从而焕发着光辉，并日日更新着光明的美德。阳刚在上者而能够崇尚贤者，能够蓄止刚健，这是至大的正道。"贤人不在家赋闲，吉祥"，因为国家在大力蓄积和养育贤人。"利于涉过大河"，因为这样做合乎天道。

对于大畜卦的彖辞，历来有不同的断句方式，有人断为："大畜，刚健笃实，辉光日新其德。"（王弼）我们取朱子的断句方式。其实两种断句方式均可，大意上没有什么差别。大畜卦下卦为乾，刚健有为，上卦艮止，对刚健的势头进行适当控制，笃实稳重，防止过激、虚浮，两相配合，使刚健笃实的品格焕发才德日新的光辉。艮卦在上蓄止刚健，对于前来的阳刚健行者并不拒之门外，而是以蓄止的态度接受贤人志士，使才德之士有途径施展才华，这是大畜之时尚贤的表现，是至为"大正"之事。同时，社会中有才德的贤能之士，身处大畜时代，也不应独善其身，而当积极出任公职，为国家尽心效力，有所作为。如此既刚健又笃实，所行应乎天道，则任何艰险都可以渡过。象辞阐述了大畜卦是充分蓄积力量，然后"利涉大川"，渡过大艰险，成就大事业的一个卦。

> 《象》曰：天在山中，大畜。君子以多识前言往行，以畜其德。

《大象传》说：天在山中，有大为蓄积之象。君子看到这样的卦象，便多方记取古圣先贤的智慧言论和行为事迹，用来蓄养美好的德行。

大畜卦的卦象是天在山中，有大为蓄积之象，山比天小得多，却蕴含着至刚至健的天，这是大畜之象。人比山小得多，内心却可以包容宇宙之大，通晓古今圣贤的学识文章。君子受到大畜卦的启发，于是多方记取古圣先贤的智慧言论和行为事迹，不断充实蓄积才德学问，学习往圣先贤的言行德慧、文采气质、志向品格，用来蓄养自身美好的德行。

王船山解释此卦《大象传》说："天气沦浃其中以成化。故天未尝不在山中，岂徒空虚上覆者之为天哉！山之广大，其畜天之气以荣百昌者，厚矣。"他将天解释为气，山所蓄是天之理气，可以使山生草林、兴宝藏，以此来象征君子多识学问，以蓄养其德。

在看过卦象、卦辞、《大象传》之后，我们已经基本了解了大畜卦的卦时、卦义，下面来看六爻所展示的如何进行蓄养的过程：

> 初九，有厉，利已。
> 《象》曰："有厉，利已"，不犯灾也。

初九，有危险，宜于停下来。《小象传》说："有危险，宜于停下来"，是为了不冒险前行。

"已"即止，停下来的意思。大畜卦由乾下艮上构成，下卦乾三爻都有刚健向上的特点，都有被艮卦所止的含义。上卦艮三爻都有笃实静止的特点，都有蓄止乾卦阳刚的含义。初九在大畜之时，阳刚健进，急于有所作为，但上与六四相应，六四对初九进行蓄止，告诫初九如果躁动冒进是有危险的，初九接受蓄止，于是停下来潜心蓄积自己的才德学识，不再犯灾前行。

大畜卦初九爻的"利已"，颇似乾卦初九爻的"勿用"，"不易乎世，不成乎名。遁世无闷，不见是而无闷"（《乾·文言》）。初九还需要潜心修德，进行各方面的积累，如果轻易前行，而没有能力承担重任，则会有折足的危险。所以，初九需要静下心来，做充分的蓄积，不宜轻易犯灾前行。

初九爻的重点是蓄志，也就是坚定自身的志向与信念，并为此而积蓄力量。

九二，舆说輹。

《象》曰："舆说輹"，中无尤也。

九二，车子脱离了车輹。《小象传》说："车子脱离了车輹"，居中不躁进就没有过失。

"说"，同"脱"。"輹"，俗称"伏兔"，是使车舆与车轴相勾连之物。车舆脱离了车輹将不能行走。

九二也有刚健进取的志向，在大畜之时，居于下卦中位，具有本性刚健而能够中道守柔的德行，上与六五相应。六五是艮卦的中爻，以笃实中道告诫九二目前应安以自守、蓄养为上，九二接受了六五的蓄止，自行解除了急于前行的打算，反身蓄养其才德，没有过失。

九二爻的重点是蓄时，就是要等待时机，就算德行能力已经蓄积足够，但如果时机不到，也不宜于急进，要待时而动，继续修德以备。

九三，良马逐，利艰贞。曰闲舆卫，利有攸往。
《象》曰："利有攸往"，上合志也。

九三，良马竞相奔逐，利于艰难守正。所以说要练习好车马防卫技术，利于有所前往。《小象传》说："利于有所前往"，说明与上面的心志相投。

"闲"，习，熟练。九三居乾体之极，蓄积已足，刚勇无比，向上的力量充足，已经到了该出世的时候，而上体艮卦上九居于蓄止之极，也已到了思变的时候。九三与上九同有阳刚前行之志，彼此呼应，联手并进，就如良马竞相向前驰逐。九三前进的态势锐不可当，爻辞告诫九三要"利艰贞"，要充分认识到前行中的艰难，艰贞守正才会有利。同时，每天仍要熟习操练驾车与防卫的本领，秣马厉兵，才能利于前行。六三爻的重点是蓄同道，一个人是单薄的，要找寻同道同人，一同前行，方能彼此相助，合志同方，共成壮举。

六爻代表事物发展的六个阶段，到达三爻时就完成了下卦的阶段，从三爻到四爻的跨越（三、四爻之间常被称作天地之际）就会出现一个转变，大畜卦的下卦三个爻是接受蓄止者，经历了三个阶段的蓄止成熟，进入上卦代表着进入了上位，成为实施蓄止者。这也很符合社会中的人事发展和组织结构。而最后的上爻则往往代表着整个卦最终的完成（大畜卦是蓄极而通），或者事物出现向其反面发展的趋势（小畜卦则是蓄极而反）。

  六四，童牛之牿，元吉。
  《象》曰：六四"元吉"，有喜也。

  六四，在小牛的角上拴上横木，大吉。《小象传》说：六四"大吉"，是因为这对他来说是件喜事。
  "牿"，绑在牛角上使其不能抵人的横木。给小牛的角上绑上横木，使它不能用角抵触伤人，这样从一开始就有了吉祥的基础。六四居近君大臣的位置，早就发现了初九阳刚有为的潜质，于是对初九以德教蓄止，去除其少年骄狂之气，使其不会因为才德不够或莽撞行事而招致祸患。这样的蓄止，为国家培养了刚健笃实、才德俱佳的后备人才，而对于六四来说，也是一件可喜之事。
  我们的例解用的是张载接受范仲淹的劝告，打消到边关打仗的念头，转而研读《中庸》，终成一代大儒的典故。历史上颇多这样的佳话，年轻人受到严厉长者的劝诫和指点，最终成就坚强人格和学问功业。
  六四爻的重点是蓄人之才德能力，帮助别人实现才力蓄养之道。

  六五，豶豕之牙，吉。
  《象》曰：六五之吉，有庆也。

六五，去势的野猪的牙齿就不会再狂躁伤人，吉祥。《小象传》说：六五的吉祥，是值得庆贺的。

"豮"，阉割。六四使牛不伤人的方法是在小牛的角上绑横木，而六五使猪不伤人的方法是去其势，即阉割，使其不再有妄躁之气，性情变得温顺，就不会用牙齿伤人，不伤人也即保全了自己。六五作为阴柔之君，与阳刚更盛的九二相应，对九二进行蓄止，六五深知去九二之躁气，不能以力制，而应从产生刚躁之气的本源上找原因进行改变，从而蓄其才德，变其性情，最终达成和衷共济的目的，因而得吉有庆。

六五的重点是蓄人之智慧品格，帮助别人实现更完美的人格。

也有注家以祭祀来进行解释，可备一说，如马其昶曰："四为初之牿，五为二之牙，豮豕供群祀之用。地官云，凡散祭祀之牲，系于国门使养之，是也。马阳物，言于阳爻。牛豕阴物，言于阴爻。喜庆，皆祭祀受福之辞，四喜专，五庆广。"

上九，何天之衢，亨。
《象》曰："何天之衢"，道大行也。

上九，背负青天，在天空翱翔，亨通。《小象传》说："背负青天，在天空翱翔"，正道大为亨通。

"何"，同"荷"，负载，背负。"衢"，大路，四通八达的道路。王船山对"何天之衢"解释说："庄周所谓'负云气，背青天'也。"大畜卦发展到上九，蓄止的大局已经完成，上九背负青天，展翅翱翔，天空的道路四通八达，大为亨通，阳刚笃实健进之道已经大行于世，令人赞叹。可见，上体艮卦对下体乾卦的蓄止是有功效的，发挥了抑制和蓄积的作用，使实力更为雄厚。而被蓄积的乾体刚爻，在痛苦的探索与磨砺之后终于得成大器，豁然贯通。

大畜上九体现的是蓄养之道的大成，如果用冯友兰先生的四境界说来比附的话，大畜卦的上九爻可以类乎天地境界了，是"道大行也"的境界，超脱世俗，廓然大公，是君子人格修养追求的至高的理想境界。

大畜卦小结

大畜卦用"有厉，利已""舆说輹""良马逐""童牛之牿""豮豕之牙""何天之衢"一系列的意象阐述了大畜的原则：无论是国家蓄养贤能，还是个人蓄积品德才学，都应以蓄积善德为根本，辅以才干学识，这样才能使国运恒昌，事业敦厚，抱负得以施展。

大畜卦的各爻阐明了不同阶段的情况：君子在蓄积力量的初期，才德尚浅，不应急于前行，当埋头学习；稍有蓄积时，不要急于显露，当自觉收敛，反身修德；在刚健的力量蓄积已足时，就应如良马驰骋，勇于向前，但仍不忘随时蓄积；当到达上层，成为蓄止之主时，要懂得如何去抑制恶德和蓄养善德，正本清源，养善罚恶就如用"童牛之牿""豮豕之牙"，经过这样的蓄积后，才会有何天之衢的亨通。

马其昶总结此卦云："本卦四阳皆贤人。下卦取其自畜，以自重而不轻进为美。上卦取其畜彼，以相畜而无妨害为贵。君养贤非一端，幼而服习，长而教训，涵养变化，学成而优以禄，德大而隆以师保，莫非畜养之道。"（马振彪《周易学说》引）意思是说，大畜的四个阳爻都是贤人。下卦的三阳爻取自蓄，对自身有期许，有自重的意识，自我蓄积，不轻易冒进，有自我涵养的德行。上卦取蓄止他人，以蓄止的方式有益于他人，而不妨害他人。国家养贤是一项大工程，从孩童幼小的时候让他们养成良好的习惯，接受教育，长大了接受圣贤的教化，掌握本领学识，不断涵养，学成后给以上升进仕的阶梯，食国家俸禄，德高者居师保的高位，享受尊隆，这都是国家良好的蓄养之道。

读卦诗词

采桑子·山天大畜

寇方墀

不积跬步难行远，山下云天。
利涉大川，实健辉光岂等闲？

向来大任归贤士，磨砺艰难。
良马驰边，换取江山万里田。

颐卦第二十七

震下艮上

导　读

上一卦我们学习的是大畜卦，讲如何深蓄厚养，如何养贤用贤，当到达大畜卦的上九爻时，爻辞是"何天之衢，亨"，表示蓄积之道已得大成。那么接下来就进入了颐卦的卦时。

《序卦传》说：

> 物畜然后可养，故受之以《颐》。

事物大为蓄聚之后，就可以用于颐养了。我们回顾一下最近的这几个卦，从剥卦的剥蚀殆尽，到复卦微弱的一阳来复，到无妄卦的真实没有虚妄，再到大畜卦的大力蓄积，经历了由薄到厚、由弱到强并逐渐有所积累的艰难过程，待到大畜之后，元气已经恢复，也终于有了一定程度的物质基础和人才储备，可以有能力及余力用来进行各方面的滋润养育了，所以接下来是象征颐养的颐卦。

我们的《全本周易导读本》给这一卦起的小标题是"管好嘴巴"。

颐卦跟嘴巴有关。

首先从字面来分析，"颐"这个字，本义是指下巴。《释名》曰："颐，或曰辅车，或曰牙车，或曰颔车。"都是指下巴及其周围的部位。《方言十》："颐，颔也。"颔分为上颔和下颔，而"颐"主要是指下颔，是名词。"颐"用作动词，就有了养的意思，即下巴动是在吃东西，就跟养有关了。

其次从卦象、卦德两方面来看颐卦跟嘴巴的关系。

从整个卦象来看，颐卦上下各有一阳爻，中间四阴爻，其形状如同人张开的一张口，上下各为口唇，中间是两排牙齿，所以是颐。

从卦德来看，下体震卦为动，上体艮卦为止，如同人在吃东西时，口的上颔静止而下颔活动，食物入口，非常形象，是颐在动，是谓养。

嘴巴的第一功能是吃饭，吃饭的基本目的是养活自己的身体，圣人从这一点出发，将这一功能作用推广开来，进而推广到个体的养生、养德、养气、养神，有物质方面的养，也包括精神方面的养，进而再推广到圣人养贤泽及万民，天地养育万物。这些都是养，虽然养的主体和对象不一样，但其道理却是一贯相通，且有大道可依，有规律可循，有方法可用，这就是颐养之道，也就是颐卦所探讨的主题。当颐养之道落实到每个个体及阶层的具体行为时，颐卦则重点论述如何自养及养人的道理。

讲　解

下面来看卦辞：

颐：贞吉。观颐，自求口实。

颐：守正吉祥。观察如何颐养，明白应当自己谋求食物。

《彖》曰：颐，"贞吉"，养正则吉也。"观颐"，观其所养也。"自求口实"，观其自养也。天地养万物，圣人养贤以及万民。颐之时大矣哉！

《彖传》说：颐，"守正吉祥"，是指遵循正道进行颐养才会吉祥。"观察如何颐养"，是指观察事物获得颐养的途径。"自己谋求食物"，是指观察如何实现自我养育。天地养育万物，圣人养育贤者并惠及万民。颐卦之时所蕴含的意义是多么伟大啊！

无论是自养还是养人，颐养之道强调守正则吉。"观颐"，要从两方面观：一是观"养人之道"，一是观"自养之道"。这两方面均须守正才会吉祥。以合时宜、遵道义为正。天地养育万物，品类繁盛，资源充足，四时运行，没有差错。圣人养万民，公而无私，使万民得以休养生息，满足每个成员的生存需要，并通过养贤来使万民得其所养。

从卦辞、彖辞中我们可以看到，这个养是要通过正当的途径获得才会吉祥，也就是说无论是自养还是养人，途径正确才会吉祥。"自求口实"，则是指能够自立、独立，既不依赖于他人，也不代替他人。不依赖于他人，自己才能真正体会到自尊自立的艰辛与乐趣；不代替他人，才能培养他人自食其力的自信使之获得真实的体悟。正如每个人的人生道路都需要自己走一样，每个人的每一餐饭都要自己亲自去吃，那样才有真切的滋味。这就是自求口实，是自求养身、养德之道。

说到这里想起佛家常说的一个段子。有位居士看到观世音菩萨的塑像手里拿着念珠，就向一位老和尚请教说："师父，人人都念观世音菩萨，那观世音菩萨手里也拿着念珠，菩萨在念谁呢？"老和尚回答说："在念观世音菩萨。"居士问："观世音菩萨为什么要念自己的名号？"老和尚说："居士，求人不如求己啊。"这个段子说的其实就是"自求口实"的道理，没有得道的普通民众整天念观世音菩萨保佑，而真正得道的菩萨却已悟自渡渡人的道理。

有学友会问，刚才不是还在说圣人养贤以及万民吗？怎么又强调"自求口实"了呢？这并不矛盾，圣人养贤养民，并不是养懒人、养闲吃干饭的人，不是让贤人、民众无事可做，而是不多去干涉他们，为他们提供条件，给他们充分发挥聪明才智、特长能力的空间，不多干涉，让他们能够养身养德、各尽所能、自食其力，自我创造、彼此配合，共成化育之功，这是养贤养民和"自求口实"相互促进的良性关系。

我们的例解举的是《孟子·离娄上》中的一段话，说的是养小还是养大的问题，虽然都是养，作为人来说，养的境界是有大小高低之分的。孟子认为：只求饱暖之欲者是小人，能够注重养护内心之善德者是大人。由此给人们指出了一条由小养到大养的修身向上的途径。是小人还是君子，是君子还是大人，就看你用这一生的时间和精力养的是什么。对于普通民众来说，能养家糊口、求得饱暖就可以了，对于贤士君子来说，则应养其大者，人生应有更高的追求。这样，才有北宋张载所说的"为天地立心，为生民立命"的胸襟与抱负，成就颐养天下的大人品格。

下面来看《大象传》：

《象》曰：山下有雷，颐。君子以慎言语，节饮食。

《大象传》说：山下有雷，雷声震动，刚震动又停止了，方动而止。颐卦又有口齿之象，下动上止，就像是用口将言语刚要说出来又谨慎地止住，又像是用口欲要饮食又自我节制，君子看到这样的卦象，于是谨慎言语、节制饮食。

与嘴巴相关有两件重要的事：一是"口之入"，口最主要的用途是饮食，如果对饮食不予节制、不加分辨、贪吃不厌、胡吃海塞，就会导致疾病，小则伤身，大则害命；二是"口之出"，指言语。言语的作用非常重要，发布命令、宣读教化、与人沟通等都要通过言语。用得好，则身正事行，一切顺利；如果用不好，言语有失，同样小则伤身，大则害命，甚至害人、害己、害事、为害社会，如果是为政者，则失政害国。言语绝非小事，所以一定要谨慎，当谨记"祸从口出，病从口入"的警语。对国家而言，政策法令是国家的"言语"，税收赋入为国家的"饮食"，更须"慎言语，节饮食"。

再深入一些分析可以看到，"节饮食"就是养体、养生，佛家的清淡斋戒，道家的食气辟谷，儒家的"君子食无求饱，居无求安，敏于事而慎于言"都表达了对于饮食的节制态度。节制使身心处于清醒状态，既对身体健康有益，又是自我德行修养及意志力的表现。"慎言语"，是德行、精神、行为方面的节制，不乱说话，对言语有所节制，既不浮躁于外在耗散精神，可以涵养内在的精、气、神，又可以沉静笃实，做事沉稳，长此涵养，福慧双增，在社会人事层面，则表现为笃实厚道的可靠之人。

我们给此卦起的小标题是"管好嘴巴"，其实就是从这两方面来管好嘴巴："慎言语""节饮食"。这两条说来容易，道理一听就明白，但真正做到却不容易，如果能贯彻一生去这样做就更难了。凡俗之人平时往往一不小心就吃多了、说多了、事情做出格了等等，只有那些真正的修行之人，能够在日常生活中严格要求自己并切实去做，儒家的曾子在病危时感叹说："战战兢兢，如临深渊，如履薄冰。"说的就是终生在行为上进行自我节制的状态，使自己时时处处都符合礼，这就是养其大以成圣贤的修进之路。这几句话已经成为对后世修身者的提醒与鞭策。

回到颐卦的语境来说，管好嘴巴是伴随一生的修养功夫，关键是要体现在行为中，而不是仅停留于头脑中或口头上。

下面来看六个爻：

初九，舍尔灵龟，观我朵颐，凶。
《象》曰："观我朵颐"，亦不足贵也。

初九，舍弃你自己灵性大龟一样的美质，却观看我大快朵颐，凶。《小象传》说："观看我大快朵颐"，这种行为不值得尊重。

灵龟是一种活得很久且很有灵性的动物，能够服气而不食，在古代与龙、凤、麒麟并称四灵，古人视之为祥瑞。这里指天性具有特长美质，无须外求于人。每个人都有自身的特长美质，与别人的不同，就好比灵龟自身有灵性，应该保有和涵养自身的灵性，发挥特长，而不应该舍弃自身的灵性去盲目追逐外求。"朵颐"指凸鼓的腮颊，这里指鼓腮嚼食。初九在颐卦初位，本身具备阳刚之质，本可以自养无忧，就如同有灵性的大龟，美质而长寿，可以长久自养，无须外助，但是初九却要动身去求养于人。初九居下体震卦初爻，刚居阳位，躁动不安，上有六四与之相应，六四正鼓起腮帮吃东西，初九看得垂涎欲滴，心为所动，要去仰仗六四，求其养己。初九不贞守正道，不努力养身修德，却选择了舍本求末，趋炎附势，失正道，逐私欲，迷失自我，不但不足为贵，还会落得凶的下场。

我们在看每一个爻的时候，爻辞根据卦时爻位对爻的吉凶进行判断，这里面是有条件、有选择的，并不是绝对会如爻辞所说的结果那样，因为如果该爻的主体行为选择改变了，其吉凶的结果就会随之变。比如这个初九爻本是阳爻，是颐卦中的下巴，是有资质和能力自养的，如果初九选择了保有灵性，安于自养，独立不惧，就会逐渐修炼得成熟纯粹，透出卓然的光辉；但如果它放弃自养而去羡慕别人，求人养己，就会丧失根本、随波逐流，结果就会是凶。初九选择了后者，因此爻辞给出结论：凶。在客观条件已经确定的情况下，主观的选择是导致吉凶的主要因素。所以，当我们在读卦或算卦的时候，看到吉凶之辞，不要以为就是铁板钉钉，将其当成了宣判与宿命，而应该分析其条件，看其劝诫，来调整自身的行为，做出正确的选择。

六二，颠颐，拂经于丘颐，征凶。
《象》曰：六二"征凶"，行失类也。

六二，颠倒向下求养，违背常理，转而向高丘之上求养，前行有凶险。《小象传》说：六二"前行有凶险"，因为他失去了同类。

对于六二的解释各注家有分歧，且有些解释语焉不详。我们取程朱的解释。"颠"，颠倒。"拂"，违逆。"经"，常道。六二以柔居中而得正，本应固守正道，修德以待，然而六二本质阴柔不能够自养，于是以阴求阳，寻求能够养己的阳爻。这种寻求就有了从善养还是从恶养的选择：六二先是向下看到了初九，欲亲比于阳刚美质的初九，由于六二与初九是逆比关系，是颠倒所养，也就是"颠颐"，是不符合规则的养，也就是非正养，违反常规；六二不愿委身下求，转而向上看到上九，上九居于艮卦之顶，有高在山丘之象，比初九要高贵得多，六二与上九本不能成正应，但为了得到阳刚上九的信任和颐养，违背正道而上求，这种逆道悖理、妄动躁进的行为必招凶祸。也就是说，六二无论是向下求初九，还是向上求上九，都没有好结果。在六十四卦中，二多誉，很少有凶辞，颐卦二爻就是极少的凶辞之一。这是由所处的卦时所致，颐卦主张"自求口实"，六二居于大臣之位，自身却不能安身立命、自立自养，代表着本身就没有能力居于这个位置，需要向外去寻找依靠，求人养己，然而他与上下两个阳爻皆没有正当的途径形成养的关系，所以，凶。

有学友提问说，爻辞中的同类是指谁？朱子认为"初、上皆非其类也"，他去求养，所以"征凶"，这是将初上两爻都看作非其类。程子认为"征而从上则凶者，非其类故也。往求而失其类，得凶宜矣"，这是认为上九非其类。程、朱的意思是六二是阴爻，去求非其同类的初上两阳爻，而两阳爻都不能给他以支持援助，所以凶险。也有人认为在颐卦中，所有的阴爻都应该去求上九，这样是得其类，但是六二因为与初九同处下卦，于是没能拒绝初九，没有去求上九，这是"行失类"，"行失类"的意思是他的行为跟他的同类不一样，即二爻的做法很另类（王弼言"类皆上养，而二处下养初"，马其昶言"当颐时众皆养于上，二独以同体之故，不能拒初而往求之，谓之行失类"）。但无论是哪种说法，六二的同类，都是指颐卦中与它同样的阴爻。

这位学友还问了第二个问题：二爻与五爻中各有吉凶是什么样的关系？

二爻和五爻都居于中位，本来在其他的卦中是彼此相应而有为的爻，但在颐卦中，二爻、五爻都是阴爻，居于有为之位，而无有为之质，即能力不足，并且都求养于上九，这是违背常经的，所以我们看到六二和六五爻辞中都有"拂经"之词。二爻的结果是凶，因为其与初九和上九是既无正应也无正比的关系，求养而不得养，又不能甘守正位而自养，所以凶。五爻求养于上九，彼此是正比的关系，所以五爻得吉。这就是二爻和五爻的相同处与不同处以及二者之间的关系。这听上去颇有矛盾，都是"拂经"，都是求养，为何结局不同？我们来看余敦康先生的解释："六五由'拂经'而得吉，六二由'拂经'而征凶，行为方式相同，却产生了截然不同的后果，这种情况表明，所谓'经'之常理并非僵化固定的教条，关键在于通权达变，采取适时之变的对策，建功立业，成就事业。从这个角度看，六二'拂经'求养于初九，既违背了道义原则，又违背了功利原则，所以后果是凶。六五以柔弱之质而居君位，虽有经世济民的心愿，但是志大才疏，力不胜任，于是违背常理，采取变通的做法，'顺以从上'，不以君位为重而顺从地听命于上九阳刚之贤。这种表面上看来似乎是'拂经'的做法，不仅合乎颐养之世养贤的大义，在道义上完全正当，而且得到了上九的竭诚辅助，成就了养天下的事业，实现了最大的功利。"

其实，我们可以进一步追问：二爻既然无可选择，上下都不对，那他该怎么办呢？爻辞中"征凶"，说明他不应行动，而应安处己位，安贞自守，虽然自养困难，但也要于艰难中守正。《论语·里仁》载子曰："不仁者不可以久处约，不可以长处乐。仁者安仁，知者利仁。"六二就是因为不能够久处约，所以征凶，闻者足戒。

六三，拂颐，贞凶，十年勿用，无攸利。
《象》曰："十年勿用"，道大悖也。

六三，违背颐养之道，坚持这样做下去必然凶险，十年都不会有作为，没有利处。《小象传》说："十年都不会有作为"，是因为与正道大相悖逆了。

六三居下体震之极，所居不正，处于既不正又躁动的状态。六三是阴爻，欲求养于上，正好上面有上九位置与其相应，六三以不正的动机而行躁动之事，前去谄媚逢迎，违背了颐卦"养正则吉"的大道，如果不知悔改坚持这么做下去，其结果必然凶险。六三在利欲的驱使下做出这种行为，十年都不会成功，最终不会得到什么利益。颐卦下体三爻，组成了震卦，每爻因有求养之心而有凶险，可见，欲人养己，必先自养。修身养德，才德具备，能自养其身，必会得到应有的待遇和俸禄。所以，遵道行义、守正养德才是养的核心所在。

六三本来与上九相应，条件是有利的，但是却因为自身的行动不中正，又是动之极，太过急切，急于求养，类似于豫卦中的初六，本来与九四相应是好条件，但却汲汲以求地通过这个有利条件来满足自身的欲望，最后福变成祸，反而为凶。颐卦讲的是养，却处处体现着中正、节制的价值理念和行为规范。

六四，颠颐，吉。虎视眈眈，其欲逐逐，无咎。
《象》曰："颠颐"之吉，上施光也。

六四，颠倒向下获得颐养，吉祥。像老虎一样盯着看，使其私欲逐次去除，没有咎害。《小象传》说："颠倒向下获得颐养"的吉祥，是因为居上而能够施光辉于下。

六四得正，已进入上卦艮体，居近君大臣之位，下与初九相应。因六四是阴爻居辅政大臣之位，自身的力量不足以胜任，需有贤人辅助供养自己。初九具有灵龟的阳刚美质，六四希望求得初九的辅助，共辅君主大业，但初九有观颐而躁动向上的欲望，因此在上位的六四要具备庄重威严的气度，对那些不良习气如老虎逼视猎物般洞察。凛凛虎威，令人望而生畏，从而逐去初九身上的私欲和浮躁气，养其正德，使其成为贤德君子。六四既能礼贤下士，重用初九之才，又能以威严修养初九之德，使光辉得以施行，这样共成大事，不会有咎害。实际上，六四与初九互为所养，六四养初九之才德，初九养六四之事业，所以吉祥。

六四对初九虎视眈眈，是因为六四有其势，初九能够以下养上颠倒奉养，是因为初九有其能，二者彼此正应，符合"养正则吉"的原则，这样就形成了一对优势互补的组合。所以同是"颠颐"，六二不符合养正的原则，为凶；六四符合，因而为吉。

六五，拂经，居贞吉，不可涉大川。
《象》曰："居贞"之吉，顺以从上也。

六五，违背常理，安静守正吉祥，不可以涉越大河。《小象传》

说："安静守正"的吉祥，是因为能够顺应听从于上位的阳刚贤者。

六五居于君位，本来是养民之位，但因其质柔，是一位资质柔弱的君主，其才不足以养天下之民，所以必须寻求外援，于是采取变通的办法，向上顺从于上九，六五与上九正比没有阻碍，能够得到上九阳刚贤士的供养，六五经世济民的心愿才可以达成。然而六五毕竟资质柔弱，依赖贤人供养，所以应以守静为吉，在艮卦中爻，主静，不可以大刀阔斧地做大事，以顺守为主，才会得吉，所以爻辞说"不可涉大川"。

上九，由颐，厉吉，利涉大川。
《象》曰："由颐，厉吉"，大有庆也。

上九，颐养之世由他而来，知危知惧可获吉祥，利于涉过大河。《小象传》说："颐养之世由他而来，知危知惧可获吉祥"，真是大有福庆啊。

颐卦之所以成为颐卦，最重要的原因是上九的存在。颐养之世由上九而得以实现，上九是真正的贤能之士，国家栋梁，使民众得其所养。上九虽然为人臣属，但是连六五之君都赖其供养，对上九来说这是大有福庆的事，当竭尽赤诚，为国效力，同时也应深刻意识到重担在身的责任与艰险，时刻要有"战战兢兢，如临深渊，如履薄冰"的危机意识，才能涉险渡难，使颐养之世得以稳定长久，万民吉祥。

答 疑

1. 问：关于"颐卦中，下三爻在震体，主动，不能自养，躁动外求，但所求不正，三爻皆凶"与"上下两阳爻是阳刚能养人者，中间四阴爻是阴柔被养者"的描述是否有矛盾？

答：如果认真研习前面的讲读，其实可以明白，这两种情况是交叉并存的。下卦的三爻居于组织结构的下位，是被养者；上卦的三爻居于组织结构的上位，是养人者，这是就其上下地位或社会爵位而言的。下卦三爻是被养者，如果养得其正，并不一定会凶，但由于下卦是震卦，是主动求养，这就违背了颐卦"自求口实"的原则，所以下卦三爻皆凶。上卦三爻居于艮体，能够静守本分，笃实不外求，符合颐养之道的原则，加之居于上位，是养人者，所以三爻皆吉。后面的一段话"上下两阳爻是阳刚能养人者，中间四阴爻是阴柔被养者"是就阳爻、阴爻的品质才能而言的。在社会中，并非所有居于下位的人都没有能力而坐等着被养，也不是所有居于上位的就都有能力或有余力养人，品质才能与居位德性并不一定同步相应。初九就是居于最下层的位置但却拥有阳刚品质和才能的人，只是他没有意识到自己拥有灵龟美质，反而去羡慕别人，求人养己了，他的自养和养人"非不能也，乃不为耳"，上九是阳爻而居于上者，所以"由颐"，这是由初爻和上爻本身为阳爻而知其具有阳刚能养的品质和能力。其余几个阴爻，虽然所居位置有上下卦的不同，但阴柔而需依托于阳刚的性质是一样的。只不过，下卦的两个阴爻急于求养的态度理念、方式方法不正确而获凶，上卦的两个阴爻以自身的优势获得其养的方法途径正确而获吉罢了。

2. 问：小结中提到"上九是全卦主爻"，初爻和上爻同为阳爻，为什么偏偏上九是全卦的主爻，依据是什么？

答：在《周易略例·明象》中，王弼提出了"一卦之主"的观点，其判断卦主的依据主要有："尚中""唯一""举经卦二体""爻辞关联卦辞""成卦之主"几种情况（可参看《全本周易精读本》，第51—52页）。

在参照王弼上述观点的基础上，我在《全本周易精读本》的"《周易》六十四卦卦爻体例分析"一节中，对于六十四卦的卦主逐一进行了分析，主要以卦时、爻位和功能作用为依据（第108—116页）。

其中对于颐卦卦主的分析是，颐卦由上下两个阳爻和中间四个阴爻组成，形状如口。卦时讨论颐养的问题。阳爻代表有颐养的能力，下体三爻，皆宜自养，上体三爻，宜于养人。颐卦提倡"养贤以及万民"，上九既有阳刚美德，又能够居上而养下，是颐卦之主。

颐卦小结

颐卦阐述了养的问题和在颐养之世自处的原则："养"分为养人与养己两方面，同时"养"的概念又有养身、养德的不同含义。总的看来，能够养己而不羡慕依赖他人是吉的，如果既能养己又能养人，就是善莫大焉。颐卦中，下三爻在震体，主动，不能自养，躁动外求，但所求不正，三爻皆凶；上三爻在艮体，主静，居静而养，三爻皆吉。六个爻中，上下两阳爻是阳刚能养人者，中间四阴爻是阴柔被养者，上九是全卦主爻。颐卦所讲的颐养之道，是"养正则吉"，循正理，走正道，"己立立人，己达达人"，必能使颐养之世得其"贞吉"，万民得其所养。

读卦诗词

倾杯·山雷颐

寇方墀

言语风波，饮食睚眦，由来口出祸起。
观我朵颐，舍尔灵龟，羡别人生意。
登高履下求颐养，得一声怜惜。
逐逐其欲，凭虎视、切切颠颐得吉。

由来天生地养，万般皆庶，天道酬勤利。
必养正则吉，道合人聚，莫求人养己。
山下雷声，慎言节饮，世事留踪迹。
庆由颐，方知晓、圣人深意。

大过卦第二十八

巽下兑上

导　读

　　我们上一卦学习的是颐卦，颐卦之前是大畜卦，从大畜到颐再到大过，这是事物发展的渐进过程：当事物大为蓄积之后，就可以进行颐养和充实，充分颐养之后呢？就具备了做大事的能力。由于前期的这种发展和准备，阳刚的力量已经蓄积养成，接着就是要用这力量的时候了。大过卦由四个阳爻两个阴爻组成，明显阳盛阴衰，说明阳刚的力量与阴柔的力量呈现出不均衡的结构，一旦用起来，很容易阳刚过头。这个大过的"过"，《说文解字》解释说："过，度也。"指平常的法度、尺度。因此，"大过"一方面是指阳刚太过，做过了头，超过了常度；而另一方面由于阳刚有力，这样的行为不受陈规的拘囿，而有大为过越的举动，以超常的胆识和能力，反而能够做出卓越的事功，这都是大过之时的大过之义。

　　值得一提的是，六十四卦的卦序排列是非综即错（或称非覆即变），也就是说六十四卦是以两个卦为单位成对出现的，两个卦之间的关系是互为综卦，或者互为错卦的关系。颐卦和大过卦的关系是互为错卦，也就是颐卦的阳爻变阴爻、阴爻变阳爻而成为大过卦。南宗易学家朱熹的弟子冯椅认为：大过卦与颐卦、中孚卦、小过卦一样，是上下卦画呈现反对之象，从上下两卦的中间分开，三与四对，二与五对，初与上对，形成一种上下对称的形状。这说明，大过卦中各爻的爻义是通过这样的对应关系呈现的。这是很有意思的一种讲法，值得结合爻辞认真琢磨一番。

我们回到《序卦传》上来，《序卦传》曰：

颐者，养也。不养则不可动，故受之以《大过》。

《序卦传》说：颐是养育的意思。没有足够的养育就不能大为兴动（一旦兴动就很容易过头），所以接着是大过卦。

世间万物养而后成，养成了才能够振作兴动，而一旦力量充足，振作兴动就很容易过头。所以，在颐卦之后是大过卦。

那么，"大过"之名从何而来呢？

我们先来看一下卦象，大过卦的整体卦形是中间四个阳爻，上下各一阴爻，从卦辞和象辞的解释中，我们知道，大过卦的整体取象是一栋房子。学工科的学友一定知道工程制图中的"三视图"，也就是主视图、左视图和俯视图。大过卦就可以看作一幅房子的建筑俯视图，观察者从高处往下看这所房子，中间的三、四爻是房子的栋梁，二、五爻是房子的主体墙壁，初爻、上爻是房子四角的支柱。这栋房子，栋梁和墙壁都是坚实沉重的阳爻，四角的支柱却是柔弱的阴爻，明显有支撑不住的感觉。究其原因，根基本末太弱，而主体阳刚太过，所以称为"大过"。另外，从数量上而言，阳爻多而阴爻少，大过也指阳爻过多，总体上呈阳盛阴衰之势，所以称为"大过"。还可以从另外的卦象来佐证此大过之象，大过卦巽下兑上，兑为泽，在五行里属水，巽为风，在五行中属木，泽水本来是润泽巽木的，如今却出现了水泽太过而淹灭木的现象，所以称为"大过"。

大过卦总体上跟木头有关，总体取象是一栋房子，中国古代的房子主体是木质结构。但这栋房子，显得有些头重脚轻，不够稳固，如果把四角的柱子压断了，这栋房子也就倒了，因此，大过卦隐含着忧患意识在里面。我们为这一卦起的小标题叫"楼脆脆的启示"，是取自近年来网络上对于危楼的一种称谓，就是说随时有崩塌倒掉的危险。

大过卦亦有棺椁之象。《系辞下传》中说："古之葬者，厚衣之以薪，葬之中野，不封不树，丧期无数，后世圣人易之以棺椁，盖取诸大过。"这里是取象将兑卦之泽看作坑泽之象，将棺木埋在坑泽之下，是从大过卦的卦象中得到的启示。

刚才我们说了，大过之时，既是有足够的阳刚力量，可以做大事、立大功的时候，又是阳刚过盛，隐含着危亡倾覆危险的时候，在这样的卦时之下，到底该怎么做呢？

讲　解

我们来看卦辞：

大过：栋桡；利有攸往，亨。
《彖》曰：大过，大者过也。"栋桡"，本末弱也。刚过而中，巽而说行，"利有攸往"，乃"亨"。大过之时大矣哉！

大过：栋梁弯曲；利于有所前往，亨通。《彖传》说：大过，是大为过盛的意思。"栋梁弯曲"，是指根基和末梢太柔弱。阳刚太过而居于中位，巽顺而喜悦前行，"利于有所前往"，所以"亨通"。大过之时的意义伟大啊！

卦辞中整个房屋有中强而本末太弱之象，致使栋梁有些弯曲，所以称作"栋桡"。虽然栋桡，但四个阳爻中的二、五都能够中道做事，上下卦德的配合又是巽顺而喜悦，所以大过卦的大体形势是利有所往，亨通。

用我们现在常说的一句话，就是危险与机遇并存。大过之时的利与弊同时存在，且表现得更为突出。

大过之时必然有超出平常的大过之事，如立君、兴国、兴百世之大功，成绝俗之大德，都是大事。若恰遇其时、适得其人，那么大过之时，也正是大过之才发挥作用的时候，所以《彖》辞赞叹大过的时用和意义非凡。

我们来看《大象传》：

《象》曰：泽灭木，大过。君子以独立不惧，遁世无闷。

《大象传》说：泽水淹没树木，有大为过甚之象。君子看到这样的卦象，独立而不畏惧，隐遁而不苦闷。

大过卦的卦象是泽灭木，水泽本应滋养木，使木成长，但是泽水发展太过了，有将木淹灭之势。由于木不容易被泽淹没，泽水欲淹没它，木性反而上浮，就如同君子，越打击越坚强，即使在流俗中仍会卓然独立，和而不流，独立而不倚，不忧不惧，遁世无闷，不被世人所理解也不会苦闷，对自己和未来充满信心，这是君子阳刚品格的表现。

苏东坡在评论汉初张良的时候，就说张子房有过人的志节："古之所谓豪杰之士者，必有过人之节"，"天下有大勇者，卒然临之而不惊，无故加之而不怒，此其所挟持者甚大，而其志甚远也。汉之三杰，皆有大过人之才，不然，不足以成兴汉之功。"就是说，那些有大志节和过人之处的人，遇到大过之时，可以体现出他们的胆识，施展出他们的才华，解决大的问题，成就一番功业，甚至造就一个伟大的时代。时势造英雄，还是英雄造时势？实际上，也可说是互为增益，互相造就。

这就是我们前面说到的要得其时、得其人，必能于大过之世，成大过之功。通过上述分析，我们似乎已经感受到大过卦令人鼓舞的阳刚之气。

但也要注意到，大过终究是过，如果把握不好，就会过犹不及，时和度不能把握恰当，根基不稳而大为折腾，不但立不了大功，反而会使大厦倾覆。因此，大过的处事原则仍然是不离中道，所谓中道，关键还是要看时和位这些重要的条件因素：有时，怯懦退让也是一种"中"；有时，勇烈刚暴也是一种"中"。

下面，我们来看六个爻在大过之时，处于不同位阶时处事的得与失：

初六，藉用白茅，无咎。
《象》曰："藉用白茅"，柔在下也。

初六，将洁白的茅草铺在下面用作衬垫，没有灾祸。《小象传》说："将洁白的茅草铺在下面用作衬垫"，是因为初六柔顺而居下。

"藉"，衬垫。"白茅"，也作"白茆"，植物名，多年生草本，花穗上密生白色柔毛，古代常用以包裹祭品。将洁白柔软的白茅垫在地上做衬垫，以此来表达内心的谨慎与恭敬。

初六的行为，体现的是小心谨慎，显得有些过分恭敬。初六是怎么做的呢？他充满恭敬地将白茅小心地铺在地上，让对方看到自己的恭敬。《系辞上传》说："苟错诸地而可矣，藉之用茅，何咎之有？慎之至也。夫茅之为物薄，而用可重也。慎斯术也以往，其无所失矣。"如此谨慎之至，可保万无一失。可见在大过之世，谨慎，甚至于谨慎得有些过度，都不会有过错。初六爻之所以能这么做，是因为他处在大过卦初位，又是下体巽之初，自身的性格阴柔巽顺，居位又在重刚之下，这样的行为虽显得有些过于谨慎小心，在大过之时，甚至显得有点怯懦，但如此不会有咎害。这就是我们前面所说的"怯懦退让也是一种'中'"。常言说："诸葛一生唯谨慎，吕端大事不糊涂。"处事谨慎，做大事但不蛮干，就会最大限度地在抓住机遇的同时又避免危机。

九二，枯杨生稊，老夫得其女妻，无不利。
《象》曰："老夫""女妻"，过以相与也。

九二，枯槁的杨树生出新芽，老丈夫娶了年轻的妻子，无所不利。《小象传》说："老丈夫""年轻的妻子"，说明九二阳刚太过因此与阴柔相配。

杨树的杨字，谐音为阳刚之"阳"，《周易程氏传》说："杨者，阳气易感之物。"九二是阳爻，在大过之时，枯杨代表着阳刚过盛，以至于枯槁。对于"稊"，有不同的解释，有的认为"生稊"

是指生出了根，有的认为是生出了芽。"稊"的本义是一种草，王弼注称为"杨之秀"，"稊"与"枯"是相对的，代表着生机，通"荑"字，《诗·卫风·硕人》："手如柔荑，肤如凝脂。""荑"本义是指茅草的嫩芽。所以，我们将其解释为植物的嫩芽，特指杨柳新生的枝叶。

九二处在大过卦的阳过之时，在四阳爻的阳过之初，得中而守柔，上面与九五两阳爻相对，以阳刚对阳刚，有重刚加重之势，但所幸九二向下可与初六亲比。九二这样阳刚太过之爻，如同枯橘的老木，与初六结合，就如枯木逢春，重新焕发生机，长出嫩芽，又像老丈夫娶了年少的妻，可以成就生育之功，这样的结合超出常理，但在大过之时，有大过之人做出大过之事，亦属必然。大过卦阳刚已过，刚过而以阴柔相济，无所不利。治国家、用人才也是同理，老一代与新一代合作，阳刚与阴柔搭配，才能使枯杨生新芽，焕发新生机，不致衰败。

我们对这一爻的例解是：传统是历史遗留的宝贵财富，一个健康的社会，应该是尊重传统的，从传统中汲取智慧和力量，这样才会有根基、有底气，社会有淳厚稳重之风。但又不能完全囿于传统、故步自封，要立足于传统返本开新、明体达用、敞开胸怀、接纳新事物，不断吸收和创新，将传统精华与现代因素相结合，才会焕发出新的生机与活力。

以此来阐释九二爻"枯杨生稊"之义，其内涵是刚与柔的结合，方能共成化育之功。九二之所以能够做到这一点，还在于自身居于中位，主观上能够守持中道，客观条件上又与初六成正比，顺时顺位娶了初六这样的少妻，于大众风俗、常人的眼中是大过之事，但于大过之时的宗旨来说，却是符合时位的中道之举。

九三，栋桡，凶。

《象》曰："栋桡"之"凶"，不可以有辅也。

九三，栋梁弯曲，凶险。《小象传》说："栋梁弯曲"的"凶险"，（阳刚太过）却没有可以依托和辅助的东西。

九三爻辞中的"栋桡"在卦辞中已经出现，说明大过卦栋桡的危机就是因九三所致。九三以刚爻居阳位，过于刚强，又不居于中爻位，说明他本身有失中道，根基不稳又得不到匡正，如同房屋的栋梁太重，又无辅助的根基力量，以致栋梁弯曲压塌了房柱，使大厦倾败。如果按照冯椅所说，九三爻是与九四爻相对，那就加重了阳刚的压力，四爻居于三爻之上，不能辅助他，反而更加重了积压之力，使上下都受到了重压。担当大任的人如果阳刚过甚，就会违于中和之道，刚愎自用而失去人心，整座大厦都会因此而遭遇凶险。九三有违中道，有栋桡之凶，刚愎自用者当以大过九三为戒。

九四，栋隆，吉。有它，吝。

《象》曰："栋隆"之"吉"，不桡乎下也。

九四，栋梁隆起，吉祥。有应于其他，遗憾。《小象传》说："栋梁隆起"的"吉祥"，是因为九四使栋梁不再向下重压弯曲。

九三和九四位于大过卦中央，有双重栋梁之象。然而九四却与九三大相径庭。在大过之时，因阳刚太过，所以济以阴柔为好，九三以刚居阳"栋桡，凶"，九四虽亦为阳刚不中，但居于阴位，内刚外柔，免去了过刚的危险，又因九四已进入上体兑卦，栋梁不再像九三那样向下弯曲，而是向上隆起，这样就不会对柔弱的房柱形成重压，向上还会撑起房屋，因此是吉象。另一方面，由于九四与初六有应，希望得到初六的援助，但一来初六已与九二结合，二来初六柔弱处下，小心谨慎，能力太弱，九四的期望达不到心中的预期，因而有所遗憾。

我们在此爻的例解中举的是春秋时期晋国的赵文子建造宫室的例子，提醒世人在具备了阳刚之力或是拥有了富贵地位时，做事要符合本分，防止触犯规矩礼制，就会免于因过刚而带来的祸患，要去除私欲，成为真正的栋梁，支撑起大厦，以"栋隆"而获吉。

九五，枯杨生华，老妇得其士夫，无咎无誉。
《象》曰："枯杨生华"，何可久也？"老妇士夫"，亦可丑也。

九五，枯槁的杨树开了新花，老妇人嫁了个强壮年轻的丈夫，没有咎害也没有荣誉。《小象传》说："枯槁的杨树开出了新花"，怎么可能长久呢？"老妇人配了个少壮丈夫"，也真是可羞丑的事了。

"华"，即花。"枯杨生华"是枯老的杨树荣盛于上方。九五居尊得位，是阳刚的君主，但在大过之世，以刚居阳，过于阳刚而轻率行动，因与其他爻皆无应无比，于是向上逆比于上六，如此违反正道的逆比，如同一个壮年的士夫与一老妇结合，怎么能够长久？九五以阳济阴，在大过之时做大过之事，为求阴阳和合，竟与"老妇"相配，堪称大过之人，因而无咎。但大过之阳配衰弱之阴，终非值得赞誉之举，甚至在常人眼中也是一件羞丑的事。作为居于尊位的九五，在大过之世，不思任用贤能以济大事，反而亲比依托于柔弱的上六,"枯杨生华",只能加速枯杨的衰败,不可能长久。大过之世,华而不实,短暂的兴荣,只能徒耗心力,使事态更糟。

树木生芽可以长久,生花却会速凋。九五爻的启示是:处大过之道,求其实不求其华,否则,短暂的虚荣会导致更为严重的枯败。

当然,爻辞里用老妇得士夫作为取象比类的例子,也透露出古代婚姻是以繁衍为目的的,不能生育则不是佳配,即便在大过之时,也要遵守繁衍的信条,体现婚姻为族群、为社会服务的功能。现代人逐渐重视婚配中个人情感的重要性,这种思想自明代才开始萌芽,在明清戏剧小说里可见一斑,但在传统中国社会仍然很微弱。当代人以恋爱感情为基础而结成婚姻,在古代来说,可能恰属于可羞丑的事。

上六,过涉灭顶,凶,无咎。
《象》曰:"过涉"之"凶",不可咎也。

上六,涉水却因为水过深而淹没了头顶,凶,但没有过咎。《小象传》说:"涉水过深而遭遇凶险",不能算是过咎。

上六柔居阴位,质柔才弱,居大过之世,乘四阳之刚,可见其凶险。在大过之世,目标是抑阳扶阴,以达到阴阳均衡的目的,上六是大过卦的终极,阳盛阴衰的局面没有改观,上六冒险涉水,欲拯救危难,但力薄势单,陷入灭顶之灾。上六欲以柔济刚,反受到摒弃和压制,其不避艰险的拯救行为是正义的,但遭逢整体阳刚太过,以致"过涉灭顶",可谓杀身成仁,没有过咎。

答　疑

问：《说卦传》说："巽为木，为风。"该如何判断巽在卦中指风还是指木呢？

答：《周易》用取象比类的方式来阐明事物的情境和规律，将宇宙的所有事物分为八类，其中用得最多的是自然界中的物象。古人在推演八卦万物类象的时候，只是象征性地列举了八个卦所代表的常见事物，每个卦所代表的物象在卦中都可以用，并没有规定只能用哪一种物象，只要能够合于事物之理，就可以用来说明问题，并以此来推天道以明人事，对社会人事提出指导。比如，大过卦中的巽，既可以解作风，也可以解作木，泽在木上说明大过，泽在风上也可以说明大过，总之，这种象代表的是超越平常的事。反过来，风泽中孚卦，既可以解作泽上有风，有彼此孚信之象，也可以解作"乘木舟虚"，有"利涉大川"之象。这样，就同时既取了巽的风象，又取了巽的木象，这就是取象比类。象思维的特点，不是唯一的，而是象征的，发散的，意蕴层出的，因此，《周易》这部经典才有其丰富的可阐释性和不可穷尽性。

大过卦小结

大过卦阐述了在大畜卦的蓄积、颐卦的颐养之后，为实现发展的愿望而出现的大干快上的局面，并具体分析了在大过之世的处世原则。大过讨论的是一个阳刚过度的局面，阴阳任何一方过度，都会破坏阴阳的均衡，使事物发展充满危险与不确定。大过卦阐释了以下原则：其一，敬慎之心应时刻不忘，警惕灾难发生；其二，不拘常规，团结协作，刚柔相济，可有助于发展；其三，切莫在大过之世刚愎自用，更不可做华而不实的面子工程，因为不但于事无补，还会加速事情的败坏；其四，在需要挺身而出、拯救危难的时候，当以大局为重，勇于作为。总之，阴阳均衡调和，刚柔互济，是处世救世的大原则。

读卦诗词

菩萨蛮·泽风大过

寇方墀

世人只道阳刚好，阴衰阳盛枯杨老。
泽水欲淹舟，舟升浮浪头。

栋桡缘大过，柔以白茅错。
老树欲生花，亲贤仁勇嘉。

坎卦第二十九

坎下坎上

导 读

上一卦是大过卦，大过卦是大为过越之卦，在大过之时做大过之事，四阳二阴，阳盛阴衰，阳刚太过强盛，导致发展不均衡。如果我们画一条以时间为横轴，以发展为纵轴的坐标曲线的话，复、无妄、大畜、颐、大过，是一条由下向上的曲线，复在最低点开始萌生上升的趋势，然后这条线边蓄养边不断向上行，到了大过卦时出现了突然向上的突进，达到一个高点，上升的迅猛度超乎寻常。但这样的态势不符合常态，且极不稳定，泰卦九三爻辞中就说过"无平不陂，无往不复"，《道德经》第七十七章说"天之道，其犹张弓与？高者抑之，下者举之，有余者损之，不足者补之"，事物有其自身发展的规律，虽有高低的振荡，但最终趋向于均衡。大过卦阳刚太过，曲线上升太快，接下来就会出现低谷，大过卦和坎卦就像波浪的波峰与波谷，两卦是这样一个前后承接的关系。

《序卦传》说：

物不可以终过，故受之以《坎》。坎者，陷也。

事物不可能一直阳刚大过，过甚的事物必然会遭遇坎陷，大过卦阳刚过盛，过盛就会走向反面，由阳刚鼎盛到阳刚陷落，所以大过卦之后，接下来是坎卦。"坎"的意思就是险陷。

从卦体看，坎卦上下两体都为坎体，坎体中爻一阳陷于二阴之中，阳刚陷入坎险。在《象传》中坎卦被称为"习坎"，"习"有重叠的意思，是指两坎相叠，坎陷相连，险中有险，险外有险，警醒世人要注意。另一层意思是：处于坎陷之时，如何习熟于险陷，习练水性，突破艰难，以求出险。

讲　解

下面来看卦辞：

习坎：有孚，维心亨，行有尚。

习坎：有诚信，心志亨通，前行有所嘉尚。

《彖》曰："习坎"，重险也。水流而不盈，行险而不失其信。"维心亨"，乃以刚中也。"行有尚"，往有功也。天险不可升也，地险山川丘陵也，王公设险，以守其国。险之时用大矣哉！

《象传》说："习坎"，是指重重险陷。水流入坎陷深坑而不盈满，行走于险境而不失去信用。"心志亨通"，是因为阳刚居中。"前行有所嘉尚"，是指前往会有功勋。天险高不可攀、无法逾越，地险是指高山大河以及丘陵高地，王侯公族设置险要，用以保护国家。险的时用功效是多么伟大啊！

"习坎"，是两坎相重，表示险而又险。八纯卦都是上下两体相重之卦，因此，《周易》对卦象有不同的描述：兑卦是"丽泽"，震卦称"洊雷"，巽卦称"随风"，坎卦称"习坎"，艮卦称"兼山"，都是指两相重叠或前后连续，根据不同的卦象使用不同的字词。离卦因其本身卦德就是附丽，因此只称离，不再重复用字，乾卦和坤卦由于是纯阳和纯阴之卦，整体卦象的特征更为明显，所以用"天行健"和"地势坤"的整体卦象来表述。仔细琢磨《周易》遣字用词，可谓细致入微、精妙传神。

坎卦是一个险卦，是指经历险难忧患的时刻，处于险境之中。险难之境，是对人格和耐受力进行磨炼和考验之时，能够经受险难洗礼的人，必将磨炼成为更为顽强坚韧者，就像孙悟空经过太上老君的八卦炉中六丁神火的烧炼，才成就了他能够辨妖识魔的火眼金睛。

我们《全本周易导读本》为坎卦起的小标题叫作"沧海横流"。这一方面是取自卦象，横着的一道又一道坎，就像汹涌不断的波涛，沧海横流；另一方面，就是暗含的后半句："方显英雄本色。"坎卦讲君子、英雄处于险难之中的风骨，亦是从坎卦卦象中得来，《象传》说"水流而不盈，行险而不失其信"，是说坎水是流动的，流动就不会盈满，因此它终将东流入海，这个象蕴含着孚信之义，又如同君子行于险难而不会失信。坎卦上下各为阴爻而中间是阳爻，说明着坎的内心是阳刚亨通的，象征着君子即便陷于险难之中，仍不失刚中之德。君子、英雄心志通达，处险不惊，坚毅从容，具备这样的刚中之德，其行为就会有所嘉尚，前行就会获得功勋。这样的险境反而使得那些真正的君子英雄从庸常之辈中脱颖而出。

　　《彖传》重点分析和表达了两部分内容，前面说的这一部分强调处于险境时当如何处险、脱险，后面的部分则分析表达了如何设险、用险。君子、圣贤、英雄豪杰不会总是被动地处于险境，还应有设险、用险以防御、自保的能力。荀子曾说："君子生非异也，善假于物也。"君子善于利用外在的条件为己所用，甚至于设立险境，以设置堡垒，或者寻求突破。《彖传》中说到的天险、地险是天地所设之险，王公守土有责，当懂得据险以设国防，使坎险为国所需用。当处在特殊情况下时，如战争之时，也可以用险以争取胜局，比如项羽破釜沉舟，自设险境，置之死地而后生，士卒无不拼死一战，最终获胜；又比如三国时的赤壁之战，吴蜀联手，借助长江之险，用苦肉计诱使曹操将战船相连，然后用火攻曹，都是设险、用险的经典战例。这充分显示了险的双面性，也就是我们常说的双刃剑，面对险境，知险、脱险、设险、用险，就会成为幸存者、胜出者。体会到险的这两方面的特性，就懂得"险之时用大矣哉"了。

　　坎卦为水，王夫之根据水的特性，从更深的层面进行了分析阐述，水的外貌是柔和处下，不与物争，但是内心却是刚直的，当遇到危石险滩的时候，水会迂回曲折于其间，不急不躁，百折不挠，而内在的心志方向却是坚定不移的，它最终到达它的目标，这就是刚中而用柔，也可以称作用阴而行险之道。王夫之认为，坎卦是以实为体，以虚为用。王夫之说老子极力赞赏水德，说明老子是最善于用险的人。这是王夫之眼中的老子和坎卦。法家则积极地利用这种方法特性，变被动为主动，处处设坎，以达到制服、控制他人的目的。

坎卦第二十九

《周易》整体上并不提倡用险,而是提倡大中至正、中正平和地行事为人,《道德经》也说:"代大匠斫者,希有不伤其手者矣。"(七十四章)设险是为了自我防御,用险则只有在危险的极端情况下不得已而用之。我们使用的例解,重点是阐发坎卦中如何知险、据险以自固的核心观念,就是春秋时期吴起对魏武侯所说的那句话:"保持国家安定,在德不在险。"如果君主不修德,那么同一条船上的人都会成为敌人;君主如果具备阳刚中正、诚信、大度、坚定的德行,那么即便处于险难之中,前行也必有功勋,正如坎卦卦辞所言"有孚,维心亨,行有尚",这是保家卫国最基础、最稳固的"天险"。这是从要求君德层面上来强调其重要性,当然,具体到社会事务中时,精密的技术保障可确保自身的安全有险可据,也就是说要有一定的保险装置和抗风险能力,这也是不可或缺的。

我们接着来看《大象传》:

《象》曰:水洊至,习坎。君子以常德行,习教事。

《大象传》说:水滚滚而来,象征着重重险阻。君子看到这样的卦象,努力使自己的美德善行保持恒久,不断熟习政教事务。

"洊至",相继而至。坎水不断向前奔流,滚滚不息,君子观此卦象,提醒自己永远保持坚毅的品德、奋进不止的信念,坚定操守,并用实际行动践行不已。对于为政者来说,不仅自身以修德为常,同时要熟习政教事务,提高应变能力,对下属民众要三令五申,反复宣传,使民众熟知法令所禁,勿妄动涉险。

《大象传》是君子推天道以明人事在社会人事中的具体应用。"水洊至",象征着危险一浪一浪地到来,考验不会仅有一次,往往结伴而至，甚至重重险难。运用到君子修德时，君子要恒德，恒德指的是毅力，面对人生中的重重考验，要不断地日新其德，提升适应和对应不同情况的能力，不断完善自身的德行，这种努力能够保持始终，就是"常德行"。"习教事"，则是指君子担负的社会职责，能熟练地运用政教事务，使民众安全无忧，既要让民众知道哪些行为是危险的，又要带领民众懂得出现险情的时候如何处险、脱险，进行逃生脱险的练习。

六个爻主要讨论了处于不同险境的处险原则：

> 初六，习坎，入于坎窞，凶。
> 《象》曰："习坎"入坎，失道凶也。

初六，重重险陷，落入陷阱之中更深的深坑，凶。《小象传》说："重重险陷"之中又落入深坑，是因为他违背了处险之道所以凶啊。

"窞"是指深坑，表示初六的处境。坎之最下，是深陷之地，初六处于两个坎体之下，坎险之中又有深坑，重重坎险，深陷其中，凶险之极。在坎卦之时，六爻都处于危险之中，而从卦象上而言，初六陷得最深，类似于将来我们要读到的困卦的初六爻，处在暗无天日的幽深之所。其实，在这样的处境下，作为一个阴爻，刚也不行，柔也很难，只能静待时机，但相对而言，柔会比刚少犯一些危险。这个柔是指行为态度要柔和，但内心又不能丧失信念，应对人生的志向坚定不移，在苦难中动心忍性、谨慎等待，相信时机到来时必能出险。用庄子的话来说，就是"外化而内不化"，这是处于深险之中的自保待时之道。

九二，坎有险，求小得。

《象》曰："求小得"，未出中也。

九二，在坎陷之中遭遇危险，只能求取小得。《小象传》曰："求取小得"，因为还没有脱离险中。

九二处于坎险之中，上下被二阴爻包围，不能出险，又有上体坎卦压制，处境险恶。在这样的处境中，九二唯有坚守刚中之德，沉着坚毅，适时应变，只求小得，努力自保而不犯险妄动，以保存实力，可望最终脱离坎险。

九二在坎险之中，自身有刚中的德行，这是优势，但总体形势是坎陷，九二虽是能手，但是如同在险滩中行船，能求取小得，能安全过度，就已经不错了，不可有过多的奢求，否则，可能会触及危险、适得其反，从而导致灾难。因此，谨慎地把握分寸很重要。

六三，来之坎坎，险且枕，入于坎窞，勿用。

《象》曰："来之坎坎"，终无功也。

六三，来去都处在坎陷之间，危险且深陷，落入深坑，不要有所行动。《小象传》说："来去都处在坎陷之间"，即便有所行动最终也得不到成功。

"枕"，通"沈"，深的意思。六三处于两坎之间，不中不正，居下卦坎险之极，往前走是坎险，往回走也是坎险，进退维谷，动则深陷，居于凶险之地，不宜冒险采取行动，因为在这样的险境中，危险四伏，徒劳无功，只有谨慎耐心地等待时机。《中庸》说："君子居易以俟命，小人行险以侥幸。"君子居心平正坦荡，等待上天的使命，小人则心存侥幸，想以冒险求得非分的东西。

六四，樽酒，簋贰，用缶。纳约自牖，终无咎。
《象》曰："樽酒，簋贰"，刚柔际也。

六四，一樽酒，两簋饭，用瓦罐盛水，从窗户送入递出，终没有咎害。《小象传》说："一樽酒，两簋饭"，是阳刚和阴柔彼此交往信任的时刻。

"樽酒""簋贰"在其他卦爻辞中也出现过，代表的是简约、至诚、朴素、笃信。这里用来说明六四辅佐九五的态度。六四已进入上体，以柔居阴，得其正位，又上承于九五，作为近君大臣，欲与上位君王共同脱离险境，就要以至诚之心劝导九五，以使君臣和衷共济，消除凶险。六四在争取九五的信任与纳谏时，没有虚饰浮华，大张旗鼓，只是用最简约的方式表达心意，用最质朴的语言阐述真诚，一樽酒，两簋食，用瓦罐盛水，从窗户送入递出，这些都代表最简约的形式和最易接受的道理。六四这样用心良苦，终获九五信任亲比，彼此刚柔并济，免遭咎害。

九五，坎不盈，祗既平，无咎。
《象》曰："坎不盈"，中未大也。

九五，坎陷的深坑还没有盈满，水中的小块高地已经铲平，没有咎害。《小象传》说："坎陷的深坑还没有盈满"，说明九五率众平险的阳刚中正之德还没有成功光大。

这个"祗"字，有好多种不同的解法，我们取"祗"通

"坻"，水中的小块高地。九五所处的坎险之地，尚未盈满，如果盈满了，水流就会变得平缓，从而能够摆脱险境。九五居于尊位，本可以涉险渡难，为何仅可以做到无咎？因为在整体坎险的形势下，只有六四亲比辅助，九二大臣身陷险中，不能应援，其余诸爻也都陷于坎险之中，均无济险的才干，所以九五的刚中之德得不到光大，能做到无咎已经是勉为其难了。

上六，系用徽纆，寘于丛棘，三岁不得，凶。
《象》曰：上六失道，凶"三岁"也。

上六，用绳索捆缚，囚禁在牢狱之中，三年不得解脱，凶。《小象传》说：上六失去了处险的正道，凶险"持续三年之久"。

"系"捆绑，绑缚。"徽纆"，三股扭绞而成的绳索为徽，两股为纆，是绑缚罪人的绳索。"寘"，放置，此处指囚禁。"丛棘"，指监狱。上六柔居阴位，居于坎险的极点，是阴险至极的小人，乘于九五阳刚之上，阻挡九五出险，如同阻挡洪流入海的障碍，然而因其阴柔，终不能阻挡大势，洪流终将冲决而出，东流入海。上六为失道有罪之人，被以绳索囚禁，置于狱中，三年得不到释放，其凶可知。此爻极言失道之凶，如果能够悔罪思过，复归于道，那么三年之后有望出险。

答 疑

1.问：为什么上六爻阴居阴位，居正，反而是凶，而且爻辞、《小象传》说它是"失道""凶"？

答：一个爻的吉凶，承乘比应，都是判定爻位吉凶的某个方面的因素，同时还要在卦时的大背景下来看，并且注意它居位是否中正。"正"是一方面，但更重要的是"中"。首先，坎卦是凶卦，六爻都在险中，本身就凶。上爻又居于险之极，那就是极端的险。它是否居正位，已经不是重要的因素了。王弼和程颐关于阴阳之位还是爵位之位的判断，也是在探讨一般情况下的爻所普遍存在的规律，而不同的卦又会有特殊的情况，因此，一个爻是吉是凶，要综合考量。具体到社会人事、人的行为，那就更需要在把握大原则的情况下，具体情况具体对待，而不能刻舟求剑，试图找一个一成不变的方法以适用于所有情况，这是不符合事实的。

2. 问："枕"的读音是？

答：实际上坎卦六三爻辞"险且枕"中的"枕"字有多种解释。《王注》："枕枝而不安之谓也。"《周易本义》："倚着未安之意。"形容处于险境而难安的样子。虞翻则训"枕"为"止"，干宝训"枕"为"安"，解释为"安忍以暴政加民而无哀矜之心"，尚秉和通过训诂认为是受检制之意。马其昶《重定费氏学》据《释文》"'枕'古文作'沈'"认为"沈者，没也"，以"枕"为"沈"。对比上述各家的解释，均有根据，然而结合爻辞"入于坎窞"的语境，当训作"沈"最为切合，所以，我们取"枕"通"沈"义。然而遍查各类大字典，"枕"字只有"zhěn"这一个音，无"shěn"音，其他注解和注音的版本，也均读作"zhěn"，所以我们的《全本周易诵读本》仍然保留这个音，而其字义通"沈"，深陷义。

坎卦小结

坎卦全卦不见一个吉字，初、上两爻最凶，很难脱险；二、五两爻，刚中自守，仅小得无咎，如善处中道，或有出险的希望；三、四两爻以谨慎自保，或能免祸。可见坎险之中，立身处世之不易。

坎卦系统阐述了身处险陷之境时自保、出险的原则。沧海横流方显英雄本色，艰险的处境更能显现人性的光辉，处于险境，首先要有坚定的信念，刚中坚毅的性格，坚忍不拔的意志，沉着应对，时刻准备着冲出险境；当已经深陷险境时，不可妄动犯险，应力求自保，以图后变；领导者除自保外，还应团结能团结的一切力量，和衷共济，救民众于水火；而处险行事最重要的原则是要守正道，做到"有孚，维心亨"，方能不失大义而最终脱险。

读卦诗词

定风波·坎为水

寇方墀

习坎重重沧海横，水流浪涌显英雄。
天地时来皆同力，时去，宠荣尽作袖边风。

坎险难为大得计。
若计，身临坎窞水连空。
处险不失忠信诺，有孚刚中，济险维心亨。

离卦第三十

离下离上

导 读

上一卦我们学习的是坎卦，沧海横流，方显英雄本色，坎卦的卦时讲陷落，讲身处险难时，如何等待时机脱险。等待时机，说明需要条件，内心坚定的信念是坎卦所强调的，这是在主观方面；要不失所守，在客观方面就需要有所借助，无论是借助时机，还是借助外在的力量，总之是要等待一个"抓手"，借助这个力量，才能一举脱离险难。因此，处于险难之中时，最重要的两点是：一、内心要坚定；二、"抓手"很重要。所以，在坎卦讲了内心坚定之后，接着是离卦，讲"抓手"，也就是如何借助外在力量的问题。

《序卦传》说：

> 坎者，陷也。陷必有所丽，故受之以《离》。离者，丽也。

"坎"的意思是陷落，陷落必然要有所附丽（或者说要有所凭借）才能够获得援助脱离险难，所以坎卦之后接着是有附丽之象的离卦。离卦的卦德就是附丽。

离卦第三十

从整个卦序来看，乾坤是上经之始，坎离是上经之终，乾坤是纯阳纯阴之卦，是阴阳正体，坎离是偏阴偏阳之卦，是阴阳大用。在卦象所象征的自然天象中，乾、坤是天和地，坎、离是月和日，上经三十卦到此完成，形成一个从乾、坤到坎、离，天地日月前后呼应的小系统。我们看到，每个卦是一个小系统，每两个卦形成一个单元小系统，上、下经各自成一个系统，而上、下经连续起来的全部六十四卦又形成一个大系统，易道含蕴于其中，即隐即现。正所谓，神无方而易无体，万物一太极，物物一太极，不由得让人赞叹其妙。

坎卦和离卦作为一对错卦，出现在上经之末，互为补充，共成易趣。离中虚，坎中满，坎卦强调内在之实，代表至诚坚定，刚而能柔；离卦强调内在之虚，代表虚中以明，柔中寓刚。一诚一明，坎离之德，可用于修身、治世、化成天下，深刻体现着易道之用。

下面我们来看离卦的卦象，离卦由上下两个离体重叠而成，离体光明，卦象为火，在自然天象中象征着太阳，两个离体重叠，是两个光明相继而生，象征着日出日落，太阳升起而后落下，在日落之后的第二天，太阳再次升起，新的一天接续开始。我在为这一卦定小标题时，原本起的是"太阳照常升起"，用以表示这个日夜交替的过程，但不能很好地表达离卦所内含的忧患意识。自然界中的太阳升起是必然的，而在社会人事中，却往往有许多的变数，甚至会经历战争的挣扎。离卦蕴含着光明陨落之后的再生，用于象征社会人事中新旧政权的交替，这个交替过程会经历一个黑暗的阶段，而黑暗时期的长短、出现危机的深度以及人们遭受侵害的程度，往往跟决策者的决策与各方力量的博弈息息相关，因此，为了体现这一卦的忧患意识，我们取的小标题是"政权交替的危急时刻"。

回过来再看卦象。离为火，火的特征是中虚体柔，不能自生自成，必有所附丽才能够明亮。离卦的下卦中爻和上卦中爻都是阴爻，因此，主体阴柔，阴柔要借助阳刚的力量才能有所作为。社会人事中，政权交替的危急时刻，要以柔中光明之德，附丽借助于阳刚的实体，互为资助，方有望安全渡过危机，实现光明的接续。

这里面内含着主体的选择问题：附丽于谁？如何达成彼此附丽的关系？怎样走出黑暗？这是要有明察的智慧与豁达的胸襟的。太阳要附丽于天空才可以照耀大地，人类精神要附丽于中正善道才能够长久生存，每个个体、每个团体在选择附丽于什么人或什么事物的时候，内在就暗含着这种选择。离卦告诉我们，人的内在要有柔中虚明的智慧，有归于中正善道的原则，方有可能正确选择。人生有运数，人事有交替，在运数周期交替、人生遇到逆境的时候，要体会离卦附丽之道，尽可能地让黑暗的时间短一些，让前方道路上的太阳重新升起，而不致长久地陷于黑暗之中。

离卦有多层次的意象，大家在读离卦最后的小结时可以看到，我们在解读中还是着重于推天道以明人事的层面，关注于对社会人事的启发与指导。

讲 解

下面我们来看卦辞：

离：利贞，亨。畜牝牛，吉。

《彖》曰：离，丽也。日月丽乎天，百谷草木丽乎土。重明以丽乎正，乃化成天下。柔丽乎中正，故"亨"，是以"畜牝牛"吉也。

离：利于守正，亨通。畜养母牛，吉祥。《彖传》说：离，是附丽的意思。日月附丽于高天，百谷草木附丽于土地。接续不断的光明附丽于正道，于是教化得以推行而成就天下。柔顺附丽于中正，所以"亨通"，因此"畜养母牛"而获得吉祥。

离卦卦辞，前两个字就是"利贞"，其他卦的卦辞，一般会把这两个字放在卦辞的最后边，离卦为什么放在最前面呢？我们刚才说到，坎卦和离卦是成对出现的，坎卦更注重内在的阳刚之质，有乾卦的品质，强调乾德，而离卦更注重内在的阴柔之质，有坤卦之德。大家是否还记得坤卦用六之辞——三个字"利永贞"，由于阴柔善依附，并以依附为自身行为的优长和特质，但依附最容易犯的错误就是失去原则，随波逐流，所以，坤卦用六强调"利永贞"。离卦卦辞讲"利贞"，是强调依附于正道，守正不失，"坤至柔而动也刚"，这是运用阴柔之道的原则与底线。王弼说："离之为卦，以柔为正，故必贞而后乃亨。"卦辞中的"畜牝牛"与坤卦的牝马意象相类，牛更为温顺，善承载，但牛脾气却是坚定而倔强的，牛的形象比马更为沉静内敛，"畜牝牛"象征着畜养柔中之德。

世间万事万物都存在着附丽和被附丽的关系，日月附丽于高天，万物附丽于大地，人类附丽于社会。人所附丽能否最终亨通，在于其所附丽的对象是否有中正之德，中正才能亨通。离卦以柔顺为正，外阳而内顺，如同母牛外强壮而内柔顺，坚强而善良，所以"畜牝牛"吉。"畜"即养，要慢慢培养柔顺中正之德。

下面我们来看《大象传》：

《象》曰：明两作，离。大人以继明照于四方。

《大象传》说：光明相继升起，象征着附丽。大人看到这样的卦象，承续光明而照耀四方。

离为火，代表着光明，离卦两个离体先后相续，其卦象是光明相继升起，象征光明相继而不会中断。大人看到离卦两明相继的卦象，受到启示，将往圣前贤的光明德行世代继承下来，不使间断，以普照四方。

这就是推天道以明人事。前面我们探讨了应该如何正确选择所依附的对象，是阴选择阳。同样，换个角度来思考离卦蕴含的意义，其实，选择是双方面的，阳也选择阴。所谓附丽，是彼此资助，相互附丽，比如一只渴望燃烧的火把，它要附丽于火种才能燃烧，以成就自身的光明，而火种也要借助火把，才能将光明延续下去，这是彼此附丽，光明的交替与延续，就是这样得以不断进行下去。从广义的角度来说，我们每个人既是阳，也是阴，既是火种，也是火把，这就是承传与传承，所以，《大象传》说"大人以继明照于四方"，从离卦中得到启示，往圣先贤的光明德行，要靠火把将火种传递下去，使光明不会间断，得以相续，普照四方，如北宋张载所说的"为往圣继绝学"，这实是使人内心充满希望与力量的卦象。

下面来看六爻，每当对比卦辞和爻辞时，往往会发现它们呈现出一种张力。在离卦中，我们更能感受到"前途是光明的，道路是曲折的"这个道理，爻辞着重阐释在不同状况下如何选择附丽的具体操作问题。

我们先来看初九爻：

> 初九，履错然，敬之，无咎。
> 《象》曰："履错"之"敬"，以辟咎也。

初九，脚步杂错，恭敬地对待它则没有咎害。《小象传》说："脚步杂错"但能够"恭敬"，这样可以避免咎害。

离卦讲的是附丽之道，具体到初九而言，是阳爻居于初位，说明自身是阳刚的，有向上进取的本质，在离卦之时，本性好动，说明想要主动地向上去寻求附丽的对象，要找到追求的东西，以使自身有所依托。由于初九初涉新途，没有经验，行为冒失，脚步杂错，因而显得没有章法。初九向上与九四无应，而就近可以与六二亲比，于是上前归附，虽有些莽撞，但对六二满怀真诚与恭敬，因此避免了咎害。处于无位之地的初九，如此懂得进退的道理，恭敬知礼，主动求得所附，不会有咎害。在分析爻辞时，我们要知道，这是初九的正确选择以启示世人，并不是提倡脚步杂错，在同样的情况下，如果初九违背了恭敬知礼、懂得进退这个原则，就有可能冲犯忌讳而导致过咎。从初九处，我们应学到附丽之道中"敬之，无咎"的处事原则。

我们在例解中用的是苏轼的例子。苏轼年少时参加贡举考试不符合章法，却因其光明磊落的品质和出色的才华，得到欧阳修的赏识。他们一个才华横溢，一个识才爱才。那真是一个文坛巨匠辈出、文采清新焕然的时代。

我们接着来看六二爻：

> 六二，黄离，元吉。
> 《象》曰："黄离，元吉"，得中道也。

六二，如同黄色中正柔顺，以此附丽，大为吉祥。《小象传》："如同黄色中正柔顺，以此附丽，大为吉祥"，是因为六二合于中道。

离卦上下皆为光明的离体，是文明之世，各爻都在追求光明。六二以柔居阴，柔中得正，且居下体离卦光明的中心，是"柔丽乎中正"的主爻。黄，是中色，以此来形容六二中正柔顺的品德，六二既得时，又得位，且有中正之德，可谓文明中正，为一卦之盛，美之至也，因此元吉。

看到"黄离，元吉"这个爻辞，大家有没有想到坤卦的六五爻辞"黄裳，元吉"？坤卦的六五爻，是坤德居于尊位，位高而德厚，是德与位的完美结合，人们往往以周公作为坤卦六五的代表。现在，我们所看到的离卦六二爻，坤德居于臣位，既中且正，黄离，是以柔中之美，附丽于正道，体现了离卦附丽之道的核心价值和行为原则，"元吉"表达其可获吉祥之时，更是表达一种崇尚与赞叹。

对应于初九的苏轼，我们在例解中用了欧阳修的例子。他居于大臣之位，而有中正柔顺之德，所以自身附丽于中正之道，同时，对于前来附丽者，不遗余力地培养和提携，从而培养了一大批人才，使得当时的政坛、文坛呈现出一派繁荣景象，大为吉祥。

我们看到，从初九到六二，是下卦离卦中，太阳逐渐升起的光明之象，接着就来到了九三爻的阶段，下面来看九三爻辞：

九三，日昃之离，不鼓缶而歌，则大耋之嗟，凶。
《象》曰："日昃之离"，何可久也！

九三，夕阳西下，斜挂在天边，不再敲着瓦缶唱歌，老年人无奈地叹息，凶。《小象传》说："夕阳西下，斜挂在天边"，怎么可能长久呢！

在下卦三爻中，初九象征日出，六二代表日中，九三则为日昃。太阳从初升到日上中天，接着就开始向西倾斜了。"昃"，指夕阳西下。九三是下体离卦的终点，如同日薄西山，对应到人生中，就如同以往的年轻人如今已步入老年，夕阳斜挂天边即将落下。"不鼓缶而歌"的场景，就是没有朝气蓬勃，人们不再敲着瓦缶唱歌，尽显凄凉之境，继之而来的是老年人不断唉声叹气的声音，悲叹生命将尽。这真是一场生命的历程，"大耋之嗟"是对生命将逝的感喟，李白曾在诗中感叹："白发三千丈，缘愁似个长。不知明镜里，何处得秋霜？"王羲之在《兰亭集序》中写道："死生亦大矣，岂不痛哉！"时光飞逝，人生苦短，生老病死，是人类感叹的永恒主题。然而，《周易》中虽然充满了忧患意识，但是绝不悲观，而是主动地分析问题、解决问题，九三爻辞认为，悲伤感叹徒伤而无益，这种状态和心态是不足取的，如此下去只能是徒然哀痛，凶险而不能长久。如果认识到这是自然的规律，懂得盛衰始终，天道循环，人与万物都在这循环之中，自然而然就不会为此而悲伤嗟叹。人之将尽天年，达观者乐天知命，不怨不尤，"安时而处顺，哀乐不能入"，心境平和，就能欢度余生。

同时，往更深层次看，正因为有死亡的存在，生命才弥足珍贵，应倍加珍惜，也正因为有死亡的存在，历代圣哲贤士深知终极关怀的意义，追求人生超越的境界。因此，为政者建功立业，为社会为百姓谋福祉；读书人怀抱为往圣继绝学之志，潜心学问，培育善德，淳化民风，将此光明之德一代代传递下去，人生的意义便在这一过程之中。如果当下我们是一支正在燃烧的火把，终有一天会燃烧殆尽，那么在生命之火还在燃烧的时候，去点燃新的火把，让火种不灭，文明之火接续不断，薪尽而火传，正如古圣先贤的智慧至今能够照亮我们的心灵一样，通过我们的接续与传递，光明的期许与祝福也会照亮明天。

接着来看九四爻，九四爻进入了上体的离卦，我们看爻辞：

九四，突如其来如，焚如，死如，弃如。
《象》曰："突如其来如"，无所容也。

九四，突然来到，焚烧，死亡，抛弃。《小象传》说："突然来到"，没有地方可以安身。

九四是新的离体的开始，有"继明"之象，前一天的太阳已经沉没，新一天的太阳即将升起。然而，光明的承继并不容易，在夜与昼交替之际，往往伴随着黑暗与光明的搏斗与挣扎。在卦象中，九四是阳爻居于阴位，不正，结合自然天象，如同黎明时分的霞光在太阳升起之前抢先显现，有烈焰焚烧之象，但它不能长久，瞬间就会消散，而真正要升上天空的是新一天的太阳。如果将这个现象对应于社会人事，九四以刚爻居阴位，处近君之位，又是上体离卦的开始，就相当于王朝政权更替继承的关键转折期。社会人事的更迭并不像自然界中太阳每天升起那么顺利。如果是合于善道的继承人，就懂得附丽顺承之道，以中正的品德来接替大位。而九四不中不正，以刚躁之势突如其来，并没有遵从善道继位，而且迫不及待，气焰嚣张。这种错误行为违反了离卦光明附丽以正的原则，不合天道正理，逆天悖德，终受祸害，其后果是凶祸自招，"死如，弃如"，为人们所不容并唾弃。

纵观历史上政权交替之际的各种变故，出现政变及战乱的情况屡见不鲜，因此，人类解决这个问题的努力一直没有停止过。在传统的封建社会中，包括立储、托孤等办法，以及现代社会中对政权交接的各种法律及制度的设立等，都是在努力保障交替过程的平稳过渡。

九四是离卦中表现最为激烈，也是最为危险的一爻。经历了这场磨难之后，离卦行进到了六五爻，六五是柔中之君，是一位新君。我们来看新君的表现：

六五，出涕沱若，戚嗟若，吉。
《象》曰：六五之"吉"，离王公也。

六五，流出的眼泪如大雨滂沱，忧戚悲叹成这个样子，吉祥。《小象传》说：六五的"吉祥"，是因为附丽于王公的阳刚。

六五大哭流涕，泪雨滂沱，忧戚悲叹成了这个样子。为什么会这样？六五以柔爻居上卦中位，具有柔顺中正之德，以君德光明普照天下，但下有九四刚猛之臣存逆上作乱之心，在先王死后，刚躁夺权，以强侵柔，六五既悲先王之死，又忧愤九四之逆，以至于泪雨滂沱，悲伤嗟叹，开始大哭。但爻辞说他最后吉祥，说明他的忧患意识与附丽之道运用适当。六五毕竟身居尊位，且居上体离卦之中，能够明察事理，德行光明，常怀忧国之心，明于政事，向上亲比附丽于阳刚上九，互为援助，最终获吉。

上九，王用出征，有嘉折首，获匪其丑，无咎。

《象》曰:"王用出征",以正邦也。

上九,王公出师征伐,庆贺斩杀了敌人的将领,对于那些胁从小人则不追究,没有咎害。《小象传》说:"王公出师征伐",是为了匡正邦国纲纪。

"匪",非。"丑",是指那些胁从作恶的同类随从。"有嘉折首,获匪其丑",指俘获敌方头领而不追究那些随从。《尚书·胤征》中"歼厥渠魁,胁从罔治"也就是"首恶必办,胁从不问"的意思。上九处离卦之终极,离道已成,依附与被依附的关系已基本确立。上九在离卦之极,是六五所信赖和依附的王公,既能明察又有阳刚决断的能力,因此受六五柔中之君委任,出师征伐,讨伐邪佞,取匪首而还,对于那些胁从的小人并不过分追究,以彰圣德。离卦的光明之旅终于出征大捷,国固邦宁。

关于离卦,还有一种有趣的解读,可以看作对一场战争始末的描述,大家在《全本周易诵读本》中可以读到,这里不再重复。

答 疑

问:"六五,出涕沱若,戚嗟若,吉。"其中对于"戚嗟若"的解释,虞翻称:"坎为心,震为声,兑为口,故戚嗟若。"应该怎么理解?

答:离卦有着生动丰富的多层次意象,有学者从象的角度来解读爻辞,对于九四爻,就是这样解释,离为火,所以有"焚如"之象;从二爻到五爻组成交互卦,可以得到大过卦,前面我们学过大过,有棺椁之象,因此,此爻说"死如";从二爻到五爻又能形成正反两个兑卦,《说卦传》中说兑"为毁折",所以爻辞中说"弃如"。这样为爻辞中的每个物象之辞找到了卦象的依据。用象来分析六五爻也是同样的方法,"坎为心,震为声,兑为口",取象基本上来自《说卦传》,如果没有直接对应的象,就会用互体、半象、飞伏等方法,找出里面暗藏的象来进行解释,这是象数解易的一种路径。我们采用的不是这个路径,而是用"承、乘、比、应、时、位、中"等体例进行分析,尽量简化寻找卦象的过程。我认为,我们探讨问题要有个目的,我们的目的是推天道以明人事,运用《周易》的智慧解决我们社会人生现实中的各种问题。我们无非要通过分析三个问题来达到明体达用的目的,这三个问题是:是什么?为什么?怎么办?在《周易》中,卦辞、爻辞已经固定,"是什么"的问题已经摆在那里,接着是"为什么"的问题,义理解《易》会用最简练的方法来说明为什么,接着会把重点放在"怎么办"上,面对这样的问题,我们该怎么办?这是义理解《易》的目的和重点。而象数解《易》却把很大的精力用在"为什么"这个过程上,为了给卦爻辞中的物象找到卦象的依据,用各种方法组合各爻,创造各种体例来证明其中有某种卦象,这样的过程当然也很有趣,只是将很多的精力用在了找卦象的半路上,而对最后一个问题"怎么办"无暇顾及,或者说是已经不感兴趣。这是义理解《易》和象数解《易》的不同旨趣,我们不排斥象数解《易》,但我们关注的重点更偏重于"怎么办"的问题,希望大家从《周易》中获得更多哲思,获得安身立命、立身处世之道。

离卦小结

离卦阐述的意象有多个层次，在表象的第一层次，离是太阳，全卦描述了在日升日落的大地上，人类在自然界中原始的生存状态；第二层阐述了人在一生的追求与经历中，如何不断继承往圣的明德，蓄养自身柔顺中正的德行；第三层讲在人类社会中附丽与被附丽的关系，以所附丽的对象是否守正为吉凶的准则，其中更扩展到社会中朝代更迭、人事变迁所出现的种种状态以及处理的原则。总体来看，离卦以柔、中、正俱备为最佳，这与坎卦时态下以"刚中不陷"为"亨"有所不同。

具体到每一个爻的情况：初九无位，以敬慎求得所附对象，无咎；六二兼具柔、中、正三德，最美元吉；九三盛极而衰，刚且不中，心态悲观，凶；九四性情刚躁，不中不正，不为天下所容；六五位不能正，但有柔中之德，故"出涕"而终吉。上九至离卦之终，出柔用刚，率兵征伐，获其匪首，最终大功告成。

读卦诗词

如梦令·离为火

寇方墀

昨夜履声杂错，日中黄离倾昃。
不鼓缶而歌，忧叹一生如客。
嗟若，嗟若，日落日升不忒。